Daniela Schäfrich



# Die Verfahrensbefugnisse und Klagerechte Dritter im Bereich des öffentlich-rechtlichen Bodenschutzes am Beispiel des Umweltschadensgesetzes

PL ACADEMIC RESEARCH

**Bibliografische Information der Deutschen Nationalbibliothek**
Die Deutsche Nationalbibliothek verzeichnet diese Publikation in der Deutschen Nationalbibliografie; detaillierte bibliografische Daten sind im Internet über http://dnb.d-nb.de abrufbar.

Zugl.: Potsdam, Univ., Diss., 2013

517
ISSN 0531-7312
ISBN 978-3-631-64202-3 (Print)
E-ISBN 978-3-653-03473-8 (E-Book)
DOI 10.3726/978-3-653-03473-8


PL Academic Research ist ein Imprint der Peter Lang GmbH.
Peter Lang – Frankfurt am Main · Bern · Bruxelles · New York · Oxford · Warszawa · Wien



Dieses Buch wurde vor Erscheinen peer reviewed.

www.peterlang.com

# Die Verfahrensbefugnisse und Klagerechte Dritter im Bereich des öffentlich-rechtlichen Bodenschutzes am Beispiel des Umweltschadensgesetzes

**Europäische Hochschulschriften**

European University Studies

Publications Universitaires Européennes

Reihe II **Rechtswissenschaft**

Series II Law

Série II Droit

Band/Volume **5558**

# Vorwort

Die vorliegende Arbeit wurde im Sommersemester 2013 vom Fachbereich Rechtswissenschaften der Universität Potsdam als Dissertation angenommen.

Meine berufliche Tätigkeit in einer auf das öffentliche Recht spezialisierte Kanzlei und dabei die Befassung mit insbesondere umweltrechtlichen Fragestellungen inspirierte dazu, sich mit der Frage der Initiativ- und Klagerechte insbesondere von Umweltvereinigungen zu befassen. Umweltvereinigungen treten insbesondere in immissionsschutzrechtlichen Genehmigungsverfahren auf, es ist jedoch auch festzustellen, dass sie in Bezug auf das Schutzgut Boden verstärkt auftreten und Maßnahmen in Bezug auf drohende oder bereits eingetretene Bodenverunreinigungen geltend machen. Für Unternehmen bedeutet dies eine große Unsicherheit. Die der Arbeit zugrunde liegende Fragestellung geht dabei zurück auf die Zusammenarbeit mit meinem Doktorvater Herrn Professor Dr. Matthias Dombert. Ihm gilt mein tiefstem Dank für die umfassende und engagierte Betreuung sowie für die zahlreichen, die Arbeit stets weiterführenden Anmerkungen.

Mein besonderer Dank gilt auch Herrn Professor Dr. Thorsten-Ingo Schmitt für die zügige Erstellung des Zweitgutachtens und seiner Korrekturanmerkungen.

Dank gebührt auch allen, die während der Anfertigung der Dissertation mit offenen Ohren für mich da waren und die nicht müde wurden, für gelegentliche Ablenkungen zu sorgen.

Mein ganz besonderer Dank gilt hierbei meinen Eltern Astrid und Dr. Christian Schäfrich, die mich zu jeder Zeit unterstützt und fortwährend motiviert haben.

Berlin, den 21.09.2013

Daniela Schäfrich

# Inhaltsverzeichnis

# Erstes Kapitel: Das deutsche Umweltverwaltungsrecht und die Klagerechte von Umweltverbänden

## A) Aktueller Anlass

Verwaltungsgerichtliche Klagen und einstweilige Rechtsschutzverfahren von Umwelt-[1] und Naturschutzverbände[2] sorgen seit geraumer Zeit für bundesweites Aufsehen, da sie sich insbesondere gegen Infrastrukturgroßvorhaben, wie zum Beispiel den Bau des neuen Tiefbahnhofes in Stuttgart,[3] den Ausbau des Flughafens Frankfurt/Main[4] oder verschiedene Autobahnausbauvorhaben,[5] richten. Gemeinsam ist

---

1 Der Begriff des Umweltschutzes geht über den des Naturschutzes hinaus. Meyers Großes Taschenlexikon, Band 22, versteht unter dem Umweltschutz „die auf Umweltforschung und Umweltrecht basierenden Maßnahmen und Bestrebungen, die dem Erhalt der Lebensgrundlage des Menschen, dem Schutz der Natur sowie dem Ausgleich gestörter ökolog. Beziehungen dienen."

2 Unter dem Begriff des Naturschutzes versteht man nach Meyers Großem Taschenlexikon, Band 15, die „Gesamtheit der Maßnahmen zur Erhaltung und Pflege von Naturlandschaften oder naturnahen Kulturlandschaften und Naturdenkmalen, von seltenen und in ihrem Bestand gefährdeten Pflanzen- und Tierarten sowie deren Lebensräumen und ihr Schutz vor Zivilisationsschäden."

3 Klage des Bundes für Umwelt und Naturschutz (BUND) e.V. gegen die 5. Änderung des Planfeststellungsbeschlusses betreffend die Umplanung des Grundwassermanagementes des neuen Tiefbahnhofes in Stuttgart (VGH Mannheim, Urteil vom 15. Dezember 2011, 5 S 2100/11, NuR 2012, 130–135) sowie der von dem Kläger diesbezüglich erhobene Antrag auf Wiederherstellung der aufschiebenden Wirkung (VGH Mannheim, Beschluss vom 15. Dezember 2011, 5 S 2910/11, Pressemitteilung des VGH Mannheim vom 16. Dezember 2011 und www.vghmannheim.de/servlet/PB/show/1273496/5s2910.11b.pdf).

4 Antrag des BUND e.V. auf Wiederherstellung der aufschiebenden Wirkung seiner Klage gegen den Planfeststellungsbeschluss des Landes Hessen zum Ausbau des Frankfurter Flughafen vom 18.12.2007 (VGH Kassel, Beschluss vom 2. Januar 2009, 11 B 368/08.T, NuR 2009, 255–287).

5 Klage des BUND e.V. gegen den Neubau der Bundesautobahn A 44 durch das FFH-Gebiet „Lichtenauer Hochland" bei Hessisch Lichtenau (BVerwG, 12. März 2008, 9 A 3/06, NuR 2008, 633–659), Klage des Naturschutzbundes (NABU) Sachsen-Anhalt gegen die Westumfahrung Halle (BVerwG, Urteil vom 17. Januar 2007, 9 A 20.05, NVwZ 2007, 1054–1074) sowie Klage der Grüne Liga, des BUND und des NABU gegen die Planfeststellungsbeschlüsse des Freistaates Sachsen für den Bau der Dresdner Waldschlösschenbrücke (VG Dresden, Urteil vom 30. Oktober 2008, 3 K 923/04, UPR 2009, 360).

den Verfahren, dass die Vereinigungen Fehler innerhalb der naturschutzrechtlichen Prüfung der Planfeststellungsverfahren rügen. Prüfgegenstand der bisherigen Verfahren waren dabei ganz maßgeblich Flora und Fauna; die (drohende) Verunreinigung des Bodens wurde hingegen nicht zum Gegenstand der gerichtlichen Verfahren gemacht. Dieser Umstand mag Folge der anzuwendenden Rechtslage sein, die bei Einleitung der oft mehrere Jahre währenden Auseinandersetzungen gelten. Dies könnte sich jedoch durch das Inkrafttreten des Umweltschadensgesetzes[6] geändert haben. Insbesondere für Umweltvereinigungen könnte das USchadG in Bezug auf das Schutzgut Boden große Bedeutung erlangen, da es ihnen – wie auch den von einem Umweltschaden konkret betroffenen Personen – in § 10 USchadG Rechte einräumt, die in umweltrechtlichen Zusammenhängen bisher unbekannt waren: neben Klagerechten, die in § 11 Abs. 2 USchadG vorgesehen sind, sind dies vor allem gegenüber den staatlichen Behörden bestehende Initiativrechte, die sich als neu erweisen.

Da die Behörden außergerichtlich wie auch gerichtlich zur Anordnung von Sanierungsmaßnahmen gegenüber dem Verursacher verpflichtet werden können, wird die Rechtsposition der Umweltvereinigungen gestärkt. Insofern ist die Erwartung nicht fernliegend, das USchadG könnte die Arbeit der Behörden beeinflussen und Unternehmen einer verstärkten Überwachung durch die Öffentlichkeit aussetzen. Für oftmals als Verantwortliche in Betracht kommende Unternehmen kann dies durchaus von Bedeutung sein. Sie müssen sich auf Grund der durch das Umweltschadensgesetz ebenfalls begründeten Handlungspflichten der Behörden vergegenwärtigen, dass ihnen im Falle eines dem USchadG unterfallenden (drohenden) Umweltschadens kostenintensive Sanierungsmaßnahmen auferlegt werden können.

Mit dieser Feststellung wird der Prüfungsanlass umrissen.

Im Einzelnen wird die rechtliche Bedeutung des USchadG in Bezug auf das Schutzgut Boden in zweifacher Hinsicht zu betrachten sein: zum einen unter dem Gesichtspunkt der Reichweite der außergerichtlichen Verfahrensbefugnisse und der gerichtlichen Klagerechte, zum anderen unter dem Aspekt der Begründung

6 Gesetz über die Vermeidung und Sanierung von Umweltschäden (Umweltschadensgesetz – USchadG) zur Umsetzung der „Richtlinie 2004/35/EG des Europäischen Parlaments und des Rates vom 21. April 2004 über Umwelthaftung zur Vermeidung und Sanierung von Umweltschäden", zuletzt geändert durch die „Richtlinie 2006/21/EG des Europäischen Parlaments und des Rates vom 15. März 2006 über die Bewirtschaftung von Abfällen aus der mineralgewinnenden Industrie und zur Änderung der Richtlinie 2004/35/EG", im Folgenden: USchadG.

weiterer, über das Bundes-Bodenschutzgesetz[7] hinausgehender materiell-rechtlicher Pflichten der Verantwortlichen.

## B) Die Bedeutung des USchadG im Umweltverwaltungsrecht

Der Gesetzgeber ist mit der Einführung des USchadG seiner aus Art. 288 Abs. 3 EGV herrührenden Verpflichtung zur Umsetzung der Richtlinie 2004/35/EG nachgekommen, ohne dem USchadG dabei große Bedeutung beizumessen. In der Amtlichen Begründung des Gesetzes heißt es wörtlich:[8]

> „Die vorgesehenen Regelungen des USchadG betreffend die Schädigung des Bodens sowie die unmittelbare Gefahr eines solchen Schadens regeln inhaltlich Sachverhalte, die schon jetzt bundesrechtlich durch das Bundes-Bodenschutzgesetz erfasst werden. Der Anwendungsbereich des Bundes-Bodenschutzgesetzes geht dabei über den Anwendungsbereich des USchadG hinaus, weil das Umweltschadensgesetz in Übereinstimmung mit der Umwelthaftungsrichtlinie – als Schädigung des Bodens und als die Gefahr eines solchen Schadens nur schädliche Bodenveränderungen im Sinn des Bundes-Bodenschutzgesetzes ansieht, die Gefahren für die menschliche Gesundheit verursachen (§ 2 Nr. 1 Buchstabe c) USchadG), sowie – nur die Schädigung des Bodens und die Gefahr eines solchen Schadens betrifft, die durch berufliche Tätigkeiten nach Anlage 1 des USchadG verursacht werden (§ 3 Abs. 1 Nr. 1 USchadG)."

Der Gesetzgeber betont, dass der Anwendungsbereich des USchadG im Verhältnis zum BBodSchG erheblich eingeschränkt sei. Es verbietet sich jedoch die Schlussfolgerung, dass dem Gesetz auf Grund des im Vergleich zum BBodSchG begrenzten Anwendungsbereiches keine Bedeutung im verwaltungsrechtlichen Umweltschutz zukommen könne. Dies gilt in erster Linie für die Rechte von Umweltverbänden. Denn im Anwendungsbereich des USchadG stellt die Einführung des behördlichen Initiativrechtes und der Klagerechtes zunächst eine erhebliche Erweiterung der Handlungsoptionen von Umweltverbänden dar. Das USchadG enthält in § 10 USchadG ein Initiativrecht Dritter, mit dem den Pflichten der Behörde zur Sanierung von Umweltschäden gemäß § 7 USchadG zur Durchsetzung verholfen werden

---

7 Gesetz zum Schutz vor schädlichen Bodenveränderungen und zur Sanierung von Altlasten (Bundes-Bodenschutzgesetz – BBodSchG) vom 17. März 1998, in Kraft getreten am 25. März 1998, in seinen wesentlichen Teilen am 1. März 1999. Die Bodenschutzgesetze der Länder Baden-Württemberg, Berlin und Sachsen, BT-Drs. 13/6701, S. 15, traten gemäß Art. 72 Abs. 1 GG außer Kraft.

8 BT-Drs. 16/3806, S. 14.

soll.[9] Daneben bestimmt § 11 Abs. 2 USchadG, unter welchen Voraussetzungen die sich aus dem USchadG ergebenden Rechte von Vereinigungen, die sich für den Umweltschutz einsetzen, gerichtlich geltend gemacht werden können.

Ob die den jeweiligen Verantwortlichen obliegenden Verpflichtungen durch Einzelpersonen und Umweltverbände gerichtlich effektiv durchgesetzt werden können, ist erheblich zu bezweifeln. § 11 Abs. 2 USchadG ordnet für das Klagerecht von Vereinigungen die entsprechende Anwendung des § 2 UmwRBG[10] an. Die klagende Vereinigung müsste bei wortlautgetreuer Auslegung des in der bis zum 29. Januar 2013 geltenden Fassung[11] des § 2 Abs. 1 Nr. 1 UmwRBG[12] geltend machen können, durch das behördliche Tätigwerden oder das Unterbleiben des nach dem Gesetz erforderlichen behördlichen Tätigwerdens in einer Vorschrift, die dem Umweltschutz dient und die Rechte Einzelner begründen kann, verletzt zu sein. Diese Verweisung auf § 2 Abs. 1 Nr. 1 UmwRBG gab bereits im Gesetzgebungsverfahren Anlass zu Zweifeln an der Europarechtskonformität des USchadG.[13] Diesen Zweifeln ist seinerzeit der amtierende Minister für Umwelt, Naturschutz und Reaktorsicherheit jedoch entgegengetreten. Die „europarechtssichere Umsetzung“[14] der Umwelthaftungsrichtlinie[15] sei gewährleistet. Durch die

---

9 BT-Drs. 16/3806, S. 27.

10 Gesetz über ergänzende Vorschriften zu Rechtsbehelfen in Umweltangelegenheiten (Umwelt-Rechtsbehelfsgesetz – UmwRBG), in Kraft getreten am Tag nach der Verkündung im Bundesgesetzblatt (BGBl. I S. 2816) am 14. Dezember 2006, mithin am 15. Dezember 2006, § 6 UmwRBG.

11 Änderung durch das Gesetz zur Änderung des Umwelt-Rechtsbehelfsgesetzes und anderer umweltrechtlicher Vorschriften (UmwRGuaÄndG) vom 21. Januar 2013, BGBl I 2013, 95.

12 Soweit im Folgenden von § 2 Abs. 1 Nr. 1 UmwRBG gesprochen wird, ist die bis zum 29. Januar 2013 geltende Fassung gemeint.

13 Plenar-Protokoll 16/86 vom 9. März 2007, FN 8, S. 8736; BT-Drs. 16/4587, S. 8; *Cosack/Enders*, DVBl. 2008, 405/415; *Gassner*, NuR 2007, 143/147; *Marty*, ZUR 2009, 115/121; *Knopp*, UPR 2005, 361; *ders.*, EWS Beilage 3/2002, 1/2; *Knopp/Kwasnicka*, WiRO 2008, 353; *Schrader/Hellenbroich*, ZUR 2007, 289/290; *Beckmann/Wittmann*, UPR 2008, 421/425; *Becker*, NVwZ 2005, 371; BT-Drs. 16/3312 bezüglich des Umwelt-Rechtsbehelfsgesetzes.

14 Plenar-Protokoll 16/86, FN 8, S. 8733.

15 Richtlinie 2004/35/EG des Europäischen Parlaments und des Rates vom 21. April 2004 über Umwelthaftung zur Vermeidung und Sanierung von Umweltschäden, veröffentlicht im Amtsblatt ABl. L 143 vom 30. April 2004, S. 56–75, zuletzt geändert durch die Richtlinie 2006/21/EG des Europäischen Parlaments und des Rates vom 15. März 2006 über die Bewirtschaftung von Abfällen aus der mineralgewinnenden Industrie und zur Änderung der Richtlinie 2004/35/EG.

Einführung des USchadG könnten „nicht nur diejenigen, die von einem Umweltschaden betroffen sind, sondern auch Umweltverbände die Verpflichtung zur Sanierung von Schäden einklagen."[16]

Die europarechtskonforme Umsetzung der Umwelthaftungsrichtlinie scheint jedoch nach dem sog. Trianel-Urteil[17] des EuGH[18] mehr als fraglich zu sein. Der EuGH hat sich in diesem Urteil mit der Frage befasst, ob die in § 2 Abs. 1 Nr. 1 UmwRBG enthaltene Regelung mit der Richtlinie 2003/35/EG vereinbar ist. Er hat diese Frage verneint. Es könne aus der Richtlinie nicht hergeleitet werden, dass der Kläger die Möglichkeit der Verletzung einer subjektive Rechte vermittelnden Norm darlegen können muss.[19] Der EuGH betont in dem Urteil seine Rechtsprechung, wonach Europarecht stets so ausgelegt und angewendet werden müsse, dass die Rechte von Vereinigungen gestärkt werden.

Es war daher zu untersuchen, ob die Rechtsprechung des EuGH aus dem Trianel-Urteil auf die Umwelthaftungsrichtlinie und das USchadG übertragbar ist und sich Letzteres daher ebenfalls in Bezug auf die Regelung des § 11 Abs. 2 USchadG als europarechtswidrig erweist. Sollte dies der Fall sein, könnten die Rechte der Verbände jedoch im Wege einer unmittelbaren Anwendung der Richtlinie 2004/35/EG erweitert werden. Für die Veröffentlichung ist ergänzend zu betrachten, welche Auswirkungen die Neufassung des § 2 Abs. 1 Nr. 1 UmwRBG zum 29. Januar 2013 auf die Anwendung im Rahmen des USchadG hat und ob hierdurch die Rechte der Umweltverbände weiter erweitert werden.

# C) Die Rechte von Umweltverbänden

## I. Die gesellschaftsrechtliche Bedeutung der Rechte von Umweltverbänden

Rechte von Vereinigungen, die sich für den Umwelt- und Naturschutz einsetzen, waren vor dem Inkrafttreten des USchadG bereits aus dem BNatSchG[20] und dem UmwRBG bekannt.

---

16 Plenar-Protokoll 16/86, FN 8, S. 8733.

17 Urteil des EuGH vom 12. Mai 2011, C-115/09, UPR 2011, 268–270 und EuZW 2011, 510–514 mit Anmerkungen von Rechtsanwalt Dr. Mathias Hellriegel, LL.M., Berlin.

18 Im Folgenden: EuGH.

19 Urteil des EuGH vom 12. Mai 2011, C-115/09, Rn. 50, EuZW 2011, 510/512.

20 Gesetz über Naturschutz und Landschaftspflege (Bundesnaturschutzgesetz – BNatSchG).

In den Gesetzesmaterialien des USchadG wird den Vereinigungen, die sich für den Umweltschutz einsetzen, die Rolle der „Anwälte für die Rechte und Güter der Allgemeinheit“[21] zugesprochen. Dies deckt sich mit den §§ 10, 11 Abs. 2 USchadG zugrundliegenden Bestimmungen der Umwelthaftungsrichtlinie.[22] Als Begründung für die Einführung der Verbandsklage wird unter Erwägungsgrund 25 der Richtlinie 2004/35/EG ausgeführt:

> „Der Umweltschutz stellt jedoch kein klar abgegrenztes Interesse dar, so dass Einzelpersonen sich nicht immer dafür einsetzen oder einsetzen können. Nichtregierungsorganisationen, die sich für den Umweltschutz einsetzen, sollte daher ebenfalls die Möglichkeit gegeben werden, angemessen zur wirksamen Umsetzung dieser Richtlinie beizutragen.“

Die Gründe, aus denen sich Einzelpersonen gehindert sehen können, Interessen des Umweltschutzes wahrzunehmen, sind vielfältig. An erster Stelle seien die Vorschriften des nationalen Prozessrechts genannt, die eine Interessenwahrnehmung durch Einzelpersonen ausschließen. So verlangt § 42 Abs. 2 VwGO die Geltendmachung der Möglichkeit einer Verletzung des Klägers in seinen Rechten, wenn die Rechtmäßigkeit[23] eines Verwaltungsaktes gerichtlich überprüft werden soll. Das Bestehen subjektiv-öffentlicher Rechte[24] ist bei Vorschriften im Bereich des Umweltrechtes auf Grund der Allgemeinwohlorientiertheit der Regelungen nur erfüllt, wenn nicht ausschließlich der Umwelt- und Naturschutz, sondern darüber hinaus auch der Schutz des Menschen beabsichtigt ist.[25] Im Fall der Verletzung

---

21 Beschlussempfehlung und Bericht des Ausschusses für Umwelt, Naturschutz und Reaktorsicherheit (16. Ausschuss) zu dem Gesetzentwurf der Bundesregierung 16/3806 vom 7. März 2007, BT-Drs. 16/4587, S. 7; Plenar-Protokoll 16/86 vom 9. März 2007 über die Zweite und Dritte Beratung des von der Bundesregierung eingebrachten Gesetzentwurfes eines Gesetzes zur Umsetzung der Richtlinie des Europäischen Parlamentes und des Rates über die Umwelthaftung zur Vermeidung und Sanierung von Umweltschäden sowie Schlussabstimmung, S. 8738/8739.

22 Richtlinie 2004/35/EG des Europäischen Parlaments und des Rates vom 21. April 2004 über Umwelthaftung zur Vermeidung und Sanierung von Umweltschäden, veröffentlicht im Amtsblatt ABl. L 143 vom 30. April 2004, S. 56–75. Im Folgenden: Richtlinie 2004/35/EG, Umwelthaftungsrichtlinie.

23 Die gerichtliche Überprüfung der Rechtmäßigkeit eines Verwaltungsaktes erfolgt mit der Anfechtungsklage gemäß § 42 Abs. 1 1. Var. VwGO. Eine Möglichkeit der Verletzung eigener Rechte muss von dem Kläger auch bei der Verpflichtungsklage gemäß § 42 Abs. 1 2. Var. VwGO geltend gemacht werden, wenn er rügt, dass die Behörde einen Verwaltungsakt nicht erlassen hat, obwohl sie hierüber hätte befinden müssen.

24 Siehe hierzu unten 2. Kapitel C).

25 Zum Beispiel § 5 Abs. 1 Nr. 1 BImSchG.

von Vorschriften des Arten- und Naturschutzes, des Schutzes des Landschaftsbilds und des Grundwassers bestehen grundsätzlich keine solchen subjektiv-öffentlichen Rechte Dritter.[26] Ebenso wenig kann der Einzelne aus Art. 20a GG Ansprüche auf bestimmte umweltschützende Maßnahmen ableiten.[27]

Ferner können die Kosten und die Zeit, die die Führung eines gerichtlichen Verfahrens beanspruchen, eine Einzelperson an der gerichtlichen Geltendmachung der Verletzung subjektiver Rechte hindern. Die Amtliche Begründung zum USchadG verbindet mit den zugunsten von Umweltverbänden eingeführten Rechten deshalb auch die Hoffnung, dass die Einräumung des Antragsrechts zur Durchsetzung von Sanierungsmaßnahmen in § 10 USchadG und der Möglichkeit der gerichtlichen Überprüfung von Handlungen und Unterlassungen der zuständigen Behörden die Wirksamkeit der Beteiligungsrechte stärkt und ihre Wahrnehmung fördert.[28]

## II. Die Rechte von Naturschutzverbänden im BNatSchG

Das Gesetz über Naturschutz und Landschaftspflege (Bundesnaturschutzgesetz – BNatSchG) war das erste Gesetz auf Bundesebene,[29] das anerkannten Naturschutzverbänden das Recht einräumte, ohne eine Verletzung individueller Rechte geltend machen zu müssen, Entscheidungen der Behörden inhaltlich auf ihre Rechtmäßigkeit überprüfen zu lassen (sog. altruistische Verbandsklage).[30]

Nach der Novellierung des BNatSchG mit Wirkung zum 1. März 2010 ist das Klagerecht für anerkannte Naturschutzverbände in § 64 Abs. 1 BNatSchG normiert worden. Der Gesetzgeber hat ausdrücklich bestimmt, in welchen Angelegenheiten den Naturschutzverbänden ein Klagerecht zustehen soll. Das BNatSchG vermittelt mithin kein umfassendes Klagerecht der Verbände. Das Klagerecht besteht

---

26 OVG Münster, Urteil vom 30. Juli 2009, 8 A 2357/08, Rn. 40 zitiert nach Juris; VG Ansbach vom 13. September 2010, AN 11 S 10.01506, Rn. 34 zitiert nach Juris.

27 BVerwG, Beschluss vom 25. Juni 1975, VII B 84/74, NJW 1975, 2355/2356.

28 BT-Drs. 16/3806, S. 17.

29 Bereits vor der Einführung der Verbandsklage im Bundesnaturschutzgesetz hatten die Länder Berlin, Brandenburg, Hamburg, Hessen, Mecklenburg-Vorpommern Niedersachsen, Nordrhein-Westfalen, Rheinland-Pfalz, Saarland, Sachsen, Sachsen-Anhalt, Schleswig-Holstein, Thüringen die Verbandsklage eingeführt, vgl. *Koch*, NVwZ 2007, 369/372, FN 31 ff.

30 Sachverständigenrat für Umweltfragen, Rechtsschutz für die Umwelt – die altruistische Verbandsklage ist unverzichtbar, S. 1; *Harings*, NVwZ 1997, 538/539.

insbesondere nicht in Bezug auf alle Mitwirkungsrechte, die den Vereinigungen nach § 63 BNatSchG zustehen. Die rügefähigen Rechte wurden vielmehr in § 64 Abs. 1 HS 1 BNatSchG abschließend normiert. Die Vereinigungen können daher nur Verletzungen ihrer Mitwirkungsrechte gemäß § 63 Abs. 1 Nr. 2 bis 4, Abs. 2 Nr. 5 bis 7 BNatSchG geltend machen.

Der Gesetzgeber hat Stimmen, die das Zurückbleiben der Klagerechte des BNatSchG hinter den gesetzlich eingeräumten Mitwirkungsrechten kritisierten,[31] in der Novelle des BNatSchG unberücksichtigt gelassen. Es wurde davon abgesehen, zugunsten von Verbänden, die sich für den Umweltschutz einsetzen und bestimmte Anforderungen an Organisation, Struktur und Dauer des Bestehens erfüllen, ein umfassendes naturschutzrechtliches Klagerecht einzuführen. Dies ist umso bemerkenswerter, als der Stellenwert der Umwelt- und Naturschutzverbände bei der Durchsetzung im Allgemeininteresse liegender Belange des Umwelt- und Naturschutzes im Zusammenhang mit der Einführung des USchadG ausdrücklich betont wurde.

## III. Die Rechte von Umweltverbänden im UmwRBG

Ein Verbandsklagerecht, das über den Naturschutz hinausgeht und sich auf die Umwelt allgemein bezieht, enthält das UmwRBG.[32] Auch das UmwRBG begründet jedoch kein umfassendes umweltrechtliches Klagerecht zugunsten von Umweltverbänden.

Das UmwRBG begründet Verbandsklagerechte ausschließlich im Hinblick auf die in § 1 Abs. 1 S. 1 UmwRBG enumerativ aufgezählten verwaltungsbehördlichen Verfahren.

Gemäß § 2 Abs. 1 UmwRBG kann eine nach § 3 UmwRBG anerkannte inländische oder ausländische Vereinigung Rechtsbehelfe nach Maßgabe der Verwaltungsgerichtsordnung gegen eine Entscheidung nach § 1 Abs. 1 Satz 1 UmwRBG oder deren Unterlassen einlegen. Im Gegensatz zum sonstigen deutschen Prozessrecht ist Voraussetzung für die Einlegung eines Widerspruches

---

31 *Gassner,* in Gassner/Bendomit-Kahlo/Schmidt-Räntsch, BNatSchG, § 61 Rn. 3.

32 Das Umwelt-Rechtsbehelfsgesetz geht zurück auf die „Richtlinie 2003/35/EG des Europäischen Parlaments und des Rates vom 26. Mai 2003 über die Beteiligung der Öffentlichkeit bei der Ausarbeitung bestimmter umweltbezogener Pläne und Programme und zur Änderung der Richtlinien 85/337/EWG und 96/61/EG des Rates in Bezug auf die Öffentlichkeitsbeteiligung und den Zugang zu Gerichten“, die im Amtsblatt der Europäischen Union ABL. L 156, S. 17 bis 24 am 25. Juni 2003 verkündet wurde.

oder die Erhebung einer Klage nicht, dass der Verband eine Verletzung in eigenen Rechten geltend machen muss. Er muss jedoch gemäß § 2 Abs. 1 Nr. 1 2. Var. UmwRBG unter anderem[33] darlegen können, dass durch die angegriffene behördliche Entscheidung eine Rechtsvorschrift, die Rechte Einzelner begründet, verletzt wird. Während einige Gerichte dieses Tatbestandsmerkmal als mit der Richtlinie 2003/35/EG vereinbar ansahen,[34] wurde dies von anderen Gerichten bezweifelt.[35] Das OVG Münster, dem die Klage des BUND e.V. gegen die Bezirksregierung Arnsberg wegen der Genehmigung für die Errichtung des Kohlekraftwerkes Trianel zur Entscheidung vorlag, hat deshalb mit Beschluss vom 5. März 2009[36] den EuGH im Wege eines Vorabentscheidungsverfahrens gemäß Art. 267 AEUV mit der Frage angerufen, ob die Regelung des § 2 Abs. 1 Nr. 1 2. Var. UmwRBG mit der Umwelthaftungsrichtlinie vereinbar ist.[37] Auf das Trianel-Urteil und seine Konsequenzen für die deutsche Rechtsanwendung wird im Folgenden[38] noch einzugehen sein.

## IV. Der Umfang der bestehenden Verbandsklagerechte

Den durch das BNatSchG und das UmwRBG begründeten Klagerechten ist gemeinsam, dass ausschließlich repressiver Rechtsschutz im Zusammenhang mit

---

33 Die weiteren Zulässigkeitskriterien sind § 2 Abs. 1, 3 und 4 UmwRBG zu entnehmen.

34 OVG Schleswig, Urteil vom 12. März 2009, 1 KN 12/08, Rn. 46 zitiert nach Juris, ZUR 2009, 432/433; VG Münster, Urteil vom 18. März 2011, 10 K 2540/09, Rn. 26 zitiert nach Juris, BeckRS 2011, 51145.

35 OVG Berlin, Urteil vom 24. November 2010, OVG 12 A 3.10, Rn. 74 zitiert nach Juris, BeckRS 2010, 56222; VG Ansbach, Beschluss vom 13. September 2010, AN 11 S 10.01506, Rn. 18 zitiert nach Juris. Beide Gerichte entscheiden nicht hinsichtlich der Frage der Europarechtskonformität des Umwelt-Rechtsbehelfsgesetzes, da die Klage bzw. der Antrag wegen Präklusion gemäß § 2 Abs. 3 UmwRBG jedenfalls unzulässig war. Die Gerichte scheinen jedoch der Ansicht zuzuneigen, dass die deutsche Umsetzung der Umwelthaftungsrichtlinie mit dieser nicht zu vereinbaren ist. Das OVG Lüneburg hat in seinem Beschluss vom 10. März 2010, 12 ME 176/09, Rn. 16 zitiert nach Juris, ZUR 2010, 271, ausgeführt, dass in Anbetracht des beim EuGH rechtshängigen Vorabentscheidungsverfahrens mit der Europarechtswidrigkeit gerechnet werden müsse. Dies sei im Rahmen der Interessenabwägung des einstweiligen Rechtsschutzverfahrens nach § 80 Abs. 5 VwGO zu würdigen.

36 OVG Münster, Beschluss vom 5. März 2009, 8 D 58/08.AK, DVBl 2012, 244–245.

37 Das Verfahren wurde sodann beim EuGH unter dem Aktenzeichen C-115/09 geführt. Das Urteil erging am 12. Mai 2011.

38 S.u. 6. Kapitel C) II. 3. e).

bestimmten verwaltungsbehördlichen Zulassungs- und Genehmigungsverfahren gewährt wird. Der Naturschutz- bzw. Umweltverband hat daher nur die Möglichkeit, ausgehend von der Verletzung seiner jeweiligen gesetzlichen Mitwirkungsrechte materiell-rechtliche Rechtsverletzungen geltend zu machen. Das BNatSchG und das UmwRBG vermitteln den Verbänden jedoch keine Initiativrechte gegen die Behörden in Bezug auf drohende oder bereits eingetretene Schäden.[39]

## D) Der Gang der Untersuchung

Wie bereits dargestellt,[40] ist die Bedeutung des USchadG im deutschen Umweltverwaltungsrecht unter zwei Aspekten zu betrachten: zum einen geht es um die Frage, ob es in Bezug auf das Schutzgut Boden über das BBodSchG hinausgehende Rechte der Behörden und Pflichten der Verantwortlichen schafft. Zum anderen ist unter verfahrensrechtlichem Gesichtspunkt zu prüfen, ob die gerichtlichen und außergerichtlichen Rechte Dritter erweitert wurden.

Da die Verfahrensbefugnisse und Klagerechte Dritter von besonderem Interesse sind, wird im Zweiten Kapitel zunächst dargelegt, welche Personen dem Begriff des Dritten unterfallen und unter welchen Voraussetzungen sie grundsätzlich berechtigt sind, verfahrensrechtliche Ansprüche geltend zu machen.

In dem sich anschließenden Dritten Kapitel werden sowohl die Grundsätze des Regelungsregimes des BBodSchG wie auch die Reichweite der im Rahmen des BBodSchG bestehenden Rechte Dritter dargestellt, um die Reichweite der bereits bei Inkrafttreten des BBodSchG bestehenden Handlungsrechte und –pflichten sowie die Möglichkeiten, diese geltend zu machen, bestimmen zu können.

Die Darstellung der materiell-rechtlichen und der verfahrensrechtlichen Regelungen des USchadG erfolgt in den sich anschließenden Kapiteln. Auf die Ausführungen zum Anwendungsbereich wie auch zu den materiell-rechtlichen Pflichten wird sowohl bei Erörterung der behördlichen Verfahrensrechte Dritter wie auch im Rahmen der Klagerechte zurückgegriffen werden, weshalb sie vorab im Vierten Kapitel dargestellt werden. Jeweils einem eigenen Kapitel sind die Voraussetzungen und der Umfang der behördlichen Initiativrechte Dritter (Fünftes Kapitel) sowie der Klagerechte Dritter (Sechstes Kapitel) gewidmet. Auf Grund der Praxisrelevanz ist der Aufbau der Kapitel an dem Prüfungsschema der Geltendmachung eines behördlichen bzw. gerichtlichen Anspruches ausgerichtet.

---

39 *Schrödter*, NVwZ 2009, 157/158.

40 S.o. 1. Kapitel A).

Im Siebten Kapitel werden sodann die in den Kapiteln Vier bis Sechs getroffenen Feststellungen bezüglich der materiell-rechtlichen Pflichten und der Verfahrensbefugnisse Dritter im Rahmen des USchadG denen betreffend das BBodSchG gegenübergestellt. Den Abschluss bildet das Achte Kapitel, in welchem die wesentlichen Thesen dieser Arbeit zusammengefasst werden.

# Zweites Kapitel: Der Dritte im Verwaltungsverfahren und die Geltendmachung von Ansprüchen

## A) Einleitung

Bevor nachfolgend der Frage nachgegangen werden kann, unter welchen Voraussetzungen Dritte in Bezug auf das Schutzgut Boden Rechte aus dem BBodSchG und dem USchadG herleiten können, sind hierfür die allgemeinen verwaltungsrechtlichen Voraussetzungen herauszuarbeiten.

Dem dient zunächst die Feststellung, welche Personen Dritte im Sinne des Verwaltungsverfahrensgesetzes[41] sind und ob die Begrifflichkeiten auf das BBodSchG und das USchadG übertragbar sind. In diesem Zusammenhang gilt es insbesondere zu klären, ob Verbände wie auch Einzelpersonen, die sich – ohne konkret in eigenen Rechten verletzt zu sein – für den Umwelt- und Naturschutz einsetzen, Dritte im Sinne dieser Gesetze sind. Sie weisen Behörden regelmäßig auf das Vorliegen von Umweltschäden hin und verlangen von diesen ein Einschreiten. Das Verlangen von behördlichen Maßnahmen durch Dritte macht es unerlässlich, die Voraussetzungen für die Geltendmachung von Ansprüchen im Verwaltungsverfahren und im Verwaltungsprozess darzustellen.

## B) Der Dritte im Verwaltungsverfahren

### I. Der Dritte im Verwaltungsverfahrensgesetz

Das VwVfG spricht, wenn es um die in einem Verwaltungsverfahren involvierten Personen geht, von dem Antragsteller,[42] dem Adressaten eines Verwaltungsaktes,[43] dem Beteiligten[44] und dem Betroffenen.[45]

---

41 Verwaltungsverfahrensgesetz, neugefasst durch Bekanntmachung vom 23. Januar 2003, zuletzt geändert durch Art. 2 Abs. 1 des Gesetzes vom 14. August 2009, BGBl I 2827. Im Folgenden: VwVfG.

42 § 13 VwVfG.

43 § 13 VwVfG.

44 §§ 13, 14, 15, 16, 18, 28, 29, 30 VwVfG.

45 §§ 37, 51, 73 Abs. 6 S. 1 VwVfG.

## 1. Die Person des Dritten

Das VwVfG kennt jedoch auch den Begriff des Dritten. Es verwendet ihn in § 58 Abs. 1 VwVfG im Zusammenhang mit dem Abschluss öffentlich-rechtlicher Verträge, denen Dritte, auf die der Vertrag Auswirkungen haben kann, zustimmen müssen, und in § 13 Abs. 2 S. 2 VwVfG. In § 13 Abs. 2 S. 2 VwVfG heißt es: „Hat der Ausgang des Verfahrens rechtsgestaltende Wirkung für einen Dritten, so ist dieser auf Antrag als Beteiligter zu dem Verfahren hinzuzuziehen." Der Dritte wird durch die Hinzuziehung zum Verwaltungsverfahren mithin gemäß § 13 Abs. 1 Nr. 4, Abs. 2 VwVfG zum Beteiligten des Verfahrens. Er hat dann dieselben Rechte wie die weiteren in § 13 Abs. 1 VwVfG genannten Beteiligten: dem Antragsteller und dem Antragsgegner (§ 13 Abs. 1 Nr. 1 VwVfG), demjenigen, an den die Behörde den Verwaltungsakt richten will oder gerichtet hat (§ 13 Abs. 1 Nr. 2 VwVfG) sowie demjenigen, mit dem die Behörde einen öffentlich-rechtlichen Vertrag schließen will oder geschlossen hat, § 13 Abs. 1 Nr. 1 VwVfG.

§ 13 VwVfG verbindet die Personen des Beteiligten und des Dritten, indem der Dritte Beteiligter werden kann. Über die Person des Dritten im Sinne des VwVfG charakterisierenden Merkmale schweigt das Gesetz.

Fest steht jedoch: Sowohl § 13 Abs. 2 VwVfG als auch § 58 Abs. 1 VwVfG begründen Rechte des Dritten nur, wenn er in eigenen Rechten betroffen sein kann. Demzufolge ist eine Differenzierung zwischen dem Begriff des Dritten und dem des Betroffenen erforderlich.

## 2. Der Betroffene

Der Begriff des Betroffenen wird im VwVfG in den §§ 37, 51, 73 Abs. 3, 6 S. 1 VwVfG verwendet, jedoch an keiner Stelle legal definiert.

In § 37 Abs. 2 S. 2 VwVfG steht der Begriff des Betroffenen als Synonym für den Adressaten eines Verwaltungsaktes.[46] Er ist als Adressat eines mündlichen erlassenen Verwaltungsaktes berechtigt, eine schriftliche Bestätigung desselben zu verlangen.

Gemäß § 51 VwVfG kann der Betroffene unter bestimmten, hier nicht näher zu erläuternden Voraussetzungen, ein Wiederaufgreifen des durch einen

---

46 BVerwG, Urteil vom 18. April 1997, 8 C 43/95, BVerwGE 104, 301, 318; OVG Weimar, Beschluss vom 28. Januar 2005, 4 ZKO 360/04, LKV 2006, 281/ 282; OVG Münster, Urteil vom 26. Januar 1987, 7 A 605/85, NVwZ 1988, 659/660; *Stelkens,* in Stelkens/Bonk/Sachs, VwVfG, § 37 Rn. 12; *Tiedemann,* in Bader/Ronellenfitsch, VwVfG, § 37 Rn. 39, 40.

bestandskräftig gewordenen Verwaltungsakt abgeschlossenen Verfahrens verlangen. Anknüpfungspunkt ist das Vorliegen eines Verwaltungsaktes, durch den der Antragsteller beschwert ist. Eine Beschwerung liegt vor, wenn sich der Verwaltungsakt zu seinem Nachteil auswirkt,[47] d.h. es sich um einen belastenden Verwaltungsakt handelt.[48] Beschwert sein kann jedoch auch ein Dritter, der durch einen einer anderen Person gegenüber ergangenen Verwaltungsakt in seinen Rechten verletzt wird.[49]

Auf die mögliche Beeinträchtigung subjektiver Rechte wird auch bei der Auslegung des Begriffs des Betroffenen im Sinne des § 73 VwVfG abgestellt.[50] Den Personen, die durch einen Planfeststellungsbeschluss in ihren Rechten verletzt sein könnten, ist die Möglichkeit zur Einsichtnahme in die Antragsunterlagen zu geben. Sie sind auch berechtigt, Einwendungen gegen das planfeststellungsbedürftige Vorhaben zu erheben.

Der Begriff des Betroffenen[51] ist somit insgesamt als weit und wenig griffig[52] einzustufen. Gemeinsamkeit besteht jedoch dahingehend, dass einer Person durch eine Missachtung der einschlägigen Bestimmungen tatsächliche Nachteile entstehen können.[53]

## 3. Zwischenergebnis

Die vom VwVfG verwendeten Begriffe des Dritten und des Betroffenen decken sich insoweit, als dass beide voraussetzen, dass die Regelung eines Verwaltungsaktes unmittelbare Wirkungen für die Person hat. Aus den Regelungen des VwVfG folgt jedoch nicht, dass das Begriffsverständnis des Dritten im Sinne

47 BVerwG, Urteil vom 23. Juli 1980, 8 C 90/79, Rn. 34 zitiert nach Juris.

48 *Falkenbach,* in Bader/Ronellenfitsch, VwVfG, § 51 Rn. 10; *Kopp/Ramsauer*, VwVfG, § 51 Rn. 10; *Sachs,* in Stelkens/Bonk/Sachs, VwVfG, § 51 Rn. 17.

49 *Falkenbach,* in Bader/Ronellenfitsch, VwVfG, § 51 Rn. 10; *Kopp/Ramsauer*, VwVfG, § 51 Rn. 10; *Sachs,* in Stelkens/Bonk/Sachs, VwVfG, § 51 Rn. 17.

50 *Kämper,* in Bader/Ronellenfitsch, VwVfG, § 73 Rn. 40; *Kopp/Ramsauer*, VwVfG, § 73 Rn. 41; *Sachs,* in Stelkens/Bonk/Sachs, VwVfG, § 73 Rn. 69.

51 § 41 Abs. 1 S. 1 VwVfG; *Kopp/Ramsauer*, VwVfG, § 41 Rn. 27 präzisiert hierzu, dass es sich bei den Personen, die nicht Adressaten eines Verwaltungsaktes sind, um „sonstige Betroffene“ handelt. Im Umkehrschluss bedeutet dies, dass auch die Adressaten eines Verwaltungsaktes als Betroffene angesehen werden.

52 *Schmidt-Aßmann,* in Maunz/Dürig, GG, Art. 19 Rn. 120: es handele sich um einen „schillernden Begriff“.

53 *Schoch,* NVwZ 1999, 457/464.

des VwVfG abschließend ist. Es sind keine Anhaltspunkte dafür ersichtlich, dass Dritter im Sinne des allgemeinen Verwaltungsrechtes nur sein kann, wer in eigenen Rechten verletzt ist oder verletzt sein kann. Dritter kann danach auch jeder Außenstehende sein, der nicht Verfahrensbeteiligter im Sinne des § 13 VwVfG ist. Aus dem Umstand, dass der Dritte, der nicht in eigenen Rechten verletzt ist, im VwVfG nicht erwähnt ist, kann nicht der Schluss gezogen werden, dass ihm im Verwaltungsrecht keine Bedeutung zukommen würde. Er blieb schlichtweg unerwähnt, weil demjenigen, der keine eigenen rechtlichen Interessen, die ihren Niederschlag in einer Rechtsnorm gefunden haben, geltend machen kann, im Rahmen des VwVfG keine Rechte zustehen. Es bestand insofern im VwVfG kein Regelungsbedürfnis.

Dies zu Grunde gelegt, kann eine Übertragung auch auf das BBodSchG und das USchadG insofern erfolgen, als dass Dritter alle Personen sind, die gegenüber den Behörden auftreten, aber nicht Beteiligte im Sinne des § 13 VwVfG sind.

## 4. Der Antragsteller

Der Antragsteller ist gemäß § 13 Abs. 1 Nr. 1 1. Var. VwVfG Beteiligter des Verwaltungsverfahrens. Entscheidend für die weitere Kategorisierung der im Rahmen eines Verwaltungsverfahrens zu berücksichtigenden Personen – Beteiligte, Dritte, Betroffene – ist, ob derjenige, der bei einer Behörde einen Antrag auf Tätigwerden stellt, kraft Gesetzes Beteiligter wird. Dies unterstellt, wäre die Bezeichnung als Dritter im weiteren Verlauf dieser Arbeit für die Prüfung der Ansprüche von Einzelpersonen und Umweltverbänden nicht verwendbar. Denn Gegenstand der Untersuchung soll sein, ob und unter welchen Voraussetzungen sie Ansprüche geltend machen und durchsetzen können. Da die Geltendmachung eines Anspruches zwangsläufig die Stellung eines Antrages voraussetzt, gäbe es, dieses Begriffsverständnis zugrunde gelegt, keine Dritten, sondern nur Beteiligte.

Das VwVfG knüpft keine ausdrücklichen Voraussetzungen an die Person des Antragstellers. Demzufolge könnte jeder, der bei einer Behörde einen Antrag stellt, als Antragsteller und somit Beteiligter gelten. Dem steht jedoch § 22 VwVfG entgegen. Dieser bestimmt, dass ein Verwaltungsverfahren entweder von Amts wegen oder auf Antrag eingeleitet wird.

Wird das Verfahren durch Antrag eingeleitet, muss der Betreffende die Möglichkeit einer Verletzung in eigenen Rechten bzw. die Möglichkeit des Bestehens eines ihm zustehenden Anspruches geltend machen können. Es besteht kein allgemeiner Anspruch des Bürgers gegen die staatliche Verwaltung auf

Gesetzesvollzug.[54] Für den gerichtlichen Rechtsschutz ist anerkannt, dass ein Anspruch, der die Justiz zum Kontrollorgan jeder Art des Verwaltungshandelns macht, dem deutschen Recht fremd ist.[55] Verfassungsrechtlich ist für den gerichtlichen Rechtsschutz in Art. 19 Abs. 4 S. 1 GG verankert, dass jedem der Rechtsweg offensteht, der „durch die öffentliche Gewalt in seinen Rechten verletzt" wurde. Gemäß der einfachgesetzlichen Ausprägung in § 42 Abs. 2 VwGO[56] muss der Rechtsschutzsuchende geltend machen können, durch einen Verwaltungsakt oder sein Unterlassen in seinen Rechten verletzt zu sein. Dies gilt nur dann nicht, wenn gesetzlich etwas anderes bestimmt ist. Der Rechtsschutzsuchende muss daher die Möglichkeit der Verletzung eigener Rechte bzw. das Bestehen eines Anspruches[57] vortragen und substantiiert behaupten.[58]

Diese Grundsätze gelten auch im Verwaltungsverfahren.[59] § 42 Abs. 2 VwGO ist entsprechend anzuwenden. Dies gebieten zum einen die Parallelität von Verwaltungsverfahrens- und Verwaltungsprozessrecht[60] als auch der Schutz der Verwaltung, sich nicht mit von vornherein aussichtslosen Anträgen befassen zu müssen.[61]

Antragsteller im Sinne des Verwaltungsrechtes ist demnach nur, wer bei einer Behörde einen Antrag auf Einleitung eines Verwaltungsverfahrens stellt und hierbei eine Verletzung subjektiver Rechte oder das Bestehen eines Anspruches darlegen kann.[62]

---

54 *Schmidt-Aßmann,* in Maunz/Dürig, GG, Art. 19 Abs. 4 Rn. 122; *Wolff/Bachof/Stober/Kluth*, Verwaltungsrecht I, § 43 Rn. 10; *Schrader/Hellenbroich*, ZUR 2007, 289.

55 *Schmidt-Aßmann,* in Maunz/Dürig, GG, Art. 19 Abs. 4 Rn. 122.

56 Zur entsprechenden Anwendung des § 42 Abs. 2 VwGO im Rahmen des Widerspruchsverfahrens sowie der verwaltungsrechtlichen Klagen – Feststellungsklage, Fortsetzungsfeststellungsklage, allgemeine Leistungsklage – sowie der Verfahren des einstweiligen Rechtsschutzes – Antrag auf Wiederherstellung bzw. Anordnung der aufschiebenden Wirkung, einstweilige Anordnung – *Wahl/Schütz,* in Schoch/Schmidt-Aßmann/Pietzner, VwGO, § 42 Rn. 22 ff.

57 BVerwG, Urteil vom 28. Oktober 1970, VI C 48.68, Rn. 41 zitiert nach Juris, DÖV 1971, 559; BVerwG, Urteil vom 20. März 1964, VII C 10.61, Rn. 21 zitiert nach Juris, DVBl 1964, 669; *Kloepfer*, Umweltrecht, § 8 Rn. 20.

58 *Wahl/Schütz,* in Schoch/Schmidt-Aßmann/Pietzner, VwGO, § 42 Abs. 2 Rn. 69; *Ziekow*, NVwZ 2007, 259/261.

59 *Heßhaus,* in Bader/Ronellenfitsch, VwVfG, § 22 Rn. 31; *Kopp/Ramsauer*, VwVfG, § 22 Rn. 43; *Schmitz,* in Stelkens/Bonk/Sachs, VwVfG, § 22 Rn. 63.

60 *Kopp/Ramsauer*, VwVfG, § 22 Rn. 44.

61 *Kopp/Ramsauer*, VwVfG, § 22 Rn. 44.

62 *Bonk/Schmitz,* in Stelkens/Bonk/Sachs, VwVfG, § 13 Rn. 14; *Gerstner-Heck,* in Bader/Ronellenfitsch, VwVfG, § 13 Rn. 7; *Kopp/Ramsauer*, VwVfG, § 13 Rn. 17.

### 5. Ergebnis

Zusammenfassend bedeutet dies, dass Dritter, unabhängig von der Betroffenheit in eigenen Rechten, jede Person ist, die nicht unter die in § 13 Abs. 1 Nr. 1 bis 3 VwVfG genannten Personengruppen fällt. Der Dritte steht demnach – vorbehaltlich einer Hinzuziehung nach § 13 Abs. 2 VwVfG – außerhalb eines Verwaltungsverfahrens.

## II. Der Dritte im Sinne des BBodSchG und des USchadG

### 1. Allgemeines

Nach den vorstehenden Ausführungen kann der im allgemeinen Verwaltungsrecht geltende Begriff des Dritten unverändert für die Betrachtung in dieser Arbeit herangezogen werden. Dritte sind demnach sowohl Einzelpersonen als auch Personenmehrheiten, die von einer Behörde ein Einschreiten gegenüber einer anderen Person verlangen.

### 2. Die Dritten im Einzelnen

*a) Einzelpersonen*

Dritte sind nach den vorstehenden Ausführungen[63] Personen, die entweder auf Grund einer Verletzung eigener Rechte durch das Handeln der Verwaltung oder Privater oder auf Grund eines besonderen Interesses an einem verwaltungsbehördlichen Einschreiten gegen behauptete Missstände die Einleitung eines Verwaltungsverfahrens begehren.

Letztere sind im Anwendungsbereich des BBodSchG und des USchadG Personen, die sich für die Verhinderung der Schadensentstehung oder die Sanierung eingetretener Schäden einsetzen.[64]

Soweit betroffene Dritte im Sinne der ersten Fallvariante[65] die Verletzung von Rechten oder rechtlich geschützten Interessen geltend machen, erfasst dies im Rahmen des Bodenschutzrechtes diejenigen Personen, die den Auswirkungen einer Bodenverunreinigung bzw. den zur Sanierung der Bodenverunreinigung

---

63 S.o. 2. Kapitel B) I. 1.

64 Soweit es um das Tätigwerden der sich in einer Vereinigung, die sich für den Umweltschutz einsetzt, zusammengeschlossenen Personen geht, wird auf die Ausführungen unter 2. Kapitel B) II. 2.b) verwiesen.

65 S.o. 2. Kapitel B) I. 2.

ergriffenen Maßnahmen ausgesetzt sind. Dies sind regelmäßig die Grundstückseigentümer und Nachbarn, die entweder durch die Bodenverunreinigung oder durch die angestrebte Sanierung in ihren Rechten, insbesondere Eigentum, Gesundheit oder Leben, gefährdet sind. § 12 S. 1 BBodSchG bestätigt dies. Er enthält eine Legaldefinition des Begriffs des Betroffenen. Betroffene sind danach die „Eigentümer der betroffenen Grundstücke, die sonstigen betroffenen Nutzungsberechtigten und die betroffene Nachbarschaft." Auf Grund der systematischen Stellung des § 12 BBodSchG innerhalb des Dritten Teil des BBodSchG trifft die Bestimmung zwar nur eine Regelung in Bezug auf die von einer Altlast im Sinne des § 2 Abs. 5 BBodSchG betroffenen Personen. Der dahinterstehende Rechtsgedanke, dass eine Betroffenheit vorliegt, wenn der Mensch „durch die durchzuführenden Maßnahmen oder den Zustand des Grundstückes nach Abschluss der Maßnahme in seinen Schutzgütern berührt sein kann",[66] ist gleichwohl auf die Regelungen des BBodSchG über solche schädlichen Bodenveränderungen, die keine Altlasten sind, und das USchadG übertragbar.

*b) Personenmehrheiten*

Bei den Personenmehrheiten sind die Allgemeinheit und der Zusammenschluss einer Mehrzahl von Personen zur Verfolgung eines bestimmten Zweckes zu unterscheiden.

Soweit es um die Geltendmachung von Ansprüchen durch Personenmehrheiten geht, sind ausschließlich Verbände und Vereinigungen, die entsprechend einer juristisch anerkannten Rechtsform gebildet und geführt werden, antragsberechtigt. Mangels Organisationsstruktur ist die Allgemeinheit als „unbestimmte Mehrheit von Personen"[67] zu einer einheitlichen Willensbildung und -äußerung nicht in der Lage. Sie kann daher nicht Antragsteller im Sinne des Verwaltungsverfahrens sein. Personenmehrheiten im hier gemeinten Sinne können daher nur solche Zusammenschlüsse von Personen sein, die sich in Umweltverbänden, Vereinigungen, Bürgerinitiativen etc., organisiert haben, um im Interesse der Allgemeinheit bestehende Aufgaben wahrzunehmen. Sie verfügen über Willensbildungsorgane, die ein Auftreten gegenüber einer Behörde ermöglichen.

Verbände sind in der Regel Dritte, die keine Verletzung eigener Rechte geltend machen können. Mit Ausnahme der ihnen kraft Gesetzes eingeräumten Rechte innerhalb eines Verwaltungsverfahrens, wie zum Beispiel im Rahmen des § 63

66 BT-Drs. 13/6701, S. 41.

67 *Kutscheidt,* in Landmann/Rohmer, BImSchG, § 3 Rn. 5; *Martens,* DöV 1976, 457/459.

BNatSchG oder des § 2 Abs. 1 UmwRBG, können sie keine eigene Rechtsverletzung geltend machen, es sei denn sie sind zum Beispiel selber als Grundstückseigentümer von einer Bodenverunreinigung bzw. deren Sanierung betroffen.

# C) Die Geltendmachung verwaltungsrechtlicher Ansprüche durch Dritte

## I. Einleitung

Wie bereits ausgeführt, setzt die Stellung eines Antrages auf Einleitung eines verwaltungsbehördlichen Verfahrens voraus, dass der Antragsteller analog § 42 Abs. 2 VwGO die Möglichkeit des Bestehens eines Anspruches darlegen kann.[68] Sieht sich der Betreffende hierzu nicht in der Lage, wendet sich aber dennoch an die Behörde, ist der Antrag als Hinweis auf einen bestimmten Umstand – im Umweltrecht in der Regel einen drohenden oder bereits eingetretenen Umweltschaden – auszulegen. Eine Anzeige eines (drohenden) Schadens ist ohne Wahrung besonderer Voraussetzungen möglich.[69]

## II. Das subjektive öffentliche Recht

Macht der Dritte einen Anspruch auf behördliches Tätigwerden geltend, muss er vortragen, durch das Unterlassen des Erlasses eines Verwaltungsaktes in seinen Rechten verletzt zu sein. Er muss mithin das Bestehen eines subjektiven öffentlichen Rechtes geltend machen.[70]

Nach *Ottmar Bühlers* Definition vom 1914 handelt es sich bei einem subjektiven öffentlichen Recht um

> „diejenige rechtliche Stellung des Untertanen zum Staat, in der er auf Grund eines Rechtsgeschäftes oder eines zwingenden, zum Schutz seiner Individualinteressen erlassenen Rechtssatzes, auf den er sich der Verwaltung gegenüber soll berufen können, vom Staat etwas verlangen kann oder ihm gegenüber etwas tun darf."[71]

---

68 S.o. unter 2. Kapitel B) I. 4.

69 *Engelhardt,* in Obermayer, VwVfG, § 22 Rn. 84; *Heßhaus,* in Bader/Ronellenfisch, VwVfG, § 22 Rn. 5.

70 *Schoch*, NVwZ 1999, 457/458.

71 *Bühler*, Die subjektiven öffentlichen Rechte, S. 224; *Wahl,* in Schoch/Schmidt-Aßmann/Pietzner, VwGO, vor § 42 Abs. 2 Rn. 9.

Demzufolge besteht ein Anspruch, wenn eine Vorschrift dem Dritten ausdrücklich einen Anspruch vermittelt oder wenn die Auslegung einer objektiv-rechtlichen Norm ergibt, dass sie auch Dritten eine Rechtsposition einräumen soll.

Die Feststellung, ob eine Norm drittschützend ist, erfolgt nach der sog. Schutznormtheorie.[72] Entscheidend ist hierbei, dass eine drohende bzw. bestehende Rechtsverletzung geltend gemacht werden kann. „Die Interessen der Allgemeinheit oder gar die Verletzung rein objektiven Rechts“[73] können hingegen nicht mit der Folge gerügt werden, dass ein Anspruch gegen den Hoheitsträger begründet wird.[74]

## III. Die Bestimmung des subjektiven öffentlichen Rechts

### 1. Die Schutznormtheorie

Obwohl die Schutznormtheorie zahlreicher Kritik ausgesetzt ist, wird an ihr bis heute festgehalten.[75] Die Schutznormtheorie bezeichnet einen Kanon von Methoden und Regeln, mit denen der subjektiv-rechtliche Gehalt einer Norm bestimmt werden kann.[76] Der Kern der Schutznormtheorie lässt sich dahingehend zusammenfassen, dass die untersuchte Norm nicht nur im Allgemeininteresse besteht, sondern sie zumindest auch dem Interesse Einzelner zu dienen bestimmt sein muss. Der geschützte Personenkreis muss durch die Norm klar abgrenzbar und bestimmbar sein und der Anspruchsteller bzw. Rechtsschutzsuchende muss diesem Personenkreis angehören.[77]

Ob die Norm nur im Allgemeininteresse besteht oder aber auch den Interessen eines klar abgrenzbaren und bestimmbaren Personenkreises zu dienen bestimmt ist, ist „eine Frage der Auslegung, die unter Berücksichtigung der gesamten Rechtsordnung und der in dieser wirksamen Schutz- und Zweckbestimmungen

---

72 *Schmidt-Aßmann,* in Schoch/Schmidt-Aßmann/Pietzner, VwGO, Einl. Rn. 20; *ders.*, in Maunz/Dürig, GG, Art. 19 Abs. 4 Rn. 127; *Schulze-Fielitz,* in Dreier, GG, Art. 19 Abs. 4 Rn. 44.

73 *Alleweldt*, DöV 2006, 621/623.

74 *Alleweldt*, DöV 2006, 621/623.

75 *Schmidt-Aßmann,* in Schoch/Schmidt-Aßmann/Pietzner, VwGO, Einl. Rn. 20. Praktikable Alternativen zur Schutznormtheorie fehlen, insbesondere könne nicht auf das Kriterium der faktischen Betroffenheit zurückgegriffen werden, *Schmidt-Aßmann,* in Maunz/Dürig, GG, Art. 19 Abs. 4 Rn. 120.

76 *Schmidt-Aßmann,* in Maunz/Dürig, GG, Art. 19 Abs. 4 Rn. 128.

77 *Sodan,* in Sodan/Ziekow, VwGO, § 42 Rn. 388.

mit den üblichen juristischen Methoden der Auslegung und Ausfüllung von Lücken im Recht zu beantworten ist".[78] Ein wesentliches Augenmerk ist dabei auf den Willen des historischen Gesetzgebers, den Normzusammenhang und die Grundrechte zu legen.[79]

## 2. Der Einfluss des Europarechtes auf die Schutznormtheorie

In Anbetracht der Tatsache, dass die Schutznormtheorie bereits bei rein nach nationalem Recht zu beurteilenden Sachverhalten kritisiert wird,[80] drängt sich der Schluss auf, dass die Anwendung von Vorschriften, die auf europarechtliche Normsetzung – unabhängig davon, ob es sich um Verträge, Rechtsverordnungen oder Richtlinien handelt – zu einer Abkehr von der Schutznormtheorie zwingen könnte.

### *a) Das Zusammenspiel von nationalem Recht und Gemeinschaftsrecht*

Das Gemeinschaftsrecht bewegt sich in einem Spannungsfeld verschiedener nationaler Rechtsschutzsysteme. So setzt in Deutschlang die Antrags- bzw. Klagebefugnis (analog) § 42 Abs. 2 VwGO voraus, dass der Kläger bzw. Antragsteller eine Verletzung subjektiver öffentlicher Rechte geltend machen können muss.[81] In Frankreich hingegen gilt beispielsweise das Modell der Interessentenklage,[82] bei der jeder klageberechtigt ist, der ein nachvollziehbares Interesse an der Durchsetzung des objektiven Rechts darlegen kann.

In diesem Widerspruch befindet sich das Gemeinschaftsrecht. Dem Gemeinschaftsrecht muss innerhalb der Mitgliedsstaaten mit deren unterschiedlichen Rechtsschutzsystemen zu einer vergleichbaren Geltung verholfen werden. Der EuGH musste somit Stellung nehmen, wie dieses Ziel unter Berücksichtigung der jeweiligen nationalen Rechtsschutzsysteme erreicht werden kann.

---

78 *Kopp/Schenke*, VwGO, § 42 Rn. 83.

79 *Schmidt-Aßmann,* in Maunz/Dürig, GG, Art. 19 Abs. 4 Rn. 128.

80 *Schmidt-Aßmann,* in Schoch/Schmidt-Aßmann/Pietzner, VwGO, Einl. Rn. 20. Praktikable Alternativen zur Schutznormtheorie fehlen, insbesondere könne nicht auf das Kriterium der faktischen Betroffenheit zurückgegriffen werden, *Schmidt-Aßmann,* in Maunz/Dürig, GG, Art. 19 Abs. 4 Rn. 120.

81 S.o. 2. Kapitel B) I. 4.

82 *Calliess*, NJW 2002, 3577/3578; *Ruffert*, Subjektive Rechte, S. 112 ff.; *Schmidt-Preuß*, NVwZ 2005, 489/492; *Schwerdtfeger*, Der deutsche Verwaltungsrechtsschutz, S. 53; *Wegener*, Rechte des Einzelnen, S. 141 ff.

Der vom EuGH postulierte Grundsatz vom Vorrang des Gemeinschaftsrechts[83] löst das Problem jedoch nicht. Der EuGH hat im Rahmen eines Vorabentscheidungsverfahrens zu den Auswirkungen eines Beitritts zu einer Gemeinschaft, die mit eigenen Organen ausgestattet ist und an die Hoheitsrechte übertragen wurden, ausgeführt, dass durch den Beitritt die Souveränitätsrechte des jeweiligen Mitgliedsstaaten beschränkt werden, sie sich der Gemeinschaft unterwerfen und deren Handeln als verbindlich anerkennen.[84] Hieraus folge, dass dem von der Gemeinschaft geschaffenen Recht keine innerstaatlichen Rechtsvorschriften vorgehen könnten.[85]

In Bezug auf die Klagebefugnis existiert jedoch keine gemeinschaftsrechtliche Vorschrift, die ausdrücklich allgemeingültige geltende Voraussetzungen der Klagebefugnis normiert.

Vor diesem Hintergrund gilt es festzustellen, welcher Maßstab an die Klagebefugnis eines nach nationalem Recht zu führenden Verwaltungsprozesses zu stellen ist, wenn dem Rechtsstreit eine gemeinschaftsrechtliche Vorschrift zugrundeliegt.

#### *b) Europarecht und § 42 Abs. 2 VwGO*

Mangels ausdrücklicher Regelungen ist die Frage der Auswirkungen des europäischen Gemeinschaftsrechts auf die Klagebefugnis des § 42 Abs. 2 VwGO sowie die Schutznormtheorie, regelmäßig Gegenstand von Stellungnahmen in der juristischen Fachpresse.[86] Einigkeit besteht insoweit, als dass das Prozessrecht mangels gemeinschaftsrechtlicher Vorgaben eine von dem jeweiligen Mitgliedsstaat zu regelnde Materie ist.[87] Es muss dennoch gewährleistet sein, dass dem materiellen Gemeinschaftsrecht in allen Mitgliedsstaaten zur Wirkung verholfen wird.

---

83 EuGH, Urteil vom 15. Juli 1964, Rechtssache 6–64 (Flaminio Costa gegen E.N.E.L.), NJW 1964, 2371/2372.

84 EuGH, Urteil vom 15. Juli 1964, Rechtssache 6–64 (Flaminio Costa gegen E.N.E.L.), Leitsatz 3 zitiert nach Juris, NJW 1964, 2371/2372.

85 EuGH, Urteil vom 15. Juli 1964, Rechtssache 6–64 (Flaminio Costa gegen E.N.E.L.), Leitsatz 3 zitiert nach Juris, NJW 1964, 2371/2372.

86 *Calliess*, NVwZ 2006, 1 ff.; *Ruffert*, DVBl 1998, 69 ff.; *Ruthig*, BayVBl 1997, 289 ff.; *Schoch*, NVwZ 1999, 457 ff.; *Steinbeiß-Winkelmann*, NJW 2010, 1233 ff.; *Voßkuhle/Kaiser*, JuS 2009, 16 ff.; *Winter*, NVwZ 1999, 467 ff.

87 EuGH, Urteil vom 14. Dezember 1995, C-312/93 (Peterbroeck, Van Campenhout & Cie SCS gegen Belgien), Rn. 12 zitiert nach Juris; EuGH, Urteil vom 16. Dezember 1976, C-33/76 (Rewe-Zentralfinanz eG und Rewe-Zentral AG gegen Landwirtschaftskammer für das Saarland), Rn. 5 und 6 zitiert nach Juris; EuGH, Urteil vom 16. Dezember 1976, C-45/76 (Comet BV gegen Produktschap voor Siergewassen), Rn. 11/18 zitiert nach Juris.

### *c) Die Rechtsprechung des EuGH zu den Klagevoraussetzungen in den Mitgliedsstaaten*

Vor dem Hintergrund der Regelungsbefugnis der Mitgliedsstaaten betreffend die Zulässigkeitsvoraussetzungen von Klagen mit Gemeinschaftsrechtsbezug setzt der EuGH in ständiger Rechtsprechung voraus, dass diese Verfahren nicht ungünstiger gestaltet sein dürfen als die Verfahren bei entsprechenden Klagen, die ausschließlich innerstaatliches Recht betreffen.[88] Dabei darf die Verfahrensgestaltung die Ausübung der durch die Gemeinschaftsrechtsordnung verliehenen Rechte nicht praktisch unmöglich machen oder übermäßig erschweren.[89] In der gebotenen Kürze wird diese Rechtsprechung mit den Schlagworten Diskriminierungsverbot und Effektivitätsgebot zusammengefasst.[90] Sie dienen der Funktionssicherung des Gemeinschaftsrechts.[91]

Diese Rahmenbedingungen gilt es im Rahmen der Bestimmung der jeweiligen Klagebefugnis des Klägers zu berücksichtigen. Dies könnte bedeuten, dass von der Schutznormtheorie bei Sachverhalten mit Gemeinschaftsrechtsbezug gänzlich abzusehen bzw. die Schutznormtheorie modifiziert anzuwenden wäre. Die Pflicht zur Darlegung der Verletzung subjektiver Rechte würde jedoch dann keine Vereitelung oder unverhältnismäßige Erschwerung der Geltendmachung gemeinschaftsrechtlicher Rechte darstellen, wenn auch das europäische Gemeinschaftsrecht Klagen der Bürger nur unter der Voraussetzung einer individuellen Betroffenheit als zulässig betrachten würde. In diesem Fall würden die Verfahren mit Gemeinschaftsrechtsbezug nicht ungünstiger gestaltet als rein nationale Sachverhalte.

Rechtsprechung des EuGH, die sich mit den Voraussetzungen eine Klagebefugnis nach nationalem Recht befasst, existiert – soweit ersichtlich – nicht. Es ist

---

88 EuGH, Urteil vom 14. Dezember 1995, C-312/93 (Peterbroeck, Van Campenhout & Cie SCS gegen Belgien), Rn. 12 zitiert nach Juris; EuGH, Urteil vom 16. Dezember 1976, C-33/76 (Rewe-Zentralfinanz eG und Rewe-Zentral AG gegen Landwirtschaftskammer für das Saarland), Rn. 5 und 6 zitiert nach Juris; EuGH, Urteil vom 16. Dezember 1976, C-45/76 (Comet BV gegen Produktschap voor Siergewassen), Rn. 11/18 zitiert nach Juris.

89 EuGH, Urteil vom 19. November 1991, C-6/90 und C-9/90 (Francovich und Bonifaci gegen Italien), Rn. 43 zitiert nach Juris; EuGH, Urteil vom 9. November 1983, C-199/82 (Amministrazione delle finanze dello Stato gegen SpA San Giorgio), Rn. 12 zitiert nach Juris; *Dörr* in Sodan/Ziekow, VwGO, EVR, Rn. 233.

90 *Calliess*, NVwZ 2006, 1/3; *von Danwitz*, DöV 1996, 481/488; *Rieger*, Fachplanung und materielle Präklusion, S. 306; *Schoch*, NVwZ 1999, 457/460.

91 *Rieger*, Fachplanung und materielle Präklusion, S. 306; *Schoch*, NVwZ 1999, 457/460.

daher auf die Rechtssetzungswerke sowie in ähnlichem Zusammenhang ergangene Rechtsprechung zurückzugreifen.

Art. 263 Abs. 4 AEUV beschreibt für die von Unionsbürgern einzureichende Nichtigkeitsklage ausdrücklich die Voraussetzungen der Klagebefugnis. Danach muss der Kläger durch eine Entscheidung oder eine Handlung eines Organs der Europäischen Union individuell und unmittelbar betroffen sein. Bei der Betroffenheit kann es sich entweder um eine Rechtsverletzung oder um eine Beeinträchtigung von Interessen handeln. Der Kläger muss durch die angegriffene Maßnahme mithin beschwert sein.[92]

Aus der Rechtsprechung des EuGH wurde teilweise abgeleitet, dass die unmittelbare Anwendung einer nicht oder fehlerhaft umgesetzten Richtlinie eine individualschützende Wirkung voraussetze.[93] Dem hat der EuGH in seiner Großkrotzenburg-Entscheidung[94] jedoch ausdrücklich eine Absage erteilt. Die „Frage, ob für den einzelnen die Möglichkeit besteht, sich auf die Richtlinie zu berufen,“[95] stehe nicht im Zusammenhang mit der Verpflichtung der Mitgliedsstaaten, die Richtlinien umzusetzen – und wenn dies nicht oder fehlerhaft geschehen ist – die Richtlinie unmittelbar anzuwenden, wenn die weiteren Voraussetzungen der inhaltlichen Bestimmtheit und Unbedingtheit erfüllt sind.[96]

Hieraus ist jedoch nicht der Schluss zu ziehen, dass Klagen vor dem EuGH ohne eine individuelle Betroffenheit Erfolg haben. Nach der Rechtsprechung des EuGH ist eine Durchsetzung des Rechts nur möglich, wenn die Vorschrift, deren Verletzung gerügt wird, Rechte zugunsten des Einzelnen begründet.[97]

Es wird insofern ebenfalls eine tatsächliche Betroffenheit des Klägers verlangt.[98] Die Geltung des Gemeinschaftsrechts kann demzufolge nicht gleichsam voraussetzungslos von jedem EU-Bürger geltend gemacht werden; es besteht kein allgemeiner Anspruch auf Vollziehung des Gemeinschaftsrechts.[99]

---

92 *Calliess/Ruffert*, EUV/AEUV, Art. 263 Rn. 35.

93 *Gellermann,* in Rengeling/Middeke/Gellermann, Rechtsschutz in der EU, § 33 Rn. 29.

94 EuGH, Urteil vom 11. August 1995, C-431/92.

95 EuGH, Urteil vom 11. August 1995, C-431/92, LS 1 UA 3 zitiert nach Juris.

96 Hierzu: *Gellermann,* in Rengeling/Middeke/Gellermann, Rechtsschutz in der EU, § 33 Rn. 29.

97 EuGH, Urteil vom 23. Mai 2000, C-209/98 (Sydhavnens Sten & Grus), Rn. 96 ff. zitiert nach Juris; *Gellermann,* in Rengeling/Middeke/Gellermann, Rechtsschutz in der EU, § 36 Rn. 19; *Ruthig*, BayVBl. 1997, 289/296; *Schoch*, NVwZ 1999, 457 ff.

98 *Schlacke*, NuR 2007, 8/14; *Wegener*, Rechte des Einzelnen, S. 184 f.; *Winter*, NVwZ 1999, 467/470.

99 *von Danwitz*, DöV 1996, 481/482; *Ruffert*, DVBl 1998, 69; *Ruthig*, BayVBl 1997, 289/295; *Schoch*, NVwZ 1999, 457/463.

Auch der EuGH kennt somit das Kriterium der Drittbezogenheit, wonach die Vorschrift, die zum Gegenstand eines Anspruches gemacht wird, personenbezogene Güter und / oder Interessen, wie z.B. die menschlichen Gesundheit[100] schützen[101] und den Einzelnen dadurch begünstigen muss.[102] Darüber hinaus muss die personelle Reichweite der Norm bestimmbar sein.[103] Hieraus kann geschlossen werden, dass die Anwendung des § 42 Abs. 2 VwGO und der Grundsätze der Schutznormtheorie zulässig ist.[104]

#### *d) Zusammenfassung zur Gemeinschaftsrechtskonformität der Schutznormtheorie*

Der EuGH orientiert sich zwar ebenfalls am Schutzzweck der Norm, indem er auf den Schutz personenbezogener Güter und Interessen abstellt. Der wesentliche Unterschied zur Schutznormtheorie besteht jedoch darin, dass die Norm in personeller Hinsicht nicht zum Schutz eines klar abgrenzbaren und bestimmbaren Personenkreises bestehen muss. Es ist vielmehr beispielsweise ausreichend, wenn die Norm als allgemeinverbindliches Ziel den Schutz der menschlichen Gesundheit benennt.[105] Der Kläger muss geltend machen können, durch die Verletzung der Norm in seinen Interessen verletzt zu sein. Hieraus folgt, dass die Schutznormtheorie bei Gemeinschaftsrechtsbezug modifiziert anzuwenden ist.[106] Es ist für die Begründung der Klagebefugnis ausreichend, wenn die Norm den Interessen eines Dritten dient.

### 3. Das dem Dritten gewährte Schutzniveau

Die Rechte des Dritten im Verwaltungsverfahren sind den den Beteiligten des Verwaltungsverfahrens zustehenden Rechten grundsätzlich gleichwertig.[107] Eine

---

100 *Frenz*, VerwArchiv 2011, 135/156; *Ziekow*, NVwZ 2007, 259/260.

101 *Frenz*, VerwArchiv 2011, 135/137; *Marty*, ZUR 2009, 115/117; *Schlacke*, NuR 2007, 8/14.

102 *Gärditz*, JuS 2009, 385/390.

103 *Dörr*, in Sodan/Ziekow, VwGO, EVR, Rn. 233.

104 *Schoch*, NVwZ 1999, 457/460; *Winter*, NVwZ 1999, 467/470; a.A.: *von Danwitz*, DöV 1996, 481/486, 487 zu Art. 263 Abs. 4 AEUV bzw. der Vorgängervorschrift des Art. 173 Abs. 4 EGV.

105 *von Danwitz*, DöV 1996, 481/483; *ders.*, DVBl. 1998, 537/540; *Steinbeiß-Winkelmann*, NVwZ 2010, 1233/1234, 1235.

106 *Marty*, ZUR 2009, 115/116, 117; *Schlacke*, NuR 2007, 8/14; *Gellermann*, in Rengeling/Middeke/Gellermann, Rechtsschutz in der EU, § 36 Rn. 14–16; *Kopp/Schenke*, VwGO, 2005, § 42 Rn. 153.

107 *Wahl*, in Schoch/Schmidt-Aßmann/Pietzner, VwGO, vor § 42 Abs. 2 Rn. 66.

Schlechterstellung des Dritten resultiert jedoch aus dem Umstand, dass der Adressat eines belastenden Verwaltungsaktes die Möglichkeit der Verletzung in eigenen Rechten unter Berufung auf die Verletzung der allgemeinen Handlungsfreiheit gemäß Art. 2 Abs. 1 GG darlegen kann;[108] einer darüber hinausgehenden Darlegung betreffend die Verletzung subjektiv-öffentlicher Rechte bedarf es nicht. Der Dritte hingegen muss die Verletzung einer – zumindest auch – in seinem Interesse bestehenden Norm darlegen können. Ein wesentlicher Unterschied zwischen einem Beteiligten des Verwaltungsverfahrens und dem Dritten besteht auch darin, dass der Dritte keine umfassende Kontrolle einer ergangenen Verwaltungsentscheidung verlangen kann.[109] Seine Rechtsschutzmöglichkeiten sind auf eine Überprüfung des behördlichen Handelns ausschließlich in Bezug auf drittschützende Normen beschränkt.

---

108 Zur sog. Adressatentheorie gemäß Art. 2 Abs. 1 GG BVerwG, Urteil vom 15. März 1988, 1 A 23/85, Rn. 20 zitiert nach Juris, NJW 1988, 2752/2753; *Kopp/Schenke*, VwGO, § 42 Rn. 69.

109 *Wahl,* in Schoch/Schmidt-Aßmann/Pietzner, VwGO, vor § 42 Abs. 2 Rn. 67.

# Drittes Kapitel: Die Rechte Dritter im BBodSchG

## A) Der Anwendungsbereich des BBodSchG vor dem Hintergrund der Geltung des USchadG

Das BBodSchG verfolgt ebenso wie das USchadG den qualitativen[110] Bodenschutz, indem Verunreinigungen des Bodens zu verhindern sowie bereits eingetretene Schäden zu sanieren sind, § 1 BBodSchG. Das Inkrafttreten des USchadG hat das BBodSchG nicht verdrängt. Es ist auch nach dem Inkrafttreten des USchadG weiterhin anwendbar.[111] Denn gemäß § 1 S. 1 USchadG findet das USchadG Anwendung, wenn bundes- oder landesrechtliche Vorschriften die Vermeidung und Sanierung von Umweltschäden nicht näher bestimmen oder in ihren Anforderungen dem USchadG nicht entsprechen; Rechtsvorschriften mit weitergehenden Anforderungen bleiben nach § 1 S. 2 USchadG ausdrücklich unberührt. Dies gilt gemäß Erwägungsgrund 29 der Umwelthaftungsrichtlinie auch für solche Regelungen, durch die strengere Anforderungen an den Umweltschutz gestellt werden als dies in der Umwelthaftungsrichtlinie vorgesehen ist. Dies ist – wie noch zu zeigen sein wird – [112] für den Bereich des Bodenschutzes der Fall. Das USchadG enthält somit allgemeine Vorschriften und ist in der konkreten Anwendung „auf Ergänzung durch das jeweilige Fachrecht (Naturschutz-, Wasserhaushalts- bzw. Bodenschutzrecht) angelegt und [ist][113] daher im Rahmen der Umsetzungskonzeption als allgemeiner Teil zu verstehen, der durch die fachrechtlichen Maßstäbe als besonderer Teil gesteuert wird".[114]

---

110 Der quantitative Bodenschutz hingegen, dessen Ziel der Schutz des Bodens vor übermäßiger Inanspruchnahme – insbesondere durch die Verhinderung von weiteren Versiegelungen – ist, ist insbesondere durch das Bundes-Naturschutzgesetz, § 1 Abs. 3 Nr. 2 BNatSchG, das Anlagenzulassungsrecht, § 2 Abs. 2 Nr. 2 S.3 ROG und das Bauplanungsrecht, § 1a Abs. 2 S. 1 BauGB, geregelt.

111 Erwägungsgrund 16 der Richtlinie 2004/35/EG.

112 S.u. 4. Kapitel C. I. 4. b) bb).

113 Einfügung durch die Verfasserin.

114 BT-Drs. 16/4587, S. 1.

# B) Die Rechte Dritter

## I. Die einschlägigen Ermächtigungsgrundlagen

### 1. Die Ermächtigungsgrundlagen

Das BBodSchG begründet kraft Gesetzes Handlungs- bzw. Unterlassungspflichten der jeweiligen Verantwortlichen. Die §§ 4 Abs. 1 bis 3, §§ 5 und 7 BBodSchG in Verbindung mit § 10 Abs. 1 BBodSchG sowie § 9 Abs. 1 und 2 BBodSchG berechtigen die Behörden gegenüber dem Verantwortlichen, die Erfüllung der gesetzlichen Pflichten bei Vorliegen von schädlichen Bodenveränderungen (§§ 4 Abs. 1 bis 3, 5, 7 und 9 BBodSchG) sowie Altlasten (§§ 4 Abs. 3, 9 BBodSchG) anzuordnen und anschließend durchzusetzen, wenn er diesen Pflichten nicht unaufgefordert nachgekommen ist. Für den Bereich der Altlasten ermächtigen ferner §§ 12, 13 Abs. 3, 15 Abs. 2 S. 2, Abs. 3 S. 1 BBodSchG jeweils in Verbindung mit § 16 Abs. 1 BBodSchG sowie §§ 13 Abs. 1, 2, 14, 15 Abs. 1, 2 S. 1, 3 bis 5, Abs. 3 S. 1 BBodSchG die Behörde zum Tätigwerden gegenüber dem Verantwortlichen.

### 2. Die Tatbestandsvoraussetzungen der Ermächtigungsgrundlagen

Auf tatbestandlicher Ebene setzen alle Ermächtigungsgrundlagen des BBodSchG das Vorliegen einer schädlichen Bodenveränderung bzw. einer Altlast oder zumindest der Gefahr deren Entstehens voraus. Die Begriffe schädliche Bodenveränderung oder Altlast werden vorbehaltlich der Vorschrift des § 5 BBodSchG, der die Entsiegelung bestimmter im Gesetz näher bezeichneter Flächen betrifft, ausdrücklich verwendet. Der Gesetzgeber hat in § 5 BBodSchG das Vorliegen einer schädlichen Bodenveränderung zwar nicht ausdrücklich benannt. Inhaltlich liegt aber dennoch eine schädliche Bodenveränderung vor. Denn von dem Begriff der schädlichen Bodenveränderung wird nach dem Willen des Gesetzgebers auch die Versiegelung des Bodens erfasst.[115]

### 3. Die durch das BBodSchG vermittelten Ansprüche

Das BBodSchG regelt das bipolare Verhältnis zwischen der zuständigen Behörde und dem für die Vermeidung und Sanierung von Altlasten und schädlichen Bodenveränderungen Verantwortlichen. Unmittelbare Ansprüche Dritter gegen den

115 BT-Drs. 13/6701, S. 29.

für die Vermeidung oder Sanierung von schädlichen Bodenveränderungen oder Altlasten Verantwortlichen werden durch das BBodSchG nicht begründet. § 12 BBodSchG enthält nur einen unmittelbaren, auf dem Zivilrechtsweg geltend zu machenden Anspruch des von einer Altlast Betroffenen gegen den Verantwortlichen auf Erteilung von Auskünften über die Untersuchung und Sanierung einer Altlast.[116] Das BBodSchG enthält auch keine Norm, die einen Dritten ausdrücklich berechtigt, von der Behörde ein Tun oder Unterlassen verlangen zu können. Die Begründung der Antrags- und Klagebefugnis eines Dritten setzt daher stets die Auslegung der Norm an Hand der Schutznormtheorie voraus, um festzustellen, ob die in Bezug genommene objektiv-rechtliche Norm dem Antragsteller bzw. Kläger einen Anspruch vermitteln kann.[117]

Der Dritte muss daher gemäß § 42 Abs. 2 VwGO (analog)[118] geltend machen können, durch einen gegenüber einer andere Person erlassenen Verwaltungsakt, z.B. eine Sanierungsanordnung,[119] bzw., wenn gegen die Behörde ein Anspruch auf Tätigwerden geltend gemacht werden soll, durch den Umweltschaden, (möglicherweise) in seinen Rechen verletzt zu sein.

Die Pflicht zur Geltendmachung einer möglichen Rechtsverletzung hat zur Folge, dass Umweltverbände nach dem BBodSchG keine Ansprüche geltend machen können.[120]

## II. Die Anwendung der Schutznormtheorie

Die Norm, auf die das Begehren gestützt wird, darf nicht nur im Allgemeininteresse bestehen, sondern muss zumindest auch dem Interesse Einzelner zu dienen bestimmt sein und der Anspruchsteller muss dem von der Norm geschützten klar abgrenzbaren und bestimmbaren Personenkreis angehören.

---

116 *Dietlein,* in Giesberts/Reinhard, BBodSchG, § 12 Rn. 5.

117 VG Gera, Beschluss vom 27. August 2003, 2 E 762/03.GE, Rn. 19/20 zitiert nach Juris; VG Schleswig, Beschluss vom 25. September 2001, 14 B 79/01, Rn. 24–29 zitiert nach Juris, NVwZ 2002, 754/755, 756.

118 Zur analogen Anwendung des § 42 Abs. 2 VwGO im Verwaltungsverfahren, s.o. unter 2. Kapitel B) I. 4.

119 Es handelt sich hierbei insbesondere um Fälle, in denen der Dritte durch die Sanierungsmaßnahmen eine Weiterverbreitung der Schadstoffe über die Luft, zum Beispiel bei einer Auskofferung, oder über das Grundwasser, zum Beispiel durch das Abtragen wasser- und somit auch schadstoffundurchlässiger Gesteinsschichten, befürchtet.

120 S.o. 2. Kapitel B) II. 2. b).

## 1. Zum Merkmal des Allgemeininteresses

Nicht ausschließlich im Interesse der Allgemeinheit besteht eine Vorschrift des BBodSchG, wenn sie neben dem Schutz des Bodens auch den Interessen Einzelner zu dienen bestimmt ist.

Dies scheint zunächst fraglich zu sein. Denn gemäß § 1 S. 1 BBodSchG bezweckt das BBodSchG alleine die nachhaltige Sicherung oder Wiederherstellung der Funktionen des Bodens. Der Schutz des Menschen und seiner Rechtsgüter wird in § 1 BBodSchG nicht als ausdrückliches Ziel benannt. In sämtlichen Ermächtigungsgrundlagen des BBodSchG – §§ 4, 5,[121] 7, 9, 10, 12, 13, 14, 15 und 16 BBodSchG – wird jedoch der Begriff „schädliche Bodenveränderung" bzw. „Altlast" verwendet.

Unter einer schädlichen Bodenveränderung versteht man gemäß § 2 Abs. 3 BBodSchG „Beeinträchtigungen der Bodenfunktionen, die geeignet sind, Gefahren, erhebliche Nachteile oder erhebliche Belästigungen für den einzelnen oder die Allgemeinheit herbeizuführen." Altlasten sind gemäß § 2 Abs. 5 BBodSchG „Grundstücke, auf denen Abfälle behandelt, gelagert oder abgelagert worden sind (Altablagerungen)" sowie „Grundstücke stillgelegter Anlagen und sonstige Grundstücke, auf denen mit umweltgefährdenden Stoffen umgegangen worden ist, ausgenommen Anlagen, deren Stillegung einer Genehmigung nach dem Atomgesetz bedarf (Altstandorte), durch die schädliche Bodenveränderungen oder sonstige Gefahren für den einzelnen oder die Allgemeinheit hervorgerufen werden."

Sowohl schädlichen Bodenveränderungen als auch Altlasten setzen danach voraus, dass Gefahren, erhebliche Nachteile oder erhebliche Belästigungen für den Einzelnen oder die Allgemeinheit verursacht werden können. Die ausdrückliche

121 In Bezug auf die Vorschrift des § 5 BBodSchG ist jedoch zu beachten, dass es sich nicht um eine Ermächtigungsgrundlage zugunsten der jeweils zuständigen Behörde handelt, sondern vielmehr die Bundesregierung zum Erlass einer Rechtsverordnung betreffend die Verpflichtung der Grundstückseigentümer zur Beseitigung der Versiegelung von Flächen, die dauerhaft nicht mehr genutzt werden und deren Versiegelung im Widerspruch zu den planungsrechtlichen Festsetzungen steht, ermächtigt. Die Bundesregierung hat von dieser Möglichkeit bisher keinen Gebrauch gemacht. Die Prüfung, ob die Norm (zumindest auch) im Interesse des Antragstellers besteht, erfolgt im Zusammenhang mit den jeweiligen planungsrechtlichen Festsetzungen. Kommt den Festsetzungen im Bebauungsplan, zu denen die Versiegelung im Widerspruch steht, im konkreten Einzelfall drittschützende Wirkung zu, sei es konsequent, wenn der Norm, die der Verwirklichung der planerischen Festsetzungen dient, ebenfalls drittschützender Charakter beigemessen werde (*Versteyl,* in Versteyl/Sondermann, BBodSchG, § 5 Rn. 28).

Nennung der Person des Einzelnen macht deutlich, dass die Vorschriften des BBodSchG zumindest auch im Interesse einzelner Personen bestehen.

## 2. Zum Merkmal des klar abgrenzbaren und bestimmbaren Personenkreises

In Anwendung der Schutznormtheorie muss die Norm, auf die der Antragssteller seinen Anspruch stützt, dem Schutz eines klar abgrenzbaren und bestimmbaren Personenkreises dienen.

Die Vorschriften des BBodSchG benennen ausdrücklich neben dem Schutz der allgemeinwohlorientierten Interessen auch den „Einzelnen“, mithin das Individuum, den Menschen[122] als Schutzobjekt. Dies jedoch nur unter der Voraussetzung, dass er die Möglichkeit einer Verursachung von Gefahren, erheblichen Nachteilen oder erheblichen Belästigungen durch eine Beeinträchtigung der Bodenfunktionen für seine Individualrechtsgüter darlegen kann.

### *a) Der Einzelne*

Der Gesetzgeber des BBodSchG stellt neutral nur auf die Person des „Einzelnen“ ab. Auf die Verwendung des Begriffs der Nachbarschaft wurde, anders als zum Beispiel im BImSchG, mit Ausnahme des § 12 BBodSchG verzichtet. Zu untersuchen ist, ob es sich nur um eine sprachlich unterschiedliche Bezeichnung handelt oder ob mit der sprachlichen Differenzierung auch inhaltliche Unterschiede einhergehen.

*Kotulla*[123] und *Frenz*[124] argumentieren, der Begriff der Nachbarschaft sei nicht verwendet worden, weil eine räumliche Abgrenzung dessen, was unter den Rahmenbedingungen des BBodSchG noch zur Nachbarschaft gehört, nicht möglich sei. Die schädlichen Bodenveränderungen seien nicht zwangsläufig auf das Grundstück als Ort der Verursachung beschränkt, sondern sie können über den Luft- und Wasserpfad auch weiter entfernte Grundstücke nachteilig betreffen.

Dies gilt jedoch gleichsam für das BImSchG. In ständiger Rechtsprechung[125] legt das Bundesverwaltungsgericht den Begriff der Nachbarschaft dahin aus, dass ein „qualifiziertes Betroffensein“ erforderlich ist. Dies ist dann der Fall, wenn sich

122 *Nies,* in Landmann/Rohmer, BBodSchG, § 2 Rn. 17.

123 *Kotulla,* in Fluck, BBodSchG, § 2 Rn. 165.

124 *Frenz,* BBodSchG, § 2 Rn. 69.

125 Vgl. nur BVerwG, Urteil vom 07. Mai 1996, 1 C 10/95, Rn. 22 und 27 zitiert nach Juris, NVwZ 1997, 276, 277; BVerwG, Urteil vom 22. Oktober 1982, 7 C 50/78, Rn. 12 zitiert nach Juris, NJW 1983, 1507, 1508.

das Betroffensein des Klägers „deutlich abhebt von den Auswirkungen, die den einzelnen als Teil der Allgemeinheit treffen können; sie setzt im Interesse klarer und überschaubarer Konturen und damit letztlich im Interesse der Rechtssicherheit ein besonderes Verhältnis zur Anlage im Sinne einer [...][126] „engeren räumlichen und zeitlichen Beziehung des Bürgers zum Genehmigungsgegenstand voraus."[127] Es wird somit auf den Einwirkungsbereich der Anlage abgestellt.[128] Nachbar ist vor diesem Hintergrund derjenige, der in dem Bereich, der Auswirkungen der Anlage ausgesetzt ist, Rechte an Sachen innehat bzw. der sich dort regelmäßig aufhält.[129] Zu den Schutzgütern des BImSchG gehören dabei sowohl Sachwerte[130] als auch die menschliche Gesundheit.[131]

Im Bereich des baurechtlichen Drittschutzes werden unter dem Begriff der Nachbarschaft im Gegensatz zum Begriffsverständnis bei Anwendung des BImSchG nur die Berechtigten verstanden, deren geschützte Belange durch die bauliche Anlage negativ betroffen sein können.[132] Nach ständiger Rechtsprechung des Bundesverwaltungsgerichtes[133] zum baurechtlichen Nachbarbegriff sind nur

---

126 Auslassung durch die Verfasserin.

127 BVerwG, Urteil vom 22. Oktober 1982, 7 C 50/78, Rn. 12 zitiert nach Juris, NJW 1983, 1507, 1508.

128 BT-Drs. 7/179 S. 29.

129 BVerwG, Urteil vom 22. Oktober 1982, 7 C 50/78, Rn. 12 und 13 zitiert nach Juris, NJW 1983, 1507/1508; BVerwG, Urteil vom 24. Oktober 1967 – I C 64/65, Rn. 9 und 12 zitiert nach Juris, NJW 1967, 2325/2326 zum damaligen § 16 GewO; *Jarass*, BImSchG, § 3 Rn. 33 ff.; *Kutscheidt,* in Landmann/Rohmer, BImSchG, § 3 Rn. 6 ff.

130 § 3 Abs. 2 BImSchG; BVerwG, Urteil vom 23. Mai 1991, 7 C 19/90, Rn. 12 und 13 zitiert nach Juris, NVwZ 1991, 886/887, 888; *Dietlein,* in Landmann/Rohmer, BImSchG, § 1 Rn. 13.

131 BT-Drs. 7/179, 28; BVerwG, Urteil vom 23. Mai 1991, 7 C 19/90, Rn. 9 zitiert nach Juris, NVwZ 1991, 886/887; BVerwG, Urteil vom 22. Mai 1987, 4 C 33–35/83, Rn. 12 und 13 zitiert nach Juris; *Dietlein,* in Landmann/Rohmer, BImSchG, § 1 Rn. 9; *Jarass*, BImSchG, § 1 Rn. 4.

132 BVerwG, Urteil vom 16. September 1993, 4 C 28/91, Rn. 12 zitiert nach Juris, NJW 1994, 1546; BVerwG, Urteil vom 5. August 1983; 4 C 96/79, Rn. 22 zitiert nach Juris, NJW 1984, 138; OVG Berlin, Urteil vom 24. September 1971, II B 12.71, BeckRS 1971, 31154227; OVG Münster, Urteil vom 23. April 1964, VII A 1274/63, LS 2 zitiert nach Juris; *Dirnberger,* in Simon/Busse, Bayerische Bauordnung, § 66 Rn. 68; *Löhr,* in Battis/Krautzberger/Löhr, § 31 Rn. 94; *Schlotterbeck*, NJW 1991, 2669/2670.

133 Vgl. nur BVerwG, Urteil vom 11. Mai 1989, 4 C 1/88, Rn. 20 zitiert nach Juris, NVwZ 1989, 1163/1164; BVerwG, Urteil vom 4. März 1983, 4 C 74/80, Rn. 15 zitiert nach Juris, NVwZ 1983, 672; BVerwG, Urteil vom 29. Oktober 1982, 4 C 51/79, Rn. 22 und 43 zitiert nach Juris, NJW 1983, 1626.

die dinglich Berechtigten an dem Grundstück, welches den negativen Auswirkungen der baulichen Anlage ausgesetzt ist, klagebefugt.[134] Denn das Baurecht trifft Regelungen hinsichtlich der baulichen und sonstigen Nutzung der Grundstücke und ist daher grundstücks-, nicht personenbezogen.[135]

Unabhängig von den unterschiedlichen Bezeichnungen ist dem immissionsschutzrechtlichen, dem baurechtlichen und dem bodenschutzrechtlichen Drittschutz gemein, dass sich der Dritte im Einwirkungsbereich der Anlage bzw. der Bodenverunreinigung[136] befinden muss. Nur dann ist von einer möglichen Betroffenheit in eigenen Rechten auszugehen.

Im Unterschied zu dem baurechtlichen Nachbarschaftsverständnis ist die Darlegung einer dinglichen Berechtigung jedoch nicht erforderlich. Auch muss der Dritte im Gegensatz zum immissionsschutzrechtlichen Verständnis des Drittschutzes nicht geltend machen können, dass er den Beeinträchtigungen für eine gewisse Dauer ausgesetzt ist. Es wird nur vorausgesetzt, dass er darlegen kann, dass auch ein kurzer Aufenthalt eine Gefahr, einen erheblichen Nachteil oder eine erhebliche Belästigung hervorzurufen vermag.

Indem der Gesetzgeber in § 12 BBodSchG den Begriff der „betroffenen Nachbarschaft" verwendet hat, könnte er eine inhaltliche Differenzierung intendiert haben können. Ausweislich der Amtlichen Begründung ist Betroffener „jeder, der durch die durchzuführenden Maßnahmen oder den Zustand des Grundstückes nach Abschluss der Maßnahme in seinen Schutzgütern berührt sein kann."[137] Insofern besteht kein Unterschied zur Verwendung der Bezeichnung des Einzelnen: die Möglichkeit der negativen Beeinträchtigung eigener Rechte oder Rechtsgüter ist auch eine Voraussetzung für die Geltendmachung von Ansprüchen. Unter Verweisung auf die Rechtsprechung des Bundesverwaltungsgerichtes zum BImSchG[138] wird als weitere Voraussetzung des Informationsanspruches verlangt, dass sich die betroffene Person nicht nur vorübergehend im Einwirkungsbereich

---

134 *Dürr*, KommJur 2005, 201/202; *Schlotterbeck*, NJW 1991, 2669/2670.

135 BVerwG, Urteil vom 11. Mai 1989, 4 C 1/88, Rn. 43 zitiert nach Juris, NVwZ 1989, 1163/1167; BVerwG, Urteil vom 4. März 1983, 4 C 74/80, Rn. 15 zitiert nach Juris, NVwZ 1983, 672; BVerwG, Urteil vom 29. Oktober 1982, 4 C 51/79, Rn. 22 zitiert nach Juris, NJW 1983, 1626.

136 *Kotulla,* in Fluck, BBodSchG, § 2 Rn. 165.

137 BT-Drs. 13/6701, S. 41; zur Betroffenheit allgemein: BVerwG, Beschluss vom 20. Dezember 1988, 7 NB 2/88, Rn.16 zitiert nach Juris, NVwZ 1989, 458.

138 BVerwG, Beschluss vom 17 März 1992, 4 B 230/91, Rn. 6 und 8 zitiert nach Juris, NVwZ 1992, 885/886; BVerwG, *Urteil* vom 22. Oktober 1982, 7 C 50/78, Rn. 12 zitiert nach Juris, NJW 1983, 1507.

der Bodenverunreinigung aufhält.[139] Insofern findet die sprachliche Parallelität zwischen BImSchG und Baurecht einerseits und dem BBodSchG andererseits auch juristisch Widerhall. Mit der sprachlichen Differenzierung zwischen den Begriffen des Einzelnen und der betroffenen Nachbarschaft geht somit ein inhaltlicher Unterschied einher. Die Einheit der Rechtsordnung ist gewahrt. Auch praktische Erwägungen stützen die These, dass für den Anwendungsbereich des § 12 BBodSchG eine Dauerhaftigkeit bzw. Regelmäßigkeit des Aufenthaltes im Einwirkungsbereich der zu sanierenden Altlast zu fordern ist. Der Sanierungsverantwortliche kann nur diejenigen Personen über die Sanierungsmaßnahmen in Kenntnis setzen, die dort mit einer gewissen Regelmäßigkeit anzutreffen sind. Personen, die sich dort z.B. nur zu Erholungszwecken oder zu Besuch aufhalten, können zum einen mangels Kontaktdaten in der Regel nicht informiert werden, zum anderen ist deren objektives Informationsbedürfnis als geringer einzuschätzen, da die Gefahren für die eigenen Rechtsgüter bei nur kurzfristiger Deposition erheblich geringer ausfällt. Vor diesem Hintergrund wäre eine darüber hinausgehende Informationspflicht des Sanierungspflichtigen auch als unverhältnismäßig anzusehen.

*b) Die Verursachung von Gefahren, erheblichen Nachteilen oder erheblichen Belästigungen durch die Beeinträchtigung der Bodenfunktionen für den Einzelnen*

Der Einzelne kann Ansprüche nur geltend machen, wenn er die Möglichkeit einer Verursachung von Gefahren, erheblichen Nachteilen oder erheblichen Belästigungen durch eine Beeinträchtigung der Bodenfunktionen für seine Individualrechtsgüter darlegen kann. Dies ist jeweils eine Frage des Einzelfalles. Die Einzelfallentscheidung bewegt sich im nachfolgend dargestellten Rahmen:

aa) Gefahren, erheblichen Nachteilen oder erheblichen Belästigungen

Eine Beeinträchtigung der unter § 2 Abs. 2 BBodSchG genannten Bodenfunktionen – natürliche Bodenfunktion, Funktion als Archiv der Natur- und Kulturgeschichte sowie Nutzungsfunktion – liegt vor, wenn ein bestehender Zustand nachteilig verändert wird.[140] Die Veränderung muss zumindest vorübergehend eine Minderung oder Zerstörung mindestens einer der Bodenfunktionen

---

139 *Fluck*, NVwZ 2001, 9/10; *Frenz*, BBodSchG, § 12 Rn. 34 ff.; *Sondermann/Hejma*, in Vesteyl/Sondermann, BBodSchG, § 12 Rn. 5.

140 *Erbguth*, in Giesberts/Reinhard, BBodSchG, § 2 Rn. 14.

bewirken.[141] Lediglich kurzfristige Beeinträchtigungen, deren Folgen vollständig ausgeglichen werden, werden nach dem Willen des Gesetzgebers vom Regelungsbereich des Gesetzes nicht erfasst.[142] Erforderlich ist demnach das Vorliegen einer dauerhaften und nachhaltigen Störung.[143] Die Beeinträchtigung der Bodenfunktionen kann durch stoffliche Einträge, Veränderungen der Bodenphysik, Verdichtung und Erosion[144] sowie durch Versiegelung[145] erfolgen. Sie muss – je nach Ansicht – durch menschliches Verhalten[146] oder durch Naturereignisse[147] oder durch Naturereignisse im Zusammenspiel mit menschlichem Verhalten[148] verursacht worden sein.

Die vom Anspruchsteller behauptete Beeinträchtigung der Bodenfunktionen muss geeignet sein, Gefahren, erhebliche Nachteile oder erhebliche Belästigungen für dessen geschützte Individualrechtsgüter hervorzurufen. Geschützte Individualrechtsgüter sind alle von der Rechtsordnung geschützten Rechtspositionen; insbesondere das Leben, die Gesundheit und das Eigentum.[149]

Unter welchen Voraussetzungen eine Gefahr für die geschützten Güter besteht, bestimmt sich nach den aus dem allgemeinen Polizei- und Ordnungsrecht bekannten Kriterien.[150] Dies zugrunde gelegt, muss eine Sachlage oder ein Verhalten vorliegen, das bei ungehindertem Ablauf des objektiv zu erwartenden Geschehens mit hinreichender Wahrscheinlichkeit zur Schädigung des geschützten Rechtsgutes führen wird.[151]

Ein Nachteil für die Schutzgüter droht, wenn Interessen des Betroffenen beeinträchtigt werden, ohne dass eine Rechtsgutverletzung vorliegt. Die Amtliche Begründung nennt hierfür beispielhaft das Entstehen von Vermögenseinbußen durch die Bodenverunreinigung.[152]

---

141 *Kotulla,* in Fluck, BBodSchG, § 2 Rn. 154.

142 BT-Drs. 13/6701, S. 29.

143 *Kloepfer*, Umweltrecht, § 12 Rn. 98, der dies aus dem Tatbestandsmerkmal „erheblich" ableitet.

144 *Erbguth,* in Giesberts/Reinhard, BBodSchG, § 2 Rn. 14.

145 BT-Drs. 13/6701, S. 29.

146 *Kotulla,* in Fluck, BBodSchG, § 2 Rn. 154.

147 *Sondermann/Hejma,* in Vesteyl/Sondermann, BBodSchG, § 2 Rn. 40.

148 *Frenz*, BBodSchG, § 2 Rn. 51, der ausführt, dass es unerheblich sei, auf welche Weise die Funktionsbeeinträchtigung verursacht wurde.

149 BT-Drs. 13/6701, S. 29; *Kotulla,* in Fluck, BBodSchG, § 2 Rn. 165.

150 *Erbguth,* in Giesberts/Reinhard, BBodSchG, § 2 Rn. 16.

151 BVerwG, Urteil vom 26. Juni 1970, IV C 99/67, Rn. 14 zitiert nach Juris, NJW 1970, 1890/1892; VG Münster, Urteil vom 10. März 1982, 6 K 816/81, NVwZ 1983, 238.

152 BT-Drs. 13/6701, S. 29.

Belästigungen sind im Vergleich zur Gefahr Beeinträchtigungen des körperlichen oder seelischen Wohlbefindens unterhalb der Schwelle eines Gesundheitsschadens.[153]

Erheblich sind Nachteile und Belästigungen, wenn sie eine Intensität aufweisen, die für den Betroffenen oder die Allgemeinheit unzumutbar sind.[154] Auf Grund der strukturellen Vergleichbarkeit des BBodSchG mit dem BImSchG kann die ständige höchstrichterliche Rechtsprechung[155] zu § 3 Abs. 1 BImSchG auf § 2 Abs. 3 BBodSchG übertragen werden. Danach ist Maßstab der Erheblichkeit die Zumutbarkeit.[156] Für eine Auslegung in diesem Sinne spricht auch, dass die Zumutbarkeit Ausdruck des allgemeinen Verhältnismäßigkeitsprinzips ist. Danach sind nur geringfügige Belastungen zu dulden.

bb) Beeinträchtigung der Bodenfunktionen

Die für den Einzelnen bestehenden Gefahren, erheblichen Nachteile und erheblichen Belästigungen müssen durch eine Beeinträchtigung der Bodenfunktionen hervorgerufen werden. Dieser Zusammenhang zwischen einer Beeinträchtigung der Bodenfunktionen und den negativen Auswirkungen auf den Einzelnen ist jedoch nicht bei allen in § 2 Abs. 2 BBodSchG genannten Bodenfunktionen möglich. Soweit der Boden als Lebensgrundlage und Lebensraum für Menschen, Tiere und Pflanzen sowie dem Schutz des Grundwassers dient (natürliche Bodenfunktion im Sinne des § 2 Abs. 2 Nr. 1 BBodSchG) kann der Mensch nachteiligen Wirkungen ausgesetzt sein. Dies geschieht insbesondere durch die Aufnahme von Nahrungsmitteln, die auf verunreinigten Böden angebaut wurden, sowie eine durch die Bodenverunreinigung verursachte Verschlechterung des Grundwasserzustandes. Eine Betroffenheit eigener Rechtspositionen ist insbesondere bei den Funktionen „Archiv für die Natur- und Kulturgeschichte“ sowie „Rohstofflagerstätte“ ausgeschlossen.[157]

---

153 *Erbguth,* in Giesberts/Reinhard, BBodSchG, § 2 Rn. 18; *Nies,* in Landmann/Rohmer, BBodSchG, § 2 Rn. 20; BT-Drs. 13/6701, S. 29.

154 *Erbguth,* in Giesberts/Reinhard, BBodSchG, § 2 Rn. 19.

155 BVerwG, Urteil vom 25. Februar 1992, 1 C 7/90, Rn. 16 zitiert nach Juris, NVwZ 1992, 886/887; BVerwG, Urteil vom 12. Dezember 1975, IV C 71.73, Rn. 23 zitiert nach Juris, BeckRS 1975 30426401.

156 BVerwG, Urteil vom 25. Februar 1992, 1 C 7/90, Rn. 16 zitiert nach Juris, NVwZ 1992, 886/887; BVerwG, Urteil vom 12. Dezember 1975, IV C 71.73, Rn. 23 zitiert nach Juris, BeckRS 1975 30426401.

157 *Brinktrine,* ZUR 2007, 337/339.

*c) Zusammenfassung*

Die Normen des BBodSchG bestehen nicht nur im Interesse der Allgemeinheit, sondern grundsätzlich auch im Interesse eines klar abgrenzbaren und bestimmbaren Personenkreises im Sinne der Schutznormtheorie. Sie sind daher drittschützend.[158]

### 3. Ergebnis

Dritte sind unter der Voraussetzung, dass die schädliche Bodenveränderung bzw. Altlast Gefahren, erhebliche Nachteile oder erhebliche Belästigungen für eines ihrer geschützten Rechtsgüter hervorrufen kann, grundsätzlich berechtigt, Ansprüche gegen die Behörde auf ein Tätigwerden geltend zu machen. Im Einzelnen können nach dieser Maßgabe die Eigentümer, die dinglich sowie schuldrechtlich Nutzungsberechtigten des kontaminierten Grundstückes, die dinglich und schuldrechtlich berechtigten Grundstücksnachbarn sowie die Eigentümer und Nutzungsberechtigten von Grundstücken, die an das kontaminierte nicht angrenzen, aber dennoch deren Auswirkungen ausgesetzt sind, Anspruchsteller sein. Diese Personen sind von der Bodenverunreinigung Betroffene im Sinne des BBodSchG.

## C) Rechtsfolgenseite

Ist ein Dritter nach den vorstehenden Ausführungen dem Grunde nach berechtigt, ein Einschreiten der zuständigen Behörde gegen einen Verantwortlichen zu begehren, kann der Anspruch – je nach Anspruchsgrundlage – entweder auf ein bestimmtes Handeln oder auf eine fehlerfreie Ausübung des Ermessens gerichtet sein.

Ein Anspruch auf ein behördliches Tätigwerden setzt voraus, dass das Gesetz entweder ausdrücklich zugunsten des Antragstellers einen Anspruch begründet[159] oder aber im Falle einer Ermessensentscheidung eine Ermessensreduzierung auf Null vorliegt.[160] Vorschriften, die ausdrücklich Ansprüche vermitteln, sind im

158 BVerwG, Urteil vom 14. April 2005, 7 C 26/03, Rn. 36 zitiert nach Juris, NVwZ 2005, 954/957; VG Schleswig, Beschluss vom 25. September 2001, 14 B 79/01, Rn. 25 zitiert nach Juris, NVwZ 2002, 754/755, 756; *Dietlein,* in Giesberts/Reinhard, BBodSchG, § 10 Rn. 5; *Frenz*, BBodSchG, § 10 Rn. 28.

159 *Hufen*, Verwaltungsprozessrecht, § 26 Rn. 8.

160 *Hufen*, Verwaltungsprozessrecht, § 26 Rn. 23.

BBodSchG nicht normiert. Bei den Vorschriften des BBodSchG handelt es sich ausnahmslos um Vorschriften, die die Entscheidung über das Tätigwerden und die Art und Weise des Tätigwerdens in das Ermessen der Behörde stellen.

Ein Anspruch auf ein Handeln setzt unter dieser Voraussetzung voraus, dass das Ermessen der Behörde hinsichtlich der Entscheidung, ob gegen eine schädliche Bodenveränderung eingeschritten wird, auf Null reduziert ist. Dies ist der Fall, wenn bei pflichtgemäßer Ausübung des Ermessens nur die Entscheidung der Behörde für ein Einschreiten ermessensfehlerfrei wäre.[161] Ob die Voraussetzungen einer Ermessensreduzierung auf Null vorliegen, ist nach den konkreten Umständen des jeweiligen Einzelfalles zu entscheiden.[162] Eine Ermessensreduzierung auf Null liegt in der Regel vor, wenn eine „hohe Intensität der Störung oder Gefährdung“[163] oder eine „Beeinträchtigung hochrangiger Rechtsgüter“[164] festgestellt werden kann. Als hochrangige Rechtsgüter sind insbesondere die durch Art. 1 Abs. 1 GG und Art. 2 Abs. 2 S. 1 GG geschützten Rechtsgüter Leben und körperliche Unversehrtheit anzusehen.

Sie sind auch dann geschützt, und verpflichten den Staat somit zu einem Einschreiten, wenn die Beeinträchtigung des Schutzgutes nicht durch ein staatliches Handeln, sondern durch einen privaten Dritten verursacht wurde.[165] Daneben sind auch die Belange des Umweltschutzes in die Ermessensentscheidung einzubeziehen.[166] Gemäß Art. 20a GG ist der Staat zum Schutz der natürlichen Lebensgrundlage, mithin auch des Bodens, verpflichtet. Auf Grund der ausdrücklichen Staatszielbestimmung gewinnt der Umweltschutz an Gewicht, weshalb private Interessen hierhinter – in Abhängigkeit des Umweltschadens – zurückzutreten haben.[167]

161 *Aschke,* in Bader/Ronellenfitsch, VwVfG, § 40 Rn. 72; BVerwG, Urteil vom 18. August 1960, I C 42.59; VGH München, Urteil vom 6. März 2008, 11 B 04.2449, Rn. 56 zitiert nach Juris, BeckRS 2008, 33962.

162 *Gerhardt,* in Schoch/Schmidt-Aßmann/Pietzner, VwGO, § 114 Rn. 27; *Kopp/Schenke,* VwGO, § 114 Rn. 6.

163 *Aschke,* in Bader/Ronellenfitsch, VwVfG, § 40 Rn. 73; *Gerhardt,* in Schoch/Schmidt-Aßmann/Pietzner, VwGO, § 114 Rn. 27

164 *Aschke,* in Bader/Ronellenfitsch, VwVfG, § 40 Rn. 73; *Gerhardt,* in Schoch/Schmidt-Aßmann/Pietzner, VwGO, § 114 Rn. 27.

165 BVerfG, Beschluss vom 14. Februar 1981, 1 BvR 612/72, Rn. 52 zitiert nach Juris, NJW 1981, 1655/1656; BVerfG, Urteil vom 25. Februar 1975, 1 BvF 1–6/74, Rn. 153 zitiert nach Juris, NJW 1975, 573/575; *Di Fabio,* VerwArch 95, 214/221; *Klein,* NJW 1989, 1633/1635.

166 *Huster/Rux,* in Epping/Hillgruber, GG, Art. 20a Rn. 31.

167 *Peters,* NVwZ 1995, 555/557.

Ist durch die schädliche Bodenveränderung oder die Altlast eine konkrete Gesundheitsgefährdung zu befürchten, ist vor diesem Hintergrund in der Regel wegen des hohen Gewichts der Rechtsgüter „menschliche Gesundheit und Leben“ (Art. 2 Abs. 2 GG) von einer Ermessensreduzierung auf Null auszugehen. Liegen diese Voraussetzungen nicht vor, hat der Antragsteller nur Anspruch auf eine ermessensfehlerfreie Entscheidung der Behörde.

# D) Zusammenfassung

Die Allgemeinheit verfügt im Rahmen des BBodSchG über keine Ansprüche. Einzelpersonen stehen Ansprüche auf der Grundlage des BBodSchG gegen die Behörde zu, wenn Gefahren, erhebliche Nachteile oder erhebliche Belästigungen durch die Beeinträchtigung der Bodenfunktionen für die Individualrechtsgüter verursacht wurden und auf Grund der Schwere der Beeinträchtigungen nur ein Einschreiten der Behörde ermessensfehlerfrei wäre. Ist die Behörde unter dem Gesichtspunkt fehlerfreier Ermessensausübung nicht zu einer bestimmten Entscheidung verpflichtet, hat der Antragsteller nur einen Anspruch auf fehlerfreie Ermessensausübung durch die Behörde.

# Viertes Kapitel: Die materiell-rechtliche Bedeutung des USchadG

## A) Das USchadG im deutschen Umweltschutzrecht

Dem USchadG kommt im System des deutschen Umweltrechts die Funktion eines Auffanggesetzes[168] zu. Es ist gemäß § 1 S. 1 USchadG nur anzuwenden, wenn Rechtsvorschriften des Bundes oder der Länder die Vermeidung und Sanierung von Umweltschäden nicht näher bestimmen oder in ihren Anforderungen dem USchadG nicht entsprechen. Hinzu kommt, dass der Anwendungsbereich des USchadG hinter dem des BBodSchG zurückbleibt:[169] im Gegensatz zum BBodSchG muss der Schaden durch eine berufliche Tätigkeit im Sinne Anlage 1 zum USchadG verursacht worden sein und setzt das Vorliegen einer Gefahr für die menschliche Gesundheit voraus.[170] Ob dem Gesetz für den Bereich des Bodenschutzes vor diesem Hintergrund tatsächlich nur eine geringe praktische Bedeutung[171] zukommt, ist an Hand eines Vergleichs des USchadG mit dem BBodSchG festzustellen. Hierzu ist zunächst die Reichweite der durch das USchadG begründeten Rechte und Pflichte herauszuarbeiten. In diesem Zusammenhang wird sich zeigen, ob das USchadG tatsächlich, wie von der Regierungskoalition aus CDU/CSU und SPD dargetan, eine „1:1-Umsetzung"[172] der Umwelthaftungsrichtlinie darstellt und sich die einzelnen Regelungen als europarechtskonform erweisen. Denn durch die umfangreichen Verweisungen des Gesetzes auf andere Regelwerke entstehen „tückische Wechselbezüglichkeiten".[173] Auf die Anwendungsschwierigkeiten, die durch die Verweisung des § 11 Abs. 2 USchadG auf § 2 UmwRBG begründet werden, wurde bereits hingewiesen und wird noch näher einzugehen sein.[174]

---

168 *Brinktrine*, ZUR 2007, 337/338.
169 *Ruffert*, NVwZ 2010, 1177/1180.
170 BT-Drs. 16/3806, S. 14.
171 *Beckmann/Wittmann*, in Landmann/Rohmer, USchadG, § 1 Rn. 14; *Brinktrine*, ZUR 2007, 337/338.
172 BT-Protokoll 16/86, S. 8733, FN 8.
173 *Becker*, NVwZ 2007, 1105; *Knopp*, UPR 2005, 361.
174 S.o. 1. Kapitel B).

# B) Der Anwendungsbereich

Das USchadG bestimmt in § 13 USchadG den zeitlichen, in § 3 USchadG den sachlichen Anwendungsbereich. Ist der zeitliche und sachliche Anwendungsbereich nicht eröffnet, ist der Sachverhalt nicht auf der Grundlage des USchadG, sondern auf der des sonstigen nationalen Rechts, insbesondere des BBodSchG, zu beurteilen.[175]

## I. Der sachliche Anwendungsbereich

Der sachliche Anwendungsbereich ist gemäß § 3 Abs. 1 Nr. 1 USchadG eröffnet, wenn ein Umweltschaden oder die unmittelbare Gefahr eines Umweltschadens, der durch eine der in der Anlage 1 zum USchadG aufgeführten beruflichen Tätigkeiten verursacht worden ist, vorliegt. Ferner ist gemäß § 3 Abs. 1 Nr. 2 USchadG das USchadG anwendbar bei Schädigungen von Arten und natürlichen Lebensräumen und der unmittelbaren Gefahr solcher Schäden, wenn diese durch andere als die in Anlage 1 genannten beruflichen Tätigkeiten verursacht wurden und der Verantwortliche den Schaden bzw. die Gefahr des Schadens nachweislich verschuldet hat.

Der sachliche Anwendungsbereich wird mithin über die Merkmale Umweltschaden bzw. unmittelbare Gefahr eines Umweltschadens, berufliche Tätigkeit im Sinne der Anlage 1 zum USchadG sowie die Kausalität zwischen beiden bestimmt.[176] Der Anwendungsbereich darf dabei nicht nach § 3 Abs. 3 und 5 USchadG ausgeschlossen sein. Zu den Merkmalen gilt im Einzelnen Folgendes:

### 1. Der Bodenschaden

#### *a) Die Definition*

aa) Die Definitionen der Schäden an den drei Schutzgütern des USchadG

§ 2 Nr. 1 USchadG enthält die Legaldefinitionen der Schäden an den Schutzgütern Boden (§ 2 Nr. 1 c) USchadG), Wasser, (§ 2 Nr. 1 b) USchadG) und Arten und natürlichen Lebensräumen (§ 2 Nr. 1 a) USchadG).

---

175 EuGH, Urteil vom 9. März 2010, C-378/08, Rn. 70 zitiert nach Juris, EuZW 2010, 307/312.

176 Ebenso: *Beckmann/Wittmann*, in Landmann/Rohmer, USchadG, § 3 Rn. 1.

§ 2 Nr. 1 c) USchadG definiert den Bodenschaden im Sinne des USchadG. Im Gegensatz hierzu verweisen § 2 Nr. 1 a) und b) USchadG hinsichtlich der Schäden an Gewässern, Arten und natürlichen Lebensräumen auf das jeweils einschlägige Fachrecht.

Gemäß § 2 Nr. 1 a) USchadG i.V.m. § 19 Abs. 1 BNatSchG[177] ist eine Schädigung von Arten und natürlichen Lebensräumen im Sinne des USchadG jeder Schaden, der erhebliche nachteilige Auswirkungen auf die Erreichung oder Beibehaltung des günstigen Erhaltungszustands der Lebensräume oder Arten hat. Eine Schädigung eines Gewässers im Sinne des USchadG ist gemäß § 2 Nr. 1 b) USchadG i.V.m. § 90 Abs. 1 WHG[178] jeder Schaden mit erheblichen nachteiligen Auswirkungen auf den ökologischen oder chemischen Zustand eines oberirdischen Gewässers oder Küstengewässers, erheblichen nachteiligen Auswirkungen auf das ökologische Potenzial oder den chemischen Zustand eines künstlichen oder erheblich veränderten oberirdischen Gewässers oder Küstengewässers oder erheblichen nachteiligen Auswirkungen auf den chemischen oder mengenmäßigen Zustand des Grundwassers.

Für den Bereich des Bodens enthält das USchadG eine eigenständige Definition, die sich nicht auf einen Verweis auf das BBodSchG beschränkt. Es handelt sich danach bei einem Bodenschaden um eine Schädigung des Bodens durch eine Beeinträchtigung der Bodenfunktionen im Sinne des § 2 Abs. 2 BBodSchG, die durch eine direkte oder indirekte Einbringung von Stoffen, Zubereitungen, Organismen oder Mikroorganismen auf, in oder unter den Boden hervorgerufen wurde und die Gefahren für die menschliche Gesundheit verursacht.

Der Umstand, dass für den Bereich der Bodenschäden eine ausformulierte Definition im USchadG enthalten ist, wohingegen für die Schäden an Gewässern, Arten und natürlichen Lebensräumen auf das BNatSchG bzw. das WHG verwiesen wird, soll darin begründet liegen, dass vor dem Inkrafttreten der Umwelthaftungsrichtlinie und des USchadG – anders als in den Bereichen des Natur- und Wasserschutzrechtes – keine europarechtlichen Regelungen[179] betreffend den

177 In dieser Fassung eingeführt durch Gesetz zur Neuregelung des Rechts des Naturschutzes und der Landschaftspflege, verkündet im Bundesgesetzblatt (BGBl. I 2585) am 31. Juli 2009.

178 In dieser Fassung eingeführt durch Gesetz zur Neuregelung des Wasserrechts, verkündet im Bundesgesetzblatt (BGBl. I 2542) am 31. Juli 2009.

179 Der am 22. September 2006 von der EU-Kommission vorgelegte „Vorschlag für eine Richtlinie des europäischen Parlaments und Rates zur Schaffung eines Ordnungsrahmens für den Bodenschutz und zur Änderung der Richtlinie 2004/35/EG“ KOM(2006) 232 endgültig, 2006/0086 (COD) wurde bisher auf Grund des Widerstandes einiger Mitgliedsstaaten nicht in Kraft gesetzt.

Boden existierten.[180] Dies erkläre, weshalb das USchadG nicht auf das BBodSchG verweise.[181] Darüber hinaus finde der Begriff des Umweltschadens im Sinne des USchadG im BBodSchG keine Entsprechung, da er enger sei als der dort verwendete Begriff.[182] Die Aufnahme einer eigenständigen Definition im USchadG sei daher unerlässlich gewesen.[183]

Zuzugeben ist, dass der Gesetzgeber nicht auf eine bereits vorhandene Definition des Bodenschadens mit europarechtlichem Ursprung zurückgreifen konnte. Es wird jedoch verkannt, dass die Umwelthaftungsrichtlinie in Art. 2 Nr. 1 a) bis c) jeweils eigenständige, von Verweisungen auf andere Regelwerke unabhängige Definitionen der jeweiligen Umweltschäden enthält. Erst das USchadG verweist für die Bestimmung des Vorliegend von Schäden an Gewässern, Arten und natürlichen Lebensräumen auf die einschlägigen Fachgesetze. Die in Bezug genommenen Vorschriften der § 90 WHG sowie § 19 BNatSchG sind ebenfalls erst im Zusammenhang mit dem Inkrafttreten des USchadG eingeführt worden; es wurde somit auch in diesen Bereichen nicht auf bereits geltende Legaldefinitionen zurückgegriffen. Grundsätzlich hätte demzufolge auch für den Bereich des Bodens die Möglichkeit bestanden, das BBodSchG um eine zusätzliche Definition des Bodenschadens im Sinne des USchadG zu ergänzen.

### bb) Rechtfertigung der Abweichung der Definitionen des Bodenschadens zwischen USchadG und BBodSchG

Eine Schädigung des Bodens ist ausweislich der Definition in § 2 Nr. 1 c) USchadG, durch die die Begriffsbestimmung der Umwelthaftungsrichtlinie nahezu unverändert[184] übernommen wurde, „eine Beeinträchtigung der Bodenfunktionen im Sinne des § 2 Abs. 2 des BBodSchG, die durch eine direkte oder indirekte Einbringung von Stoffen, Zubereitungen, Organismen oder Mikroorganismen auf, in oder unter den Boden hervorgerufen wurde“ und durch die „Gefahren für die menschliche Gesundheit verursacht“ werden.

Indem der Bodenschaden eine Eignung zur Verursachung von Gesundheitsgefahren voraussetzt, unterliegt der Boden einem weniger strengen Schutz als die Schutzgüter

180 *Ruffert*, Umwelthaftung im Europäischen Gemeinschaftsrecht, UTR 81, S. 43/55.
181 *Oldiges*, Umwelthaftung vor der Neugestaltung, S. 15/18, 107/110; *Petersen*, Die Umsetzung der Umwelthaftungsrichtlinie, S. 101.
182 BT-Drs. 16/3806, S. 20.
183 BT-Drs. 16/3806, S. 20.
184 Änderungen erfolgten im Hinblick auf die Reihenfolge der einzelne Merkmale sowie der Ergänzung, dass eine Schädigung des Bodens eine Beeinträchtigung der Bodenfunktionen im Sinne des § 2 Abs. 2 BBodSchG handeln muss.

Arten und natürliche Lebensräume und die Gewässer.[185] Ferner ist er enger als der Begriff der schädlichen Bodenveränderung im Sinne des BBodSchG.[186]

Die Beseitigung solcher Bodenverunreinigungen, die keine Gefahren für die menschliche Gesundheit herbeiführen können, kann grundsätzlich nicht mit den Instrumenten des USchadG verlangt werden. Es sind in diesem Fall ausschließlich die Bestimmungen des BBodSchG über die Vermeidung und Sanierung der Bodenverunreinigungen einschlägig. Etwas anderes gilt jedoch dann, wenn die nicht gesundheitsgefährdende Bodenverunreinigung gleichzeitig zu einem Gewässerschaden im Sinne des USchadG führt.[187] Da dieser nach der Definition des USchadG eine Gefahr für die menschliche Gesundheit nicht voraussetzt, ist die Anwendung des Regelungsregimes des USchadG möglich. Gleiches gilt, wenn der Bodenschaden zwar für die menschliche Gesundheit keine Beeinträchtigungen hervorzurufen droht, er aber zu einer Beeinträchtigung der Arten und natürlichen Lebensräume im Sinne des § 2 Nr. 1 a) USchadG führt.

(1) Der deutsche Gesetzgeber hat das für Bodenschäden im Sinne des USchadG charakteristische Merkmal der Eignung zur Verursachung von Gesundheitsgefahren ungeachtet dessen, dass er unter europarechtlichen Gesichtspunkten hierzu nicht verpflichtet gewesen wäre, übernommen. Die nationalen Gesetzgeber sind bei der Umsetzung von europarechtlichen Richtlinien in nationales Recht nicht gehindert, strengere Regelungen als die europarechtlichen Vorgaben einzuführen, solange der europarechtlich vorgegebene Mindeststandard eingehalten wird.[188] Es wäre somit zulässig gewesen, im USchadG den Bodenschaden im Sinne des BBodSchG zu definieren, mithin auf das Merkmal der Geeignetheit zur Herbeiführung von Gefahren für die menschliche Gesundheit zu verzichten. Der Boden hätte in diesem Fall umfassenderen Schutz erhalten.

Der Schutz des Verursachers vor den in der Regel erheblichen Kosten[189] einer Sanierung rechtfertigt die Beschränkung des Anwendungsbereiches auf

---

185 BT-Drs. 16/3806, S. 20; *Beckmann/Wittmann,* in Landmann/Rohmer, USchadG, § 2 Rn. 21.

186 *Beckmann/Wittmann,* in Landmann/Rohmer, USchadG, § 1 Rn. 15.

187 *Beckmann/Wittmann,* in Landmann/Rohmer, USchadG, § 2 Rn. 21; *Diederichsen,* NJW 2007, 3377/3378.

188 *Dörr/Lenz*, Europäischer Verwaltungsrechtsschutz, Rn. 373; Art. 288 AEUV.

189 Für die Sanierung von Bodenschäden: *Duikers*, Die Umwelthaftungsrichtlinie der EG, UTR 87, S. 78.

solche Bodenschäden, die Gefahren für die menschliche Gesundheit verursachen, nicht. Denn auch die Kosten einer Sanierung bei eingetretenen Schäden an Arten, natürlichen Lebensräumen und Gewässern ist kostenintensiv. Darüber hinaus ist zu berücksichtigen, dass bei Anwendung der Regelungen des BBodSchG zum einen auch derjenige, der den Schaden durch eine private Handlung verursacht hat, zum anderen gemäß § 4 Abs. 2, 6 BBodSchG neben dem Verursacher der Bodenschadens auch der Inhaber der tatsächlichen Gewalt und der Grundstückseigentümer für die schädlichen Bodenverunreinigungen, einzustehen haben.[190] Die Verantwortlichkeit nach dem USchadG wird hingegen nur ausgelöst, wenn eine berufliche Tätigkeit den Schaden verursacht hat, nicht hingegen, wenn dies durch rein private Handlungen geschehen ist. Ferner kann der Besitzer oder Eigentümer des vom Bodenschaden betroffenen Grundstückes als Zustandsverantwortlicher zur Sanierung nicht herangezogen werden. Ein weiterer Vergleich des USchadG mit dem BBodSchG macht deutlich, dass der Schutz des Bürgers vor einer Inanspruchnahme nicht Anlass zur Einführung der eingeschränkten Anwendbarkeit bei Bodenschäden war. Nach der Rechtsprechung zum BBodSchG haftet der Zustandsverantwortliche, der zu der Schadensverursachung keinen Verursachungsbeitrag geleistet hat, bis maximal zum Grundstückswert.[191] Dies zugrunde gelegt, muss erst recht der Verursacher eines Schadens für dessen Beseitigung aufkommen. Ferner verbietet der Schutzauftrag des Art. 20a GG alle staatliche Gewalt, auf den Schutz der natürlichen Lebensgrundlagen aus finanziellen Erwägungen zu verzichten.

(2) Die angestrebte „1:1-Umsetzung“[192] der Umwelthaftungsrichtlinie ist jedoch nur ein Grund dafür, dass das Vorliegen eines Bodenschadens von der Eignung zur Verursachung von Gefahren für die menschliche Gesundheit, abhängig gemacht wird.

Das USchadG bezweckt ausweislich der amtlichen Überschrift die Vermeidung und Sanierung von Umweltschäden. Der ökologische Schutzzweck tritt mithin in den Vordergrund. Für die Richtlinie 2004/35/EG gilt dies zwar ebenfalls. Erwägungsgrund 1 zur Umwelthaftungsrichtlinie hebt jedoch ausdrücklich hervor, dass

---

190 *Hager*, JZ 2002, 901/902.

191 BVerfG, Beschluss vom 16. Februar 2000, 1 BvR 242/91, 1 BvR 315/99, Rn. 54–58 zitiert nach Juris, NJW 2000, 2573/2576, 2577.

192 BT-Protokoll, 16/86, FN 8, S. 8733.

neben dem reinen Umweltschutz auch der Schutz der menschlichen Gesundheit bezweckt ist:

> „Es gibt in der Gemeinschaft heute zahlreiche kontaminierte Standorte, die ein erhebliches Gesundheitsrisiko darstellen, und der Verlust an biologischer Vielfalt hat sich in den vergangenen Jahrzehnten dramatisch beschleunigt."

und unter Erwägungsgrund (8) heißt es weiter:

> „Diese Richtlinie sollte in Bezug auf Umweltschäden für berufliche Tätigkeiten gelten, die eine Gefahr für die menschliche Gesundheit oder die Umwelt darstellen."

Der Richtliniengeber stellt den Schutz der menschlichen Gesundheit somit gleichrangig neben den Umweltschutz. Der deutsche Gesetzgeber hat den Schutz der menschlichen Gesundheit als Gesetzeszweck zwar nicht ausdrücklich benannt. Der beabsichtigte Schutz der Gesundheit findet sich im USchadG, abgesehen von der Definition in § 2 Nr. 1 c) USchadG, in § 2 Nr. 7 USchadG sowie § 8 Abs. 3 USchadG wieder. Der Gesundheitsschutz ist somit durch das USchadG ebenfalls bezweckt.

Die Eignung zur Verursachung von Gesundheitsgefahren kann auf die Entscheidung des Gesetzgebers, dass nur erhebliche Schäden die Pflichten des USchadG auslösen sollen, zurückgeführt werden.[193] Es müssen mithin als Voraussetzung für ein Handeln auf der Grundlage des USchadG negative Auswirkungen auf die Umweltmedien feststellbar sein.[194]

Hinsichtlich der Schäden an Arten und natürlichen Lebensräumen und Gewässern geben die Umwelthaftungsrichtlinie sowie die jeweiligen Definitionen in § 2 Nr. 1 a) USchadG i.V.m. § 19 Abs. 1 BNatSchG bzw. § 2 Nr. 1 b) USchadG i.V.m. § 90 Abs. 1 WHG Kriterien vor, mittels derer festgestellt werden kann, wann erhebliche nachteilige Auswirkungen auf die Schutzgüter vorliegen. Zwar kann auch beim Boden durch Messtechniken eine Veränderung des chemischen oder ökologischen Zustandes festgestellt werden. Allerdings treffen die hierbei gefundenen Ergebnisse noch keine Aussage darüber, unter welchen Voraussetzungen diese Veränderungen erheblich sind und sie spürbare nachteilige Auswirkungen haben können. Um dies beurteilen zu können, sind die Bodenfunktionen zu betrachten. Gemäß § 2 Abs. 2 Nr. 1 BBodSchG erfüllt der Boden seine natürliche Funktionen als Lebensgrundlage und Lebensraum für Menschen, Tiere, Pflanzen und Bodenorganismen, als Bestandteil des Naturhaushalts, insbesondere mit seinen Wasser- und Nährstoffkreisläufen und als Abbau-, Ausgleichs- und Aufbaumedium für

193 BT-Drs. 16/3806, S. 18, 20.
194 BT-Drs. 16/3806, S. 31.

stoffliche Einwirkungen auf Grund der Filter-, Puffer- und Stoffumwandlungseigenschaften, insbesondere auch zum Schutz des Grundwassers. Er dient gemäß § 2 Abs. 2 Nr. 2 BBodSchG ferner als Archiv der Natur- und Kulturgeschichte sowie nach § 2 Abs. 2 Nr. 3 BBodSchG der Nutzung als Rohstofflagerstätte, Fläche für Siedlung und Erholung, Standort für die land- und forstwirtschaftliche Nutzung sowie als Standort für sonstige wirtschaftliche und öffentliche Nutzungen, Verkehr, Ver- und Entsorgung.

Soweit der Boden als Archiv der Natur- und Kulturgeschichte sowie als Rohstofflagerstätte dient, sind erhebliche nachteilige Auswirkungen auf den Menschen nicht vorstellbar. Soweit der Boden gemäß § 2 Abs. 2 Nr. 1 a), b) und c) BBodSchG als Lebensraum für Tiere und Pflanzen dient und er Bestandteil des Naturhaushaltes ist, werden negative Veränderungen offensichtlich, wenn sich der Bestand der Arten und der Zustand der natürlichen Lebensräume sowie der Gewässer im Sinne der § 2 Nr. 1 a) und b) USchadG verändert. In Bezug auf die weiteren in § 2 BBodSchG genannten Bodenfunktionen steht der Mensch im Mittelpunkt der Betrachtung. Dieser ist erheblichen Auswirkungen ausgesetzt, wenn durch eine Veränderung der Zustände seine Gesundheit bedroht wird. Vor diesem Hintergrund ist das Merkmal der Eignung zur Herbeiführung von Gefahren für die menschliche Gesundheit in Entsprechung des Tatbestandsmerkmals „erheblich“ bei den Schäden an Gewässern und Arten und Lebensräumen als Ausprägung des allgemeinen Verhältnismäßigkeitsgrundsatzes anzusehen.

#### *b) Zur Schädigung des Bodens im Einzelnen*

##### aa) Die Definition des Bodenschadens

Eine Schädigung des Bodens ist ausweislich der Definition in § 2 Nr. 1 c) USchadG „eine Beeinträchtigung der Bodenfunktionen im Sinne des § 2 Abs. 2 des Bundes-Bodenschutzgesetzes, die durch eine direkte oder indirekte Einbringung von Stoffen, Zubereitungen, Organismen oder Mikroorganismen auf, in oder unter den Boden hervorgerufen wurde“ und durch die „Gefahren für die menschliche Gesundheit verursacht“ werden.

Was unter dem Begriff des Bodens zu verstehen ist, erklärt das USchadG nicht. Es kann für die Bestimmung des Begriffs jedoch auf das BBodSchG zurückgegriffen werden.[195] Denn das USchadG ist nach der Amtlichen Begründung auf die Ausfüllung durch das jeweilige Fachrecht angewiesen.[196]

---

195 *Brinktrine,* ZUR 2007, 337/339.
196 BT-Drs. 16/3806, S. 19; BT-Drs. 16/4587, S. 1.

Gemäß § 2 Abs. 1 BBodSchG ist der Boden die obere Schicht der Erdkruste, soweit sie Träger der in § 2 Abs. 2 BBodSchG genannten Bodenfunktionen – z.B. als Lebensraum und Lebensgrundlage für Menschen, Tiere, Pflanzen und Bodenorganismen, Rohstofflagerstätte, Fläche für Siedlung und Erholung und Standort für land- und forstwirtschaftliche Nutzung – ist.

bb) Die Beeinträchtigung der Bodenfunktionen

Eine Schädigung des Bodens setzt nach dem Wortlaut des § 2 Nr. 1 c) USchadG voraus, dass eine der in § 2 Abs. 2 BBodSchG genannten Bodenfunktionen beeinträchtigt wird.[197] Eine Bodenverunreinigung hingegen, die nicht nachweisbar zu einer Beeinträchtigung der Bodenfunktionen führt, kann nach dem Gesetzeswortlaut die durch das USchadG begründeten Pflichten und Befugnisse nicht auslösen.

Dies könnte sich als mit der Umwelthaftungsrichtlinie unvereinbar erweisen. Denn die Richtlinie 2004/35/EG stellt in Art. 2 Nr. 2 die „direkt oder indirekt eintretende feststellbare nachteilige Veränderung einer natürlichen Ressource“ gleichrangig neben die „Beeinträchtigung der Funktion einer natürlichen Ressource.“

Ausgangspunkt der Prüfung ist neben dem Wortlaut insbesondere die Systematik des USchadG. Unter systematischen Gesichtspunkten weist das Zusammenspiel des § 2 Nr. 1 c) USchadG mit § 2 Nr. 2 USchadG in eine andere Richtung als der Wortlaut.

Denn § 2 Nr. 2 USchadG bestimmt, dass es sich bei einem Schaden bzw. einer Schädigung um eine „direkt oder indirekt eintretende feststellbare nachteilige Veränderung einer natürlichen Ressource (Arten und natürlicher Lebensräume, Gewässer und Boden) oder um die Beeinträchtigung der Funktion einer natürlichen Ressource“ handelt. Die nachteilige Veränderung des jeweiligen Schutzgutes steht somit selbstständig neben der Beeinträchtigung der Funktionen der jeweiligen natürlichen Ressource.

Infolge der Tatsache, dass der deutsche Gesetzgeber in § 2 Nr. 1 c) USchadG ausschließlich auf die Beeinträchtigung der Bodenfunktionen abgestellt hat, die Bodenveränderung ohne Funktionsbeeinträchtigung jedoch nicht als Möglichkeit eines Umweltschadens benannt hat, entsteht innerhalb des USchadG ein Widerspruch zwischen § 2 Nr. 1 c) USchadG und § 2 Nr. 2 USchadG. Dieser Widerspruch könnte sich lösen lassen, indem § 2 Nr. 1 c) USchadG als abschließende Definition des Bodenschadens angesehen würde. Dem Grundsatz „lex specialis derogat legi generali“ folgend, würde § 2 Nr. 2 USchadG in der Anwendung des

197 *Beckmann/Wittmann,* in Landmann/Rohmer, USchadG, § 2 Rn. 25.

USchadG in Bezug auf das Schutzgut Boden unberücksichtigt bleiben. Dem steht jedoch die Amtliche Begründung entgegen. Der Gesetzgeber ist ebenfalls davon ausgegangen, dass das Vorliegen eines Schadens eine feststellbare nachteilige Veränderung einer natürlichen Ressource oder alternativ eine Beeinträchtigung der Funktion einer natürlichen Ressource voraussetzt.[198] Der Auslegung, § 2 Nr. 1 USchadG enthalte für die Schutzgüter abschließende Definitionen, steht auch entgegen, dass in diesem Fall für § 2 Nr. 2 USchadG kein Anwendungsbereich mehr bliebe. Die in § 2 Nr. 1 a) und b) USchadG in Verbindung mit den jeweiligen Fachgesetzen enthaltenen Definitionen der Schäden an Gewässern, Arten und natürlichen Lebensräumen stellen auf die Beeinträchtigung des Schutzgutes ab. Sie beziehen die Beeinträchtigung der einzelnen Funktionen nicht ausdrücklich mit ein. In diesem Fall wäre eine Funktionsbeeinträchtigung nicht vom Schutzbereich des USchadG erfasst. Dies kann der Gesetzgeber, der stets eine beabsichtigte „1:1-Umsetzung“[199] der Umwelthaftungsrichtlinie postuliert hat, nicht gewollt haben. Die Existenz des § 2 Nr. 2 USchadG ließe sich dann nur mit dieser angestrebten „1:1-Umsetzung“[200] der Umwelthaftungsrichtlinie erklären, da in Art. 2 Nr. 2 der Richtlinie 2004/35/EG die inhaltlich gleiche Vorschrift enthalten ist.[201]

Diese Argumentation erwiese sich jedoch nur dann als tragfähig, wenn hierdurch keine inhaltlichen Unterschiede zwischen Umwelthaftungsrichtlinie und USchadG begründet werden.

Art. 2 Nr. 1 c) der Umwelthaftungsrichtlinie bezeichnet den Umweltschaden in Bezug auf das Schutzgut Boden als

> „eine Schädigung des Bodens, d.h. jede Bodenverunreinigung, die ein erhebliches Risiko einer Beeinträchtigung der menschlichen Gesundheit aufgrund der direkten oder indirekten Einbringung von Stoffen, Zubereitungen, Organismen oder Mikroorganismen in, auf oder unter den Grund verursacht.“

Diese Begriffsbestimmung lässt Raum für die Anwendung des Art. 2 Nr. 2 der Umwelthaftungsrichtlinie. Dieser definiert den Begriff „Schaden“ bzw. „Schädigung“ als „eine direkt oder indirekt eintretende feststellbare nachteilige Veränderung einer natürlichen Ressource oder Beeinträchtigung der Funktion einer natürlichen Ressource.“ Danach steht die Beeinträchtigung des Schutzgutes selbstständig

198 BT-Drs. 16/3806, S. 20.
199 BT-Protokoll, 16/86, FN 8, S. 8733.
200 BT-Protokoll, 16/86, FN 8, S. 8733.
201 Hierauf deutet BT-Drs. 16/3806, S. 20 hin.

neben der Beeinträchtigung der Funktionen des Schutzgutes. Auf diese Weise kann der umfassende Schutz der Umweltmedien gewährleistet werden.

Art. 2 Nr. 1 c) der Richtlinie 2004/35/EG greift die erste Variante des Art. 2 Nr. 2 der Umwelthaftungsrichtlinie auf. Danach können die Pflichten des USchadG ausgelöst werden, wenn eine direkt oder indirekt eintretende feststellbare nachteilige Veränderung einer natürlichen Ressource festgestellt werden kann. Für die zweite in Art. 2 Nr. 2 der Umwelthaftungsrichtlinie benannte Variante – eine direkt oder indirekt eintretende feststellbare nachteilige Beeinträchtigung der Funktion einer natürlichen Ressource – bleibt somit ein Anwendungsspielraum. Eine ausdrückliche Benennung der Beeinträchtigung der Bodenfunktionen als Anknüpfungspunkt eines Bodenschadens ist in der Umwelthaftungsrichtlinie nicht erfolgt. Dies war jedoch auch nicht erforderlich. Die Einbeziehung der Beeinträchtigung der Bodenfunktionen erfolgt über Art. 2 Nr. 2 der Richtlinie 2004/35/EG.

Dieser europarechtlichen Vorgabe wird die deutsche Umsetzung allem Anschein nach nicht gerecht. Der Nachweis einer Bodenverunreinigung, die, ohne eine Beeinträchtigung der Bodenfunktionen mit sich zu bringen, Gefahren für die menschliche Gesundheit verursacht, löst ausweislich des Wortlautes die Pflichten des USchadG nicht aus. Die deutsche Umsetzung bleibt somit hinter der europarechtlichen Vorgabe zurück. § 2 Nr. 1 c) USchadG könnte daher europarechtskonform auszulegen sein. Das Regelungsregime des USchadG würde bereits dann ausgelöst, wenn eine Bodenverunreinigung vorliegt, die geeignet ist, Gefahren für die menschliche Gesundheit herbeizuführen. Eine Beeinträchtigung einer Bodenfunktion wäre nicht zwingend erforderlich.

Bevor auf die Einzelheiten der europarechtskonformen Auslegung einer Norm eingegangen wird, stellt sich die Frage, ob für eine solche europarechtskonforme Auslegung überhaupt praktischer Bedarf besteht. Dies wäre nicht der Fall, wenn eine Bodenveränderung ohne Beeinträchtigung von Bodenfunktionen schlechterdings undenkbar wäre. Beim Vorliegen von Bodenschäden ist zu bedenken, dass sich diese Bodenveränderungen nur dann auf die menschliche Gesundheit auswirken können, wenn Menschen einen Bezug zu den betroffenen Flächen haben, sei es, weil sie dort ihre Wohn- oder Arbeitsplätze haben, sei es, weil auf den verunreinigten Böden Landwirtschaft betrieben wird und die Pflanzen die Schadstoffe absorbieren können. Es sind dann die Funktionen des Bodens als Lebensgrundlage und Lebensraum gemäß § 2 Abs. 2 Nr. 1a) BBodSchG, als Fläche für Siedlung und Erholung gemäß § 2 Abs. 2 Nr. 3b) BBodSchG sowie als Standort für die land- und forstwirtschaftliche Nutzung nach § 2 Abs. 2 Nr. 1a) BBodSchG betroffen.

Eine Bodenveränderung ohne Auswirkung auf mindestens eine der in § 2 Abs. 2 BBodSchG genannten Funktionen ist mithin nicht denkbar. Insofern stellt die deutsche Umsetzung der Umwelthaftungsrichtlinie keine Verletzung der gemeinschaftsrechtlichen Vorgaben dar. Eine europarechtskonforme Umsetzung ist erfolgt.

cc) Die Einbringung von Stoffen

Der Bodenschaden muss „durch eine direkte oder indirekte Einbringung von Stoffen, Zubereitungen, Organismen oder Mikroorganismen auf, in oder unter den Boden hervorgerufen" worden sein. Der Gesetzgeber hat insofern Art. 2 Nr. 1 der Umwelthaftungsrichtlinie inhaltsgleich übernommen.

Indem das Einbringen sowohl direkt als auch indirekt erfolgen kann und auch kein zielgerichtetes Zuführen[202] von Stoffen durch aktives Tun verlangt wird, mithin auch das Nichtverhindern des Eintritts eines Schadstoffes in den Boden erfasst ist, ist kaum eine Fallkonstellation vorstellbar, die nicht hierunter subsumierbar ist. Gemäß § 2 Nr. 2 USchadG ist alleine maßgeblich, dass es zu einer feststellbaren nachteiligen Veränderung eines bestehenden Zustandes kommt. Es handelt sich mithin bei einem Schaden um jede durch den Betroffenen „direkt oder indirekt ausgelöste negative Abweichung vom vorherigen Zustand"[203], wobei ausreichend ist, dass die Schadstoffe über andere Umweltmedien in den Boden eingetragen werden.[204]

*c) Die Gefahr für die menschliche Gesundheit*

aa) Der Begriff der menschlichen Gesundheit

Die Bodenverunreinigung bzw. die Beeinträchtigung der Bodenfunktionen muss gemäß § 2 Nr. 1 c) USchadG eine Gefahr für die menschliche Gesundheit verursachen.

Was unter einer Gefahr für die menschliche Gesundheit zu verstehen ist, ist weder in der Umwelthaftungsrichtlinie noch im USchadG näher bestimmt. Die Gesetzesbegründung verhält sich hierzu nur insoweit, als dass die Frage, wann eine Beeinträchtigung einer Bodenfunktion eine Gefahr für die menschliche Gesundheit darstellt, jeweils im Einzelfall festzustellen ist.[205] Es kann für den Bereich

---

202 Denn das Entstehen eines Bodenschadens setzt weder vorsätzliches noch fahrlässiges Handeln voraus. Anders ist dies nur im Rahmen der Schäden an Arten und natürlichen Lebensräumen, wenn die schadensverursachende Tätigkeit nicht unter einer der in Anlage 1 zum Umweltschadensgesetz subsumierbaren beruflichen Tätigkeiten fällt.

203 *Beckmann/Wittmann,* in Landmann/Rohmer, USchadG, § 2 Rn. 25.

204 Erwägungsgrund 4 der Richtlinie 2004/35/EG; BT-Drs. 16/3806, S. 20.

205 BT-Drs. 16/3806, S. 20.

des USchadG entgegen der Auffassungen von *Brinktrine*[206] und *Cosack/Enders*[207] jedoch nicht auf den Begriff der menschlichen Gesundheit im Verständnis der World Health Organisation (WHO) zurückgegriffen werden. Diese versteht unter der menschlichen Gesundheit einen „Zustand des vollständigen körperlichen, geistigen und sozialen Wohlbefindens und nicht nur das Freisein von Krankheit und Gebrechen."[208] Die Anwendung dieses Begriffsverständnisses im Rahmen des USchadG hätte zur Folge, dass ein Gefühl des Unbehagens auf Grund der Kenntnis einer Bodenverunreinigung ausreichend wäre, um das Pflichtenprogramm des USchadG auszulösen.[209] Die vom USchadG angeordneten Rechtsfolgen sollen jedoch nur ausgelöst werden, wenn sie erheblich sind, sie von einem gewissen Gewicht sind.[210] Im Rahmen der Schäden an Arten und natürlichen Lebensräumen sowie an Gewässern wurde dies in der Umwelthaftungsrichtlinie und im USchadG durch das Tatbestandsmerkmal der „Erheblichkeit" zum Ausdruck gebracht. Äquivalent hierzu muss der Bodenschaden eine – erhebliche – Gefahr für die menschliche Gesundheit verursachen können.[211] Zwar ist eine Betroffenheit der Gesundheit stets als erheblich anzusehen. Allerdings kann dies nur im Sinne des in Art. 2 Abs. 2 GG verwendeten Begriffes der Gesundheit im Sinne der körperlichen Unversehrtheit verstanden werden.

Voraussetzung des Vorliegens einer Gefahr für die menschliche Gesundheit ist daher ein nachweisbarer pathologischer, vom Normalzustand abweichender Zustand.[212] Bloße Beeinträchtigungen des seelischen Wohlbefindens werden nicht berücksichtigt. Hätte der deutsche Gesetzgeber ein hiervon abweichendes Verständnis des Begriffs der menschlichen Gesundheit gehabt, hätte er dies – wenn nicht im Normtext, dann doch zumindest in der Gesetzesbegründung – klarstellen müssen.

bb) Das Erfordernis einer konkreten oder abstrakten Gefährdung

Hinsichtlich des Bodenschadens ist entscheidend, dass die Beeinträchtigung der Bodenfunktion eine Gefahr für die menschliche Gesundheit verursacht. Hierbei

206 *Brinktrine,* ZUR 2007, 337/339.
207 *Cosack/Enders*, DVBl. 2008, 405/410, 411.
208 http://www.sgw.hs-magdeburg.de/eumahp/pdf/DokumenteGefoe.pdf.
209 *Beckmann/Wittmann,* in Landmann/Rohmer, USchadG, § 2 Rn. 23.
210 *Beckmann/Wittmann,* in Landmann/Rohmer, USchadG, § 2 Rn. 4; *Diederichsen*, NJW 2007, 3377/3378; *Hager*, JZ 2002, 901/902.
211 BT-Drs. 16/3806, S. 20.
212 *Möllers*, Rechtsgüterschutz im Umweltrecht, S. 34, 35.

kann es sich um die (abstrakte) Eignung zur Verursachung von Gefahren für die menschliche Gesundheit handeln wie auch um das Erfordernis der Gefährdung einer konkreten Person.

Ob eine abstrakte Gefährdung ausreichend oder eine konkrete Gefährdung erforderlich ist, ist nach Wortlaut, Entstehungsgeschichte, Sinn und Zweck und Systematik der Norm zu ermitteln.

Auszugehen ist vom Wortlaut des § 2 Nr. 1 c) USchadG. Der Wortlaut der Norm, wonach die Verursachung von „Gefahren für die menschliche Gesundheit" drohen muss, ist einerseits indifferent. Denn er ermöglicht eine Auslegung, wonach die Gefahr „für einen konkreten Menschen" oder „für einen beliebigen Menschen" hervorgerufen werden kann. Andererseits wird nach dem Wortlaut darauf abgestellt, dass Gefahren für die menschliche Gesundheit „verursacht" werden. Von einer Verursachung kann nur gesprochen werden, wenn eine Einwirkung auch tatsächlich stattfindet. Hätte der Gesetzgeber die Möglichkeit der Verursachung von reinen Gesundheitsgefahren für ausreichend erachtet, hätte er dies sprachlich eindeutig zum Ausdruck bringen können. Er hätte § 2 Nr. 1 c) USchadG wie folgt fassen können: Umweltschaden ist „eine Schädigung des Bodens durch eine Beeinträchtigung der Bodenfunktionen im Sinn des § 2 Abs. 2 BBodSchG, die durch eine direkte oder indirekte Einbringung von Stoffen, Zubereitungen, Organismen oder Mikroorganismen auf, in oder unter den Boden hervorgerufen wurde und *die geeignet ist*, Gefahren für die menschliche Gesundheit *zu verursachen*"[213]. Alleine die Möglichkeit der Herbeiführung von Gefahren für die menschliche Gesundheit ist vor diesem Hintergrund nicht ausreichend. Die konkrete Gefährdung einer Person wäre erforderlich.

Soweit die Amtliche Begründung zum USchadG klarstellt, dass jeweils im Einzelfall festzustellen sei, ob eine Einbringung von Schadstoffen in den Boden eine Gefahr für die menschliche Gesundheit verursachen kann,[214] kann dies zwar grundsätzlich dahingehend ausgelegt werden, dass nur abstrakt geprüft wird, ob überhaupt eine Gefahr für die menschliche Gesundheit entstehen kann. Allerdings verfolgt die Richtlinie 2004/35/EG eine anthropozentrische Zielrichtung.[215] Der Mensch bildet den Mittelpunkt des Handelns.[216] Dies erforderte in der Konsequenz die Betroffenheit der Rechtsgüter eines konkreten Menschen.

---

213 Hervorhebungen durch die Verfasserin.

214 BT-Drs. 16/3806, S. 20.

215 *Ruffert*, Umwelthaftung im Europäisachen Gemeinschaftsrecht, UTR 81, 43/55; *Hager*, NuR 2003, 581/582.

216 anthropo… abgeleitet aus dem Griechischen ánthrópos = der Mensch.

Nachdem sich weder dem Wortlaut noch der Gesetzesbegründung eine eindeutige Aussage darüber entnehmen lässt, ob eine abstrakte oder konkrete Gesundheitsgefährdung erforderlich ist, ist die Vorschrift nach ihrem Sinn und Zweck sowie ihrer Entstehungsgeschichte auszulegen.

Der Sinn und Zweck der Umwelthaftungsrichtlinie und des USchadG, innerhalb der Europäischen Union ein hohes Schutzniveau für die Umwelt sicherzustellen,[217] spräche dafür, eine abstrakte Gefährdung der menschlichen Gesundheit ausreichen zu lassen. Indem eine konkrete Gefahr für die menschliche Gesundheit gefordert wird, würde der Zweck, den Boden einem möglichst umfangreichen Schutz zu unterstellen, unterlaufen.[218] Denn insbesondere in den Fällen, in denen die Verunreinigung durch wasserunlösliche Stoffe verursacht wurde und daher eine Auswaschung in das Grundwasser ausgeschlossen ist oder es sich um andere schwer flüchtige Stoffe handelt, könnte eine konkrete Gesundheitsgefahr nicht begründet werden.

Im Rahmen der historischen Auslegung ist die dem USchadG zu Grunde liegende Richtlinie 2004/35/EG zu untersuchen. Die Umwelthaftungsrichtlinie spricht in Art. 2 Nr. 1 c) im Rahmen der Definition des Bodenschadens von einem „erheblichen Risiko für die menschliche Gesundheit." Unter einem Risiko ist im deutschen Recht die theoretische Möglichkeit des Eintritts eines Schadens zu verstehen, die aber so unwahrscheinlich ist, dass die Gefahrenschwelle nicht erreicht wird.[219] Danach könnte nahezu jede Bodenbeeinträchtigung dem Begriff der Schädigung des Bodens unterfallen, da auch nur weit entfernt liegende Gesundheitsgefahren Berücksichtigung finden würden. Der deutsche Gesetzgeber hat hingegen den Begriff der Gefahr für die menschliche Gesundheit verwendet. Es deutet nichts darauf hin, dass der Richtliniengeber den Begriff Risiko in der Weise verstanden wissen wollte, wie er im deutschen Recht verwendet wird.[220] Zu beachten ist nämlich, dass zum einen umgangssprachlich die Begriffe Risiko und Gefahr als Synonyme verwendet werden,[221] zum anderen das Risiko „im Allgemeinen ein gewichteter Wert aus Schadenshöhe, Wichtigkeit des Rechtsguts und Wahrscheinlichkeit eines künftigen Schadenseintritts [ist][222] – und wird im

217 Erwägungsgrund 3 der Richtlinie 2004/35/EG, BT-Drs. 16/3806, S. 19.

218 *Beckmann/Wittmann,* in Landmann/Rohmer, USchadG, § 2 Rn. 21.

219 *Duikers,* Die Umwelthaftungsrichtlinie der EG, UTR 87, S. 79; *Kloepfer*, Umweltrecht, § 3 Rn. 48.

220 *Winter*, NVwZ 1999, 467/470.

221 Duden – deutsches Universalwörterbuch, 7. Auflage 2011.

222 Einfügung durch die Verfasserin.

deutschen Recht in der Regel mit Gefahr gleichgesetzt."[223] Es ist daher jeweils festzustellen, ob eine Gefahr für die menschliche Gesundheit vorliegt.

Der Rückgriff auf die allgemeine Definition des Gefahrbegriffs stützt die These, dass auf die konkrete Gefährdung für einen Menschen abzustellen ist. Unter einer Gefahr versteht man jeden Sachverhalt, der in absehbarer Zeit mit an Sicherheit grenzender Wahrscheinlichkeit bei ungehindertem Geschehensablauf zu einer Schädigung des geschützten Gutes führen wird.[224] Nach dieser Maßgabe kann ein Sachverhalt, hier der Schadstoffeintrag in den Boden, nur dann in absehbarer Zeit zu einer Schädigung der menschlichen Gesundheit führen, wenn sich in dem Einwirkbereich der Bodenverunreinigung ein Mensch, dessen Gesundheit betroffen sein kann, aufhält bzw. absehbar ist, dass sich ein Mensch dort aufhalten wird.

Die Umwelthaftungsrichtlinie bestimmt unter Erwägungsgrund 7 ferner, dass „auf Risikobewertungsverfahren zurückgegriffen werden [sollte],[225] mit denen sich feststellen lässt, inwieweit die menschliche Gesundheit beeinträchtigt sein könnte." Die Feststellung, inwieweit die menschliche Gesundheit durch eine Bodenverunreinigung gefährdet sein könnte, setzt zwingend voraus, dass sich Menschen in dem Einwirkungsbereich der Bodenverunreinigung aufhalten. Nur unter dieser Voraussetzung können, jeweils unter Beachtung der jeweiligen Nutzung des Bodens und der hieraus resultierenden Disposition gegenüber den Schadstoffen, die erforderlichen Feststellungen getroffen werden.

Auch lassen systematische Erwägungen den Schluss zu, dass eine konkrete Gefahr für einen Menschen bestehen muss. Im Rahmen der Schädigungen des Wassers wie auch der Arten und natürlichen Lebensräume werden durch das Tatbestandsmerkmal der Erheblichkeit[226] geringfügige nachteilige Veränderungen aus dem Anwendungsbereich des USchadG ausgeschieden. Die Gleichbehandlung der drei Schutzgüter – Boden, Wasser, Arten und natürliche Lebensräume – gebietet, dass auch im Bereich des Bodenschadens das Merkmal der Erheblichkeit durch das Abstellen auf die konkrete Gefährdung der Gesundheit eines Menschen ihren Niederschlag findet.

Aus dem Normzusammenhang wird ebenfalls deutlich, dass die konkrete Gefährdung der menschlichen Gesundheit nachgewiesen werden muss. § 2 Nr. 7 USchadG bestimmt unter anderem, dass Schadensbegrenzungsmaßnahmen Maßnahmen sind,

---

223 *Becker*, NVwZ 2005, 371/372.

224 BVerwG, Urteil vom 26. Februar 1974, I C 31/72, Rn. 32 zitiert nach Juris, NJW 1974, 807/809.

225 Einfügung durch die Verfasserin.

226 §§ 19 BNatSchG, 90 WHG.

„um *weitere*[227] Umweltschäden und nachteilige Auswirkungen auf die menschliche Gesundheit“ zu vermeiden. Diese Formulierung verdeutlicht, dass bereits eine Beeinträchtigung der menschlichen Gesundheit eingetreten sein muss. Nur unter dieser Voraussetzung können „weitere ... nachteilige Auswirkungen auf die menschliche Gesundheit“ eintreten. Der Gesetzgeber hat somit ausdrücklich normiert, dass ein Bodenschaden im Sinne des USchadG die konkrete Beeinträchtigung oder Gefährdung der Gesundheit eines Menschen voraussetzt.

Danach ist festzuhalten, dass die Bodenverunreinigung bzw. die Schädigung der Bodenfunktionen die Gesundheitsgefährdung einer konkreten Person verursacht haben muss. Der Boden ist somit zwar weniger geschützt als die anderen Schutzgüter; allerdings handelt es sich hierbei um eine bewusste Entscheidung des Gesetzgebers.[228]

## 2. Die unmittelbare Gefahr eines Schadens

Der sachliche Anwendungsbereich des USchadG ist daneben gemäß § 3 Abs. 1 Nr. 1 USchadG auch dann eröffnet, wenn zwar noch kein Umweltschaden im Sinne des § 2 Nr. 1 USchadG eingetreten ist, jedoch die unmittelbare Gefahr des Eintritts eines Umweltschadens besteht.

Das USchadG enthält in § 2 Nr. 5 USchadG eine Legaldefinition des Begriffs der unmittelbaren Gefahr. Danach versteht man unter der unmittelbaren Gefahr eines Umweltschadens die hinreichende Wahrscheinlichkeit, dass ein Umweltschaden in naher Zukunft eintreten wird. Es gelten für die Anwendung im konkreten Einzelfall die polizeirechtlichen Grundsätze entsprechend.[229] Demzufolge „bedarf es für die Annahme einer unmittelbaren Gefahr objektiver Tatsachen, die die hinreichende Wahrscheinlichkeit eines Schadenseintritts belegen. Ob ein Umweltschaden hinreichend wahrscheinlich ist und in naher Zukunft eintreten wird, muss im Einzelfall durch die zuständige Behörde vor dem Hintergrund des betroffenen Rechtsgutes und dessen Schwere“[230] beurteilt werden.

Das deutsche Recht kennt die Wendung „Schwere des Rechtsguts“ nicht. In Anlehnung an den aus der grundrechtlichen Verhältnismäßigkeitsprüfung bekannten Prüfungspunkt der Schwere des Eingriffs kann Schwere als Synonym für die

227 Hervorhebung durch die Verfasserin.

228 BT-Drs. 16/3806, S. 20; ebenso: *Beckmann/Wittmann,* in Landmann/Rohmer, USchadG, § 2 Rn. 21.

229 BT-Drs. 16/3806, S. 21.

230 BT-Drs. 16/3806, S. 21.

Bedeutung des Rechtsgutes und der Grad der ihm drohenden Betroffenheit verwendet werden. Hierfür spricht auch der allgemeine Sprachgebrauch, in dem die Schwere als Synonym für ein großes Ausmaß bzw. einen hohen Grad, verwendet wird.[231]

## 3. Die berufliche Tätigkeit im Sinne der Anlage 1 zum USchadG

### *a) Der Grundsatz*

§ 3 Abs. 1 USchadG bestimmt, dass der Bodenschaden oder die unmittelbare Gefahr seines Eintritts durch eine der in der Anlage 1 zum USchadG genannten beruflichen Tätigkeiten verursacht worden sein muss.

Unter einer beruflichen Tätigkeit ist gemäß § 2 Nr. 4 USchadG „jede Tätigkeit, die im Rahmen einer wirtschaftlichen Tätigkeit, einer Geschäftstätigkeit oder eines Unternehmens ausgeübt wird, unabhängig davon, ob sie privat oder öffentlich und mit oder ohne Erwerbscharakter ausgeübt wird" zu verstehen. Auf Grund der Weite der Formulierung dürfte die Feststellung des Vorliegens einer beruflichen Tätigkeit in der Praxis ohne umfangreiche Prüfungen möglich sein. Ausschließlich private Tätigkeiten scheiden aus dem Anwendungsbereich aus. Eine berufliche Tätigkeit gemäß § 2 Nr. 4 USchadG muss bei sämtlichen Umweltschäden im Sinne des USchadG vorliegen. Ausnahmen hierzu wurden nicht normiert.

### *b) Die beruflichen Tätigkeiten im Sinne der Anlage 1 zum USchadG*

Durch die Anlage 1 zum USchadG hat der Gesetzgeber Anhang III der Umwelthaftungsrichtlinie umgesetzt.[232] Die Umsetzung ist im Wesentlichen durch eine Übernahme des Richtlinientextes erfolgt. Allerdings wurden im Rahmen der Umsetzung in deutsches Recht die jeweils genannten gemeinschaftsrechtlichen Bestimmungen so weit wie möglich durch die auf dieser Grundlage jeweils ergangenen nationalen Bestimmungen ersetzt.[233]

Die Anlage 1 enthält eine abschließende[234] Auflistung der als grundsätzlich als gefahrgeneigt angesehenen Tätigkeiten, die nach dem Willen des Gesetzgebers die Inanspruchnahme des Verantwortlichen rechtfertigen.[235] § 3 Abs. 1 Nr. 1 USchadG

231 Duden – deutsches Universalwörterbuch, 7. Auflage 2011.
232 BT-Drs. 16/3806, S. 29.
233 BT-Drs. 16/3806, S. 29.
234 *Palme/Schumacher/Schlee*, EurUP 2004, 204/208.
235 *Cosack/Enders,* DVBl. 2008, 405/411.

besagt ausdrücklich, dass der Schaden oder die unmittelbare Gefahr eines Schadenseintritts „durch eine der in Anlage 1 aufgeführten beruflichen Tätigkeiten verursacht werden“ muss. Einer erweiternden Auslegung ist vor diesem Hintergrund ebenso wie einer analogen Anwendung auf ähnliche Tätigkeiten die Grundlage entzogen.[236] Ist festgestellt worden, dass eine berufliche Tätigkeit im Sinne der Anlage 1 zum USchadG vorliegt, ist diese Tätigkeit mit allen ihren Facetten erfasst. „Die Verantwortlichkeit umfasst danach alle durch die jeweilige Tätigkeit beeinflussten Schadensabläufe, wobei es genügt, dass sich eine von der Tätigkeit ausgehende Gefahr ausgewirkt hat und die Verursachung der Gefahr bzw. des Umweltschadens – soweit sie festgestellt werden kann – in dieser Weise durch die Tätigkeit mit geprägt worden ist.“[237]

#### *c) Zusammenfassung*

Die Verantwortlichkeit nach dem USchadG wird nur begründet, wenn die Schadensverursachung im Rahmen einer beruflichen Tätigkeit erfolgt. Soweit die schadensverursachende Tätigkeit in Anlage 1 zum USchadG aufgelistet ist, ist der Anwendungsbereich unabhängig von einem Verschulden des Verantwortlichen eröffnet. Für andere als die in Anlage 1 genannten Tätigkeiten ist das Gesetz nur unter den kumulativ zu erfüllenden Voraussetzungen anwendbar, dass es sich um Schäden an Arten und natürlichen Lebensräumen gemäß § 2 Nr. 1 a) USchadG handelt und der Verantwortliche vorsätzlich oder fahrlässig gehandelt hat. Für das Schutzgut Boden ist diese Variante ausgeschlossen. Folglich tritt selbst bei nachgewiesenem Verschulden eine Haftung für Verunreinigungen des Bodens auf der Grundlage des USchadG nicht ein, wenn das schädigende Verhalten nicht im Rahmen einer beruflichen Tätigkeit erfolgt ist und/oder diese Tätigkeit nicht in der Anlage 1 zum USchadG genannt ist. Die Verantwortlichkeit nach dem BBodSchG bleibt hiervon unberührt.

### 4. Die Kausalität

#### *a) Die Theorie der unmittelbaren Verursachung*

Als Verantwortlicher kann nur in Anspruch genommen werden, wer den Umweltschaden bzw. die unmittelbare Gefahr eines solchen Schadens *durch* eine der in der Anlage 1 genannte berufliche Tätigkeit verursacht hat.

---

236 Ebenso: *Beckmann/Wittmann,* in Landmann/Rohmer, USchadG, § 3 Rn. 7; *Müggenborg*, NVwZ 2009, 12/14.

237 BT-Drs. 16/3806, S. 29.

Handlungsverantwortlicher im Sinne des deutschen Verwaltungsrechtes ist nach der sog. Theorie der unmittelbaren Verursachung,[238] „wer bei wertender Betrachtungsweise aller wesentlichen Ursachen durch sein individuelles Verhalten die polizeiliche Gefahrenschwelle überschritten und damit die unmittelbare Ursache für den Eintritt der Gefahr gesetzt hat."[239] Die Äquivalenztheorie, nach der kausal alle Ursachen sind, die nicht hinweg gedacht werden können, ohne dass der tatbestandliche Erfolg in seiner konkreten Gestalt entfiele,[240] findet demnach keine Anwendung.

Die Grundsätze der Theorie der unmittelbaren Verursachung sind auch für das USchadG anwendbar. Denn sowohl die Richtlinie 2004/35/EG[241] als auch das USchadG[242] betonen die Anwendung des Verursacherprinzips.[243] § 2 Nr. 3 USchadG definiert den Verantwortlichen als die Person, die „unmittelbar einen Umweltschaden oder die unmittelbare Gefahr eines solchen Schadens verursacht." In der Amtlichen Begründung heißt es hierzu:[244]

> „Die Richtlinie 2004/35/EG zielt entsprechend dem Verursacherprinzip nur auf diejenigen Personen ab, die durch ihre berufliche Tätigkeit unmittelbar einen Umweltschaden oder die unmittelbare Gefahr eines solchen Schadens verursachen. In Nummer 3 wird daher mit dem ausdrücklichen Erfordernis einer unmittelbaren Verursachung klargestellt, dass z. B. Behörden, die mit Genehmigungserteilungen, oder Gemeinden, die mit der Aufstellung von Bauleitplänen eine Voraussetzung für die Ausübung einer beruflichen Tätigkeit im Sinn der Nummer 4 schaffen, keine Verantwortlichen im Sinn dieses Gesetzes sind. Es handelt sich vielmehr – unabhängig von der Rechtmäßigkeit der Genehmigung oder Planung – um einen nur mittelbaren Ursachenbeitrag."

Kausal sind daher nur solche beruflichen Tätigkeiten, die ohne weitere Zwischenschritte zu einer unmittelbaren Verursachung des Umweltschadens bzw. der unmittelbaren Gefahr eines Umweltschadens führen.[245]

---

238 VGH Kassel, Urteil vom 18. Mai 1999, 11 UE 343/98, NJW 1999, 3650–3652; *Schoch*, Besonderes Verwaltungsrecht, 2. Kapitel Rn. 128.

239 OVG Schleswig, Beschluss vom 14. Juli 1995, 2 M 7/95, Rn. 3 zitiert nach Juris, NuR 1996, 162.

240 *Oerder*, NVwZ 1992, 1031/1034.

241 Der Richtliniengeber betont in den Erwägungsgründen 2 und 10 der Richtlinie 2004/35/EG das Verursacherprinzip.

242 Amtliche Begründung, BT-Drs. 16/3806, S. 21.

243 Ebenso: *Beckmann/Wittmann*, in Landmann/Rohmer, USchadG, § 2 Rn. 38; a.A.: *Diederichsen*, NJW 2007, 3377/3380, der davon ausgeht, dass das Verursacherprinzip die Richtlinie 2004/35/EG verletzt.

244 BT-Drs. 16/3806, S. 21.

245 BT-Drs. 16/3806, S. 21; *Beckmann/Wittmann*, AbfallR 2007, 87/94; *Cosack/Enders*, DVBl. 2008, 405/412.

### *b) Die Anforderungen an den Nachweis der Kausalität*

#### aa) Der Grundsatz

Die Behörde ist gehalten, die Voraussetzungen für ihr Einschreiten jeweils im Einzelfall darzulegen. Sie trägt die Beweislast.[246] Hinsichtlich des Detaillierungsgrades der von den Behörden darzulegenden Tatsachen ist zu beachten, dass, verlangte man von der Behörde, dass die Verursachung durch den Inanspruchzunehmenden „lückenlos und mit unumstößlicher Gewissheit nachgewiesen“ [247] ist, in einer Vielzahl von Fällen ein Einschreiten der Behörden nicht möglich wäre. Denn zum einen ist die Schadensverursachung nach dem 30. April 2007[248] nachzuweisen, zum anderen ist bei gewerblich genutzten Grundstücken oftmals nur schwer feststellbar, welcher Nutzer den Schaden verursacht hat.[249] Im Bereich der Arten und natürlichen Lebensräume ist darüber hinaus bereits der Nachweis eines Umweltschadens schwierig.[250] Die Forderung eines unerschütterlichen Beweises[251] widerspräche somit dem Gebot schneller und effektiver Gefahrenabwehr.[252]

Welcher Grad des Nachweises der Verursachung durch die Behörde zu erbringen ist, wurde für den Bereich des Bodenschutzes zu § 4 Abs. 3 S. 1 BBodSchG gerichtlich bereits wiederholt entschieden:[253] Es wird von der Behörde verlangt, dass sie anhand objektiver Kriterien die Verantwortlichkeit darlegen kann.[254] Es müssen hierbei „objektive Faktoren als tragfähige Indizien vorhanden sein, die den Schluss

---

246 OVG Hamburg, Urteil vom 19. Dezember 1989, Bf VI 48/86, Rn. 105 zitiert nach Juris, NVwZ 1990, 788; *Beckmann/Wittmann*, AbfallR 2007 87/94; *Cosack/Enders*, DVBl. 2008, 405/412; *Wagner*, Die gemeinschaftsrechtliche Umwelthaftung, UTR 81, 73/91; *Giesberts/Hilf*, in Giesberts/Reinhardt, BBodSchG, § 4 Rn. 22.

247 BT-Drs. 16/3806, S. 22.

248 § 13 Abs. 1 USchadG.

249 VGH Mannheim, Beschluss vom 3. September 2002, 10 S 957/02, Rn. 22 zitiert nach Juris, NVwZ-RR 2003, 103/105.

250 *Knopp*, UPR 2007, 415/418.

251 So aber: OVG Hamburg, Urteil vom 19. Dezember 1989, Bf VI 48/86, Rn. 71 und 85, NVwZ 1990, 788.

252 OVG Hamburg, Urteil vom 24. September 1985, Bf VI 3/85, NJW 1986, 2005/2006; OVG Schleswig, Beschluss vom 14. Juli 1995, 2 M 7/95, Rn. 3 zitiert nach Juris, UPR 1996, 194/195; *Dombert*, in Landmann/Rohmer, BBodSchG, § 4 Rn. 22.

253 Vgl. nur zuletzt: VG Minden, Urteil vom 12. September 2011, 11 K 3124/09, Rn. 27 zitiert nach Juris, BeckRS 2011, 55226; VG Regensburg, Urteil vom 26. September 2011, RO 8 K 10.00934, Rn. 48 zitiert nach Juris; VG Saarlouis, Urteil vom 11. Mai 2011, 5 K 781/10, Rn. 47, 48 zitiert nach Juris, BeckRS 2011, 52150.

254 *Dombert*, in Landmann/Rohmer, BBodSchG, § 4 Rn. 22.

rechtfertigen, zwischen dem Verhalten der Person und der eingetretenen Gefahrenlage bestehe ein gesicherter Ursachenzusammenhang“[255]. Nicht ausreichend ist hingegen die belegte Möglichkeit einer Schadensverursachung.[256] Im Fall mehrerer möglicher Verursacher ist der Nachweis des Umfangs des Verursachungsbeitrages nicht erforderlich, vorausgesetzt, der Anteil jedes Einzelnen würde unter dem Gesichtspunkt der Verhältnismäßigkeit ein Einschreiten rechtfertigen.[257]

Diese von der Rechtsprechung entwickelten Grundsätze können auch im Rahmen des USchadG Anwendung finden. So heißt es in der Amtlichen Begründung, dass sich aus den objektiv vorliegenden Tatsachen Anhaltspunkte ermitteln lassen müssen, „die den Schluss rechtfertigen, dass zwischen dem Verhalten der in Anspruch genommenen Person und der eingetretenen Gefahrenlage ein Ursachenzusammenhang besteht.“[258] Die bloße Vermutung der Behörde über das Bestehen einer Verhaltensverantwortlichkeit ist demnach nicht ausreichend.[259] Dieser gesetzgeberische Wille findet im Gesetzeswortlaut seine Entsprechung. § 3 Abs. 4 USchadG bestimmt für den Fall einer nicht klar abgrenzbaren Verschmutzung ausdrücklich, dass nur im Falle des Nachweises eines ursächlichen Zusammenhanges zwischen dem Schaden und der Tätigkeit einzelner Verantwortlicher eine Inanspruchnahme zulässig ist.[260]

---

255 VGH Mannheim, Beschluss vom 11. Dezember 2000, 10 S 1188/00, Rn. 6 zitiert nach Juris, NVwZ-RR 2002, 16; ebenso: VGH Mannheim, Beschluss vom 3. September 2002, 10 S 957/02, Rn. 22 zitiert nach Juris, NVwZ-RR 2003, 103/105; OVG Schleswig, Beschluss vom 14. Juli 1995, 2 M 7/95, Rn. 3 zitiert nach Juris, UPR 1996, 194/195.

256 OVG Hamburg, Urteil vom 19. Dezember 1989, Bf VI 48/86, Rn. 71 zitiert nach Juris, NVwZ 1990, 788; VGH Mannheim, Beschluss vom 3. September 2002, 10 S 957/02 Rn. 22 zitiert nach Juris, NVwZ-RR 2003, 103/105; VGH Mannheim, Beschluss vom 11. Dezember 2000, 10 S 1188/00, Rn. 6 zitiert nach Juris, NVwZ-RR 2002, 16; OVG Schleswig, Beschluss vom 14. Juli 1995, 2 M 7/95, Rn. 3 zitiert nach Juris, UPR 1996, 194/195.

257 VGH Mannheim, Beschluss vom 4. März 1996, 10 S 2687/95, Rn. 9 zitiert nach Juris, NVwZ-RR 1996, 387/389; VGH Mannheim, Urteil vom 19. Oktober 1993, 10 S 2045/91, Rn. 34 zitiert nach Juris, NVwZ-RR 1994, 565/567; OVG Schleswig, Beschluss vom 14. Juli 1995, 2 M 7/95, Rn. 3 zitiert nach Juris, UPR 1996, 194/195.

258 BT-Drs. 16/3806, S. 22 mwN.

259 BT-Drs. 16/3806, S. 22 mwN.

260 Zu den Einzelheiten einer Feststellung der Verantwortlichkeiten bei nicht klar abgrenzbaren Umweltschäden im Sinne des USchadG und dem Nachweis der Verantwortlichkeiten hat der EuGH in seinem Urteil Raffinerie Mediterranee [ERG] SpA u.a./Ministero dello Sviluppo economico u.a., C-378/08, vom 9. März 2010 (NVwZ 2010, 759) in den Rn. 52–59 Stellung genommen.

bb) Beweiserleichterungen

(1) Die analoge Anwendung von § 6 Abs. 2 UmweltHG

Ungeachtet der vorstehend geschilderten Nachweisschwierigkeiten sind Beweiserleichterungen zugunsten der Behörde im USchadG nicht vorgesehen. Zu erwägen ist daher – der Rechtsanwendungspraxis im BBodSchG entsprechend[261] – eine analoge Anwendung von § 6 Abs. 2 UmweltHG. Danach wird vermutet, dass ein Schaden durch eine Anlage verursacht wurde, wenn diese nach den Umständen des Einzelfalles geeignet ist, den entstandenen Schaden zu verursachen. Vor dem Hintergrund, dass das USchadG im Rahmen der materiell-rechtlichen Anwendung auf eine Ausfüllung durch das jeweilige Fachrecht, mithin für den Bereich des Bodenschutzes auf das BBodSchG angewiesen ist,[262] ist eine entsprechende Anwendung der Rechtsprechung zur analogen Anwendung von § 6 Abs. 2 UmweltHG in Betracht zu ziehen.

Die analoge Anwendung einer Norm setzt das Bestehen einer unbeabsichtigten Regelungslücke und eine Vergleichbarkeit der Sach- und Interessenlage mit dem gesetzlich geregelten Fall voraus.[263]

(2) Das Vorliegen einer planwidrigen Regelungslücke

Voraussetzung für eine planwidrige Regelungslücke ist, dass das Gesetz einen Sachverhalt nicht regelt und die hieraus resultierende Unvollständigkeit des Gesetzes vom Gesetzgeber nicht beabsichtigt war.[264] Ein solcher Fall liegt hier – die Amtliche Begründung zugrunde gelegt – nicht vor. Dort heißt es wörtlich:[265]

> „Das Gesetz sieht insoweit aber davon ab, zusätzliche Beweiserleichterungen für einen Kausalitätsnachweis vorzusehen, wie sie bei einer zivilrechtlichen Gefährdungshaftung – z. B. im Rahmen des Umwelthaftungsgesetzes – normiert sind, da die Behörde bei ihrer Aufgabenerfüllung auf hoheitliche Befugnisse zurückgreifen kann, die einem privaten Geschädigten nicht in gleichem Umfang zur Verfügung stehen."

---

261 OLG Schleswig, Urteil vom 20. Dezember 2007, 5 U 98/04, Rn. 63 zitiert nach Juris, BeckRS 2008, 07590; *Giesberts/Hilf* in Giesberts/Reinhardt, BBodSchG, § 4 Rn. 22.

262 BT-Drs. 16/3806, S. 1.

263 Vgl. nur: BGH, Urteil vom 14. Dezember 2006, IX ZR 92/05, Rn. 15 zitiert nach Juris, NJW 2007, 992–994; BGH, Urteil vom 13. Juli 1988, Iva ZR 55/87, Rn. 7 zitiert nach Juris, NJW 1988, 2734.

264 BGH, Urteil vom 14. Dezember 2006, IX ZR 92/05, Rn. 15 zitiert nach Juris, NJW 2007, 992–994; *Bachner*, NZA 1999, 1241/1243.

265 BT-Drs. 16/3806, S. 22.

Die analoge Anwendung von § 6 UmweltHG wäre danach mangels planwidriger Regelungslücke ausgeschlossen.

Der Gesetzgeber hat jedoch verkannt, dass diese von der Amtlichen Begründung in Bezug genommenen hoheitlichen Befugnisse nur den staatlichen Stellen zur Verfügung stehen, nicht aber den Umweltverbänden und Einzelpersonen, die als Dritte einen Anspruch auf Tätigwerden nach § 10 USchadG außergerichtlich wie auch gerichtlich gegenüber der Behörde durchzusetzen ersuchen. Die Geltendmachung eines Anspruches auf Tätigwerden setzt jedoch voraus, dass das Vorliegen eines Umweltschadens glaubhaft gemacht werden kann.

Vor diesem Hintergrund könnte daher entgegen der zunächst getroffenen Feststellung die Annahme einer planwidrigen Regelungslücke in Betracht zu ziehen sein. Ob eine unvollständige gesetzliche Regelung vorliegt, die eine planwidrige Regelungslücke begründet, ist alleine anhand der konkreten gesetzlichen Regelung zu bestimmen.[266] Entscheidend ist, dass erst die im Wege der Analogie gefundene Regelung eine Vollzugsfähigkeit des Regelwerkes herbeiführt.[267]

Dies dürfte vorliegend der Fall sein. Der Durchsetzung der durch das USchadG zugunsten Dritter begründeter Rechte wäre anderenfalls nicht gewährleistet.

Dritte müssen das Vorliegen eines Umweltschadens glaubhaft, das heißt überwiegend wahrscheinlich[268] machen. Eine Glaubhaftmachung ist erfolgt, wenn Indizien vorliegen, die eine bestimmte Schlussfolgerung wahrscheinlicher erscheinen lassen als ihr Gegenteil,[269] „ohne daß dadurch bereits alle anderen Möglichkeiten praktisch ausgeschlossen sein müssen“[270]. Dritte verfügen nur über eingeschränkte Möglichkeiten zur Erlangung von Informationen über Umweltschäden. Zwar können Informationen über Umweltschäden mittels der

266 BGH, Urteil vom 14. Dezember 2006, IX ZR 92/05, Rn. 15 zitiert nach Juris, NJW 2007, 992–994.

267 *Bachner*, NZA 1999, 1241/1243.

268 BGH, Beschluss vom 9. Februar 1998, II ZB 15–97, Rn. 1 zitiert nach Juris, NJW 1998, 1870.

269 *Huber*, in Musielak, ZPO, § 294 Rn. 3; *Prütting*, in Münchener Kommentar zur ZPO, § 294 Rn. 24.

270 BGH, Beschluss vom 9. Februar 1998, II ZB 15–97, Rn. 1 zitiert nach Juris, NJW 1998, 1870.

verschiedenen Akteneinsichtsrechte des Bundes[271] und der Länder[272] erlangt werden. Allerdings ist zu beachten, dass die Glaubhaftmachung von Umweltschäden voraussetzt, dass sich in den Akten bereits hinreichend konkrete Informationen über den Umweltschaden befinden. Dies wird – insbesondere bei erst drohenden Umweltschäden – nicht der Regelfall sein. Der Gesetzgeber geht davon aus, dass die zuständigen Behörden gegenüber Privaten auf Grund der hoheitlichen Befugnisse über einen Erkenntnisvorsprung verfügen. Zweifelhaft ist, ob dies richtig ist. Behörden mögen über weitergehende Erkenntnisse im Hinblick auf eingetretene Schadensfälle verfügen; inwieweit jedoch durch bestimmte Tätigkeiten Schäden oder konkreten Gefahren entstehen können, wird sich für Behörden oftmals ebenfalls nur durch die Hinzuziehung von Fachbeistand beurteilen lassen.

Fraglich ist auch, ob die Anwendung der Rechtsprechung zu den sog. „Altlastensignalen"[273] im Wege eines Erst-Recht-Schlusses die Dritten zur effektiven Wahrnehmung ihrer Rechte befähigt. Nach ständiger Rechtsprechung können sich Erwerber von Altlastengrundstücken nicht auf eine nur beschränkte Haftung als Zustandsverantwortliche unter Hinweis auf ihre diesbezügliche Unkenntnis bei Erwerb des Grundstückes berufen, wenn sie die Möglichkeit des Vorhandenseins von Altlasten oder anderen Bodenverunreinigungen bei Anwendung der gebotenen

---

271 Vgl. nur: (1) Das Umweltinformationsgesetz (UIG), das am 22. Dezember 2004 beschlossen und am 28. Dezember 2004 im Bundesgesetzblatt (BGBl. I S. 3704) verkündet wurde und das am 14. Februar 2005 zur Umsetzung der „Richtlinie 2003/4/EG des Europäischen Parlaments und des Rates vom 28. Januar 2003 über den Zugang der Öffentlichkeit zu Umweltinformationen und zur Aufhebung der Richtlinie 90/313/EWG des Rates" in Kraft getreten ist; (2) Das Umweltinformationsgesetz (UIG), das am 22. Dezember 2004 beschlossen und am 28. Dezember 2004 im Bundesgesetzblatt (BGBl. I S. 3704) verkündet wurde und welches am 14. Februar 2005 zur Umsetzung der „Richtlinie 2003/4/EG des Europäischen Parlaments und des Rates vom 28. Januar 2003 über den Zugang der Öffentlichkeit zu Umweltinformationen und zur Aufhebung der Richtlinie 90/313/EWG des Rates" in Kraft getreten ist.

272 Um den Bürgern im Land Brandenburg ebenfalls die Möglichkeit von Einsichtnahme in Akten von Landesbehörden zu ermöglichen, ist im Land Brandenburg am 11. März 1998 das Akteneinsichts- und Informationszugangsgesetz (AIG) vom 10. März 1998 (GVBl. Bbg I, S. 46) in Kraft getreten. Umweltinformationsgesetze existieren in allen Ländern.

273 *Dombert,* in Landmann/Rohmer, BBodSchG, § 4 Rn. 30; *ders.*, NZG 1998, 413/415.

Sorgfalt hätten erkennen müssen.[274] Dies soll nach gefestigter Rechtsprechung unter anderem der Fall sein, wenn Umstände vorhanden sind, die auf einen „bodenschutzrechtlich relevanten Zustand hingewiesen haben."[275] Als solche „Altlastensignale"[276] gelten insbesondere die frühere Nutzung und der tatsächliche Zustand des Grundstücks;[277] „Gewerbe-/Industrienutzungen in der Nachbarschaft; Wohnbebauung als "Insel"; einschlägige Namensgebung der Straße bzw. angrenzender Straßen, die auf eine frühere gewerbliche bzw. industrielle Nutzung hindeuten (z.B. Industriestraße, An der Bleihütte usw., aber auch Namen von Firmen); die entsprechende Verkehrsanbindung (stillgelegte Gleiskörper u. ä.);"[278] die Kenntnis von früheren Nutzungen als Abfalldeponie oder Industriestandort;[279] die Ausweisung von Altlastenflächen in Bebauungs- oder Flächennutzungsplänen und in Altlastenkatastern[280] oder die Kenntnis von Verunreinigungen von Nachbargrundstücken.[281]

Von dem Grundstückserwerber wird bei entsprechenden Anhaltspunkten eine erhöhte Nachforschungspflicht verlangt.[282] Zwar könnte im Wege eines Erst-Recht-Schlusses argumentiert werden: wenn die „Altlastensignale" als ausreichend angesehen werden, um eine Berufung des Zustandsverantwortlichen auf seine Unkenntnis vom Vorliegen eines Bodenschadens auszuschließen und demzufolge eine unbegrenzte Haftung nach dem BBodSchG zu begründen, müssen die entsprechenden Anhaltspunkte erst recht eine Pflicht der Behörde zur Nachschau auslösen. Allerdings stellt die Rechtsprechung zu den „Altlastensignalen"

---

274 BVerwG, Beschluss vom 14. November 1996, 4 B 205/96, Rn. 4 zitiert nach Juris, NVwZ 1997, 577/578; BVerwG, Beschluss vom 14. Dezember 1990, 7 B 134/90, Rn. 5 zitiert nach Juris, NVwZ 1991, 475; VGH Mannheim, Urteil vom 9. Mai 1995, 10 S 771/94, Rn. 16 zitiert nach Juris, NVwZ-RR 1996, 13; VG Frankfurt a.M., Beschluss vom 23. Juli 1999, 14 G 212/99, Orientierungssatz 6 nach Juris, NVwZ 2000, 107/109; *Dombert,* in Landmann/Rohmer, BBodSchG, § 4 Rn. 45.

275 VG Regensburg, Urteil vom 7. Dezember 2009, RO 8 K 09.01987, Rn. 74 zitiert nach Juris.

276 *Dombert,* in Landmann/Rohmer, BBodSchG, § 4 Rn. 30; *ders.*, NZG 1998, 413/415.

277 BVerwG, Beschluss vom 14. Dezember 1990, 7 B 134/90, Rn. 5 zitiert nach Juris, NVwZ 1991, 475; *Knoche*, NJW 1995, 1985/1986.

278 *Knopp*, NJW 1992, 2657/2660; ebenso: *Dombert*, NZG 1998, 413/415.

279 *Knoche*, NJW 1995, 1985.

280 *Knoche*, NJW 1995, 1985/1987.

281 BGH, Urteil vom 6. Juli 1989, III ZR 251/87, Rn. 13, 19 zitiert nach Juris, NJW 1990, 381/382, 383.

282 VGH Kassel, Urteil vom 5. April 2011, 2 A 2931/09, Rn. 49 zitiert nach Juris, NuR 2011, 729/734.

augenscheinlich auf in der Vergangenheit liegende Nutzungen der Grundstücksflächen ab. Die Betrachtung der vergangenen Nutzungen ist jedoch im Rahmen des USchadG nicht zielführend, da die Pflichten des USchadG erst für nach dem 30. April 2007 verursachte Umweltschäden gelten. Die Rechtsprechung zu den „Altlastensignalen" geht auch inhaltlich in eine andere Richtung: bei den Altlastensignalen geht es um die Frage, ob der Erwerber eines Grundstückes vom Vorliegen einer Altlast oder einer schädlichen Bodenveränderung hätte Kenntnis haben müssen. Vorliegend stellt sich jedoch die Frage nach der Kausalität eines bestimmten Verhaltens für einen festgestellten Schaden oder für einen konkret drohenden Schaden. Hierfür bringt die Anwendung der Rechtsprechung zu den Altlastensignalen keinen Erkenntnisgewinn. Zwar weist die Rechtsprechung zu den „Altlastensignalen" und der Regelungsinhalt von § 6 UmwHG insofern eine Parallele auf, als dass beide unterstellen, dass von bestimmten Anlagen typischerweise bestimmte Gefahrenpotenziale ausgehen. Allerdings liegt der Schwerpunkt im Rahmen des BBodSchG bei den eingetretenen Schäden. Das USchadG hingegen verlangt mehr. Es muss die Kausalität der Handlung für einen glaubhaft gemachten Schaden tatsächlich nachgewiesen werden. Hierzu trägt die Rechtsprechung zu den Altlastensignalen nichts bei.

Somit ist festzuhalten, dass weder durch die Akteneinsichtsrechte noch durch die Anwendung der Rechtsprechung zu den „Altlastensignalen" eine dem § 6 UmweltHG äquivalente Beweiserleichterung zugunsten der anspruchstellenden Dritten geschaffen werden kann. Eine planwidrige Regelungslücke liegt vor.

(3) Die Vergleichbarkeit der Sach- und Interessenlage

Die Rechtslage zwischen dem in § 6 UmweltHG geregelten Fall und den Schwierigkeiten bei der Führung des Nachweises der Kausalität einer bestimmten Tätigkeit für einen (drohenden) Umweltschaden im Rahmen des USchadG ist auch vergleichbar. In beiden Regelwerken ist der Anspruchsteller mit dem Problem konfrontiert, dass er auf Grund der Tatsache, dass er in Betriebsabläufe und Betriebsereignisse keinen Einblick hat, den Nachweis einer Kausalität für einen Schaden nicht erbringen kann.

(4) Kein Erfordernis einer Einschränkung

Den Anlagenbetreibern drohen durch eine analoge Anwendung des § 6 UmweltHG auch keine unangemessenen Nachteile, weil der Antragsteller das Vorliegen eines Schadens glaubhaft machen muss und er auch darlegen können muss, dass durch die Ausführung der Tätigkeiten unter den konkreten Umständen des Einzelfalles dieser Schaden verursacht werden kann.

(5) Zwischenergebnis

Die Beweiserleichterung des § 6 UmweltHG ist nach den vorstehenden Ausführungen auch im Rahmen des USchadG analog anwendbar.

### 5. Der Ausschluss des Anwendungsbereichs

Liegt ein durch ein berufliches Tätigwerden im Sinne der Anlage 1 zum USchadG verursachter Umweltschaden vor, dürfte der Anwendungsbereich des USchadG nicht gemäß § 3 Abs. 3 und 5 USchadG, die der Umsetzung von Art. 4 Abs. 1, 2, 4 und 5 der Umwelthaftungsrichtlinie dienen, ausgeschlossen sein.

In den in § 3 Abs. 3 Nr. 3 bis 5 USchadG genannten Fällen ist die Haftung für Umweltschäden in besonderen multilateralen Übereinkünften geregelt. Den übrigen Ausschlussgründen ist gemeinsam, dass den Ursachen für die Umweltschäden keine beruflichen Tätigkeiten zugrundeliegen. Dies gilt für Schadensfälle, die gemäß § 3 Abs. 3 Nr. 2 USchadG durch „ein außergewöhnliches, unabwendbares und nicht beeinflussbares Naturereignis“ oder die gemäß § 3 Abs. 5 2. Var. USchadG durch Maßnahmen zum Schutz vor Naturkatastrophen verursacht wurden, wie auch für Schäden durch die in § 3 Abs. 3 Nr. 1 und 3 USchadG genannten kriegerischen oder kriegsähnlichen Auseinandersetzungen und Maßnahmen der Landesverteidigung (§ 3 Abs. 5 1. Var. USchadG). Für Letztere hat der Gesetzgeber dies in der Amtlichen Begründung ausdrücklich betont: [283]

> „Sie [§ 3 Abs. 3 Nr. 1 und Nr. 2 USchadG][284] haben insoweit nur klarstellenden Charakter, weil nach § 3 Abs. 1 USchadG eine Verantwortlichkeit nur dann besteht, wenn eine berufliche Tätigkeit den Umweltschaden oder die Gefahr verursacht hat.“

## II. Der zeitliche Anwendungsbereich

### 1. Allgemein

Gemäß § 13 Abs. 1 USchadG gilt das USchadG – in Übereinstimmung mit Art. 19 Abs. 1 UA 1, Art. 17 UA 1 und 2 der Richtlinie 2004/35/EG – für Schäden, die nach dem 30. April 2007 entstanden sind. Das USchadG wurde jedoch erst am 14. Mai 2007 im Bundesgesetzblatt verkündet.

---

283 BT-Drs. 16/3806, S. 23.

284 Anmerkung durch die Verfasserin.

Gesetze treten, wenn nicht ein bestimmter Tag des Inkrafttretens bestimmt ist, gemäß Art. 82 Abs. 2 S. 2 GG grundsätzlich mit Ablauf des vierzehnten Tages nach der Ausgabe des Bundesgesetzblattes, in welchem das Gesetz verkündet wird, in Kraft. Dies gilt jedoch nicht, wenn etwas Anderes bestimmt ist. Dies ist vorliegend der Fall. Das USchadG enthält Bestimmungen zur Regelung des Naturschutzes ohne die die allgemeinen Grundsätze des Naturschutzes, das Recht des Artenschutzes und den Meeresnaturschutz zu berühren sowie Regelungen betreffend den Wasserhaushalt, ohne dass hierdurch stoff- oder anlagenbezogene Regelungen getroffen würden. Für Gesetze mit dem vorstehenden Regelungsinhalt bestimmt Art. 72 Abs. 3 S. 1 Nr. 2 GG, dass sie erst sechs Monate nach ihrer Verkündung in Kraft treten.[285]

Das USchadG wurde am 14. Mai 2007 im Bundesgesetzblatt verkündet, trat mithin am 14. November 2007 in Kraft.

Das USchadG gilt somit nach seinem Wortlaut auch für solche Schäden, die vor dem Inkrafttreten des Gesetzes (14. November 2007) und vor seiner Verkündung (14. Mai 2007) verursacht worden sind. Das USchadG wirkt auf einen Zeitpunkt vor seinem Inkrafttreten zurück. Aus verfassungsrechtlichen Gründen ist die Rückwirkung von Gesetzen problematisch. Der Bürger soll grundsätzlich darauf vertrauen dürfen, dass Gesetze erst ab ihrem Inkrafttreten Rechtswirkungen entfalten und bis zu dem Inkrafttreten die vormalige Rechtslage gilt. Die Rückwirkung von Gesetzen kann jedoch ausnahmsweise zulässig sein. Sollte sich die Rückwirkung vorliegend als unzulässig erweisen, würde das USchadG erst ab dem Inkrafttreten am 14. November 2007 Rechtswirkungen entfalten. Zur Rückwirkung im Einzelnen:

## 2. Rückwirkung

Eine Vorschrift entfaltet Rückwirkung, „wenn der Beginn ihres zeitlichen Anwendungsbereiches normativ auf einen Zeitpunkt festgelegt ist, der vor dem Zeitpunkt liegt, zu dem die Norm rechtlich existent, das heißt gültig geworden ist“[286] und die Vorschrift somit „nachträglich ändernd in abgewickelte, der Vergangenheit angehörende Tatbestände eingreift“.[287]

---

285 Vgl. hierzu auch Art. 4 des Gesetzes zur Umsetzung der Richtlinie des Europäischen Parlaments und des Rates über die Umwelthaftung zur Vermeidung und Sanierung von Umweltschäden, BT-Drs. 16/3806, S. 31.

286 BVerfG, Beschluss vom 22. März 1983, 2 BvR 475/78, Rn. 42 zitiert nach Juris, NJW 1983, 2757; *Fiedler*, NJW 1988, 1624/1625.

287 BVerfG, Urteil vom 23.11.1999, 1 BvF 1/94, Rn. 97 zitiert nach Juris, NJW 2000, 413/415; BVerfG, Entscheidung vom 31. Mai 1960, 2 BvL 4/59, Rn. 29 zitiert nach Juris, NJW 1960, 1563.

Dies ist vorliegend der Fall. Die Regelungen des USchadG gelten ausweislich der Regelung in § 13 Abs. 1 USchadG für die nach dem 30. April 2007 entstandenen Umweltschäden, obgleich das Gesetz erst am 14. November 2007 in Kraft getreten ist.

### 3. Zulässigkeit der Rückwirkung

Ob die Rückwirkung zulässig ist, ist davon abhängig, „ob die Rechtsfolgen für einen bestimmten, vor dem Zeitpunkt der Verkündung der Norm liegenden Zeitraum eintreten sollen (Rückbewirkung von Rechtsfolgen) oder ob dies für einen nach (oder mit) der Verkündung beginnenden Zeitraum geschehen soll".[288]

Für das USchadG sollen die in den §§ 4 bis 6 USchadG begründeten Pflichten der Verantwortlichen mit dem Ablauf des 30. April 2007 entstehen. Die gesetzlich angeordneten Rechtsfolgen erfassen somit auch solche Schadensereignisse, die vor dem Inkrafttreten des Gesetzes eingetreten sind. Es liegt mithin eine Rückbewirkung von Rechtsfolgen vor. Diese ist grundsätzlich unzulässig.[289] Der Bürger soll Vertrauen darin haben können, dass mit Wirkung für die Vergangenheit keine Gesetze erlassen werden, die sich zu seinen Lasten auswirken können.[290] Etwas anderes gilt jedoch dann, wenn kein schutzwürdiges Vertrauen in die unveränderte Rechtsposition besteht.[291]

Der Vertrauensschutz in die Unveränderlichkeit einer Rechtslage für die Vergangenheit entfällt, wenn der Bürger mit der Neuregelung rechnen musste.[292] Dies ist nach ständiger Rechtsprechung des Bundesverfassungsgerichtes ab dem Zeitpunkt der Fall, in dem der Bundestag ein Gesetz beschlossen hat.[293] So liegt es hier. Der Bundestag hat am 9. März 2007, und somit vor dem in § 13 Abs. 1

---

288 BVerfG, Beschluss vom 14. Mai 1986, 2 BvL 2/83, Rn. 87 zitiert nach Juris, NJW 1987, 1749.

289 BVerfG, Urteil vom 23.11.1999, 1 BvF 1/94, Rn. 97 zitiert nach Juris, NJW 2000, 413/415; *Huster/Rux,* in Epping/Hillgruber, GG, Art. 20 Rn. 173.

290 BVerfG, Urteil vom 23.11.1999, 1 BvF 1/94, Rn. 97 zitiert nach Juris, NJW 2000, 413/415; *Huster/Rux,* in Epping/Hillgruber, GG, Art. 20 Rn. 173.

291 BggVerfG, Urteil vom 23.11.1999, 1 BvF 1/94, Rn. 97 zitiert nach Juris, NJW 2000, 413/415; *Huster/Rux,* in Epping/Hillgruber, GG, Art. 20 Rn. 173.

292 BVerfG, Urteil vom 19. Dezember 1961, 2 BvL 6/59, Rn. 52 zitiert nach Juris, NJW 1962, 291; *Huster/Rux,* in Epping/Hillgruber, GG, Art. 20 Rn. 173.1.

293 BVerfG, Beschluss vom 3. Dezember 1997, 2 BvR 882/97; BVerfG, Beschluss vom 14. Mai 1986, 2 BvL 2/83; BVerfG, Beschluss vom 30. April 1952, 1 BvR 14/52, 1 BvR 25/52, 1 BvR 167/52, Rn. 40 zitiert nach Juris, BVerfGE 1, 264/280.

USchadG angeordneten Beginn der Geltung mit Ablauf des 30. April 2007, das USchadG beschlossen. Ab diesem Zeitpunkt musste mit dem Inkrafttreten der Neuregelungen konkret gerechnet werden. Vertrauensschutz kann nicht geltend gemacht werden.

### 4. Ergebnis zur Rückwirkungsproblematik

Eine unzulässige Rückwirkung des Gesetzes liegt nicht vor.[294] Das USchadG gilt für alle nach dem 30. April 2007 verursachten Umweltschäden im Sinne des USchadG.

### 5. Verwirkung von Ansprüchen

Für sämtliche Schäden, die nach dem 30. April 2007 entstanden sind, gilt nach § 13 Abs. 2 USchadG – entsprechend der europarechtlichen Vorgabe in Art. 7 UA 3 der Umwelthaftungsrichtlinie –, dass eine Geltendmachung von Ansprüchen gegen den Verursacher ausgeschlossen ist, wenn die Behörde nicht innerhalb von 30 Jahren nach Entstehung des Schadens Maßnahmen gegen den Verantwortlichen ergriffen hat.[295]

## C) Die Handlungspflichten und -befugnisse nach dem USchadG

Das USchadG enthält – ebenso wie das BBodSchG – Regelungen betreffend die Vermeidung und Sanierung von Bodenschäden. Inwieweit das USchadG im Hinblick auf das Schutzgut Boden die Rechte und Pflichten der Behörden, Verantwortlichen und Dritten erweitert, kann erst festgestellt werden, wenn die durch das USchadG begründeten Handlungspflichten der Verantwortlichen (nachfolgend unter I.) und die Befugnisse der zuständigen Behörden (nachfolgend unter II.) klar umrissen sind.

294 Ebenso: *Wagner*, VersR 2008, 565.

295 In Bezug auf früher entstandene Schäden kann die Behörde nach den Vorschriften des BBodSchG eingreifen. Denn nach § 1 USchadG bleiben andere gesetzliche Vorschriften ausdrücklich in ihrer Geltung unberührt. Nach den Regeln des BBodSchG bestimmt sich dann auch die Verwirkung der Geltendmachung von Rechten.

# I. Die Handlungspflichten der Verantwortlichen nach dem USchadG

Das USchadG enthält in §§ 4, 5 USchadG und § 6 USchadG in Verbindung mit § 8 Abs. 1 USchadG die Handlungspflichten des Verantwortlichen. Auf Grund ihrer unterschiedlichen Regelungsinhalte – Informations-, Gefahrenabwehr- und Sanierungspflichten – stehen die Vorschriften nebeneinander. Sie schließen sich gegenseitig nicht aus.

Die im USchadG normierten Handlungspflichten werden durch das Bestehen eines Umweltschadens bzw. einer unmittelbaren Gefahr eines Umweltschadens[296] ausgelöst. Eine pflichtenbegründende Aufforderung zum Tätigwerden durch die zuständige Behörde ist nicht erforderlich.[297]

Die Behörde verfügt neben der Pflicht zur Überwachung der Pflichtenerfüllung durch den Verantwortlichen in § 7 Abs. 1 USchadG in § 7 Abs. 2 USchadG auch über die Ermächtigungsgrundlage zur zwangsweisen Durchsetzung der Pflichten der Verantwortlichen.

## 1. Der Verantwortliche der Handlungspflichten

Den in §§ 4 bis 7 USchadG normierten Pflichten ist gemeinsam, dass sie an die Person des Verantwortlichen anknüpfen. Verantwortlicher ist gemäß § 2 Nr. 3 USchadG „jede natürliche oder juristische Person, die eine berufliche Tätigkeit ausübt oder bestimmt, einschließlich der Inhaber einer Zulassung oder Genehmigung für eine solche Tätigkeit oder der Person, die eine solche Tätigkeit anmeldet oder notifiziert, und dadurch unmittelbar einen Umweltschaden oder die unmittelbare Gefahr eines solchen Schadens verursacht hat."

### *a) Der Verhaltensverantwortliche*

Soweit ersichtlich, ist unstreitig, dass der Inhaber der Genehmigung unabhängig davon für die schadenverursachende Tätigkeit haftet, ob es sich um eine natürliche oder eine juristische Person handelt.

---

296 Hinsichtlich der Begriffe Umweltschaden und unmittelbare Gefahr eines Umweltschadens wird daher auf die Ausführungen unter Kapitel 4 B) I. 1., 2. verwiesen.

297 Vgl. §§ 4–6 USchadG; *Duikers,* NuR 2006, 623/626; *Beckmann/Wittmann,* in Landmann/Rohmer, USchadG, § 4 Rn. 3; *dies.,* in Landmann/Rohmer, USchadG, § 5 Rn. 1; *dies.,* in Landmann/Rohmer, USchadG, § 6 Rn. 1.

Soweit vertreten wird, dass der Arbeiter oder Angestellte, der den Schaden verursacht hat, nicht Verantwortlicher im Sinne des USchadG ist,[298] erscheint dies vor dem Hintergrund des Gesetzeswortlautes nicht haltbar zu sein. Die berufliche Tätigkeit wird definitionsgemäß ausgeübt, wenn die Tätigkeit unmittelbar wahrgenommen und ausgeführt wird;[299] daher ist Verantwortlicher nach dem Wortlaut des Gesetzes auch der Angestellte oder Arbeiter, durch dessen Handeln der Schaden verursacht wurde.[300] Auch aus der Umwelthaftungsrichtlinie ergibt sich nichts Anderes: Art. 2 Nr. 6 stellt denjenigen, der die Tätigkeit ausübt, gleichrangig neben denjenigen, der die rechtliche Leitung des Unternehmens innehat.[301] Ferner spricht auch die Entstehungsgeschichte gegen die Ansicht, dass Arbeitnehmer nicht Verantwortliche im Sinne des USchadG sein können. Zwar ist noch im Weißbuch zur Umwelthaftung vom 9. Februar 2000, KOM (2000) 66 endgültig vorgesehen, dass Mitarbeiter eine haftenden juristischen Person nicht haftbar gemacht werden dürfen.[302] Dieser Gedanke hat jedoch in der Richtlinie 2004/35/EG keinen Niederschlag gefunden. Hieraus ist zu schließen, dass der Richtliniengeber bewusst von der ursprünglichen Regelung Abstand genommen hat. Er hätte sie anderenfalls ausdrücklich übernehmen müssen.

Neben den Angestellten und Arbeitern sind auch die Personen Verantwortliche, die die schadenverursachende Tätigkeit zwar nicht selber ausgeführt haben, die diese aber „bestimmt“ haben. Weder das USchadG noch die Umwelthaftungsrichtlinie definieren, wann jemand eine Tätigkeit „bestimmt.“ Ausgehend vom allgemeinen Begriffsverständnis steht der Begriff Bestimmen als Synonym für Anordnen, Anweisen und Befehlen.[303] Dieses Begriffsverständnis zugrundegelegt, wird auch derjenige als Verantwortlicher angesehen, der einen anderen als „Werkzeug“ genutzt hat.[304] Der die Anweisung Erteilende trägt sodann auf Grund der erteilten Weisungen die Mitverantwortung für das schädigende Verhalten des Anderen.[305] Die Zurechnung des schädigenden Verhaltens eines

298 *Cosack/Enders*, DVBl. 2008, 405/412, *Müggenborg*, NVwZ 2009, 12/14, 15.

299 *Beckmann/Wittmann,* in Landmann/Rohmer, USchadG, § 2 Rn. 32.

300 Ebenso: *Palme/Schumacher/Schlee*, EurUP 2004, 204/207; *Schmidt*, NZG 2007, 650/651.

301 A.A.: *Fritsch*, Altlasten-Spektrum 2011, 53/54.

302 Vgl. *Wagner*, Die gemeinschaftsrechtliche Umwelthaftung, UTR 81, 73/130.

303 Duden – deutsches Universalwörterbuch, 7. Auflage 2011.

304 *Beckmann/Wittmann,* in Landmann/Rohmer, USchadG, § 2 Rn. 33.

305 *Beckmann/Wittmann,* in Landmann/Rohmer, USchadG, § 2 Rn. 33; *Schmidt*, NZG 2007, 650/651; *Diederichsen*, NJW 2007, 3377/3380.

Dritten setzt jedoch voraus, dass das Organmitglied den betrieblichen Vorgang, dem die schadensverursachende Tätigkeit zugeordnet ist, maßgeblich steuert[306] oder aber er in seinen Zuständigkeits- und Verantwortungsbereich fällt.[307] Eine „unbegrenzte Einstandspflicht von Organmitgliedern"[308] kann hierdurch nicht begründet werden. Mitglieder der Geschäftsführung, die den betroffenen Bereich nicht zu verantworten haben, müssen sich daher das Fehlverhalten anderer Mitglieder der Geschäftsführung nicht zurechnen lassen, es sei denn ihnen ist selber hinsichtlich der gegenseitigen Kontrolle der Organmitglieder ein Verschulden nachweisbar.[309]

Für einen Umweltschaden haften daher der die schadensverursachende Tätigkeit unmittelbar Ausführende, die die schadensverursachende Tätigkeit anweisenden Mitglieder der Geschäftsführung sowie das Unternehmen unabhängig davon, ob es sich um eine natürliche und juristische Personen des öffentlichen Rechtes oder des Privatrechtes[310] handelt.

Das USchadG begründet eine Verhaltensverantwortlichkeit. Eine Haftung des Eigentümers des Grundstückes, auf dem die schadenverursachenden Tätigkeiten ausgeübt werden, wird durch das USchadG nicht begründet.[311] Diese sog. Zustandsverantwortlichkeit richtet sich nach den Vorschriften des jeweiligen Fachrechts,[312] mithin vorliegend nach dem BBodSchG.

### *b) Ermessen bei der Auswahl des Verantwortlichen*

Auf Grund der Tatsache, dass sowohl die Gesellschaft als auch deren Leitungspersönlichkeiten in Anspruch genommen werden können, hat die Behörde bei der Auswahl desjenigen, der in Anspruch genommen werden soll, Ermessen. Die Auswahlentscheidung ist frei von Ermessensfehlern zu treffen.

---

306 *Beckmann/Wittmann,* in Landmann/Rohmer, USchadG, § 2 Rn. 33.

307 *Beckmann/Wittmann,* in Landmann/Rohmer, USchadG, § 2 Rn. 33; *Cosack/Enders*, DVBl. 2008, 405/412; *Wagner*, VersR 2008, 565/571.

308 *Beckmann/Wittmann,* in Landmann/Rohmer, USchadG, § 2 Rn. 33.

309 *Eberspächer*, in Spindler/Stilz, AktG, SE-VO Art 51, Rn. 7; *Reichert/Brandes*, in Münchener Kommentar, Aktiengesetz, VO (EG) 2157/2001 Art. 51, Rn. 26, jeweils zu den horizontalen Überwachungspflichten.

310 BT-Drs. 16/3806, S. 21; Art. 2 Abs. 6 der Richtlinie 2004/35/EG.

311 S.o. 4. Kapitel B) I. 4. a).

312 *Knopp*, UPR 2007, 414/417; *Knopp/Kwasnicka*, WiRO 2008, 353/355.

Ermessensfehlerhaft ist eine behördliche Entscheidung unter anderem,[313] wenn sie sich als unverhältnismäßig erweist.[314] Dies spricht dafür, dass eine Inanspruchnahme des einzelnen Arbeitnehmers auf Grund der regelmäßig beschränkten finanziellen Leistungsfähigkeit und der arbeitsrechtlichen Verpflichtung, den Weisungen des Arbeitgebers Folge zu leisten, in der Regel ausscheidet.[315]

## 2. Die Informationspflicht des § 4 USchadG

### *a) Inhalt und Umfang der Informationspflicht*

Gemäß § 4 USchadG hat der Verantwortliche die zuständige Behörde unverzüglich über alle bedeutsamen Aspekte des Sachverhalts zu unterrichten, wenn die unmittelbare Gefahr eines Umweltschadens besteht oder ein Umweltschaden eingetreten ist.[316]

Hierzu gehören die Informationen „über die Art des Umweltschadens, über den Zeitpunkt des Eintretens oder der Aufdeckung des Schadens, über den Zeitpunkt, zu dem Gefahrenabwehr- oder Sanierungsmaßnahmen eingeleitet wurden, über die verantwortlichen juristischen Personen, über das Ergebnis des Sanierungsvorgangs und das Datum des Verfahrensabschlusses.“[317]

Eine nähere Konkretisierung hinsichtlich des Umfangs der vorzulegenden Informationen enthalten weder das USchadG noch die Amtliche Begründung. Der Umfang der beizureichenden Informationen ist abhängig von den jeweiligen

---

313 Vgl. zu den Ermessensfehlern nur: *Aschke*, in Bader/Ronellenfitsch, VwVfG, § 40 Rn. 81–84 und *Sachs*, in Stelkens/Bonk/Sachs, VwVfG, § 40 Rn. 75 zum Ermessensnichtgebrauch (Ermessensausfall, Ermessensmangel, Ermessensunterschreitung); *Aschke*, in Bader/Ronellenfitsch, VwVfG, § 40 Rn. 85–92 und *Sachs*, in Stelkens/Bonk/Sachs, VwVfG, § 40 Rn. 77 zum Ermessensfehlgebrauch (Ermessensdefizit, Verfehlung des Zwecks der Ermächtigung, Ermessensmissbrauch); *Aschke*, in Bader/Ronellenfitsch, VwVfG, § 40 Rn. 93–95 und *Sachs*, in Stelkens/Bonk/Sachs, VwVfG, § 40 Rn. 75 zur Ermessensüberschreitung und Unverhältnismäßigkeit.

314 BVerfG, Urteil vom 16. März 2004, 1 BvR 1778/01 Rn. 80–88 zitiert nach Juris; *Sachs*, in Stelkens/Bonk/Sachs, VwVfG, § 40 Rn. 82.

315 Ebenso: *Schmidt*, NZG 2007, 650/652.

316 Die Informationspflichten werden sowohl bei bereits eingetretenen Umweltschäden als auch bei konkret drohenden Umweltschäden ausgelöst. Das USchadG fasst diese Informationspflichten in der Norm des § 4 USchadG zusammen (BT-Drs. 16/3806, S. 23), wohingegen die Umwelthaftungsrichtlinie die Informationspflicht betreffen die unmittelbare Gefahr eines Schadens in Art. 5 Abs. 2 normiert und für den eingetretenen Schaden in Art. 6 Abs. 1 Umwelthaftungsrichtlinie.

317 BT-Drs. 16/3806, S. 24.

konkreten Umständen des Einzelfalles. Es muss gewährleistet sein, dass die Behörde auf Grund der Informationen befähigt ist, den Sachverhalt zu beurteilen,[318] um sodann von ihren Befugnissen aus § 7 Abs. 2 USchadG durch Erlass von Verfügungen zur Vermeidung des Eintritts von Schäden gemäß § 7 Abs. 2 Nr. 2 USchadG sowie zur Schadensbegrenzung und zur Sanierung von Umweltschäden nach § 7 Abs. 2 Nr. 3 USchadG effektiv Gebrauch machen zu können.[319]

Mangels konkreter gesetzlicher Angaben dazu, welche Maßnahmen der Verantwortliche im Rahmen des § 4 USchadG ergreifen muss, um die Behörde über den Umweltschaden, dessen Verursachung und Ausmaß in Kenntnis zu setzen, könnte es im Einzelfall zu Unstimmigkeiten zwischen Behörde und Verantwortlichem über den Umfang der Information geben.

Setzt man voraus, dass die Behörde mittels der ihr zur Verfügung gestellten Informationen zur Beurteilung des Sachverhaltes in der Lage sein soll und „über alle bedeutsamen Aspekte des Sachverhaltes" zu informieren ist, könnte § 4 USchadG die Pflicht zur Einholung von Sachverständigengutachten implizieren.[320] Weder der Gesetzestext noch die Gesetzesbegründung verhalten sich ausdrücklich zu der Frage, ob die Weitergabe der dem Verantwortlichen vorliegenden Erkenntnisse ausreichend ist oder ob weitergehende Untersuchungen durchgeführt werden müssen. Der Wortlaut verlangt die Abgabe einer eigenen Bewertung des Sachverhaltes oder die Einholung sachverständiger Einschätzungen nicht. Soweit es im Gesetzestext heißt, dass „über alle bedeutsamen Aspekte des Sachverhaltes" zu informieren ist, muss dies nicht zwingend dahingehend verstanden werden, dass über die vorliegenden Informationen hinausgehende Untersuchungsmaßnahmen zu ergreifen sind. Der Gesetzeswortlaut kann auch dahingehend ausgelegt werden, dass die bereits vorliegenden Erkenntnisse, die für die Beurteilung als wesentlich angesehen werden, mitzuteilen sind.

Mit dem Gesetzeszweck, der Sicherstellung des Ergreifens schnellstmöglicher Gefahrenabwehrmaßnahmen, wäre es unvereinbar, wenn der Verpflichtete vor einer Mitteilung an die Behörde zeitintensive Sachverständigengutachten oder eine eigene Bewertung des Schadens erstellen lassen müsste. Auch die Systematik stützt diese Ansicht. Würde bereits § 4 USchadG die Pflicht zur Beibringung einer eigenen Bewertung des Schadens bzw. des drohenden Schadens enthalten, wäre die ausdrückliche Benennung in § 7 Abs. 2 Nr. 1 USchadG überflüssig. Da § 7 Abs. 2 Nr. 1 USchadG die Behörde nur ermächtigt, von dem Verantwortlichen

318 BT-Drs. 16/3806, S. 23.

319 *Beckmann/Wittmann*, in Landmann/Rohmer, USchadG, § 4 Rn. 10.

320 So könnte *Brinktrine*, ZUR 2007, 337/343 zu verstehen sein.

die Vorlage einer „eigenen Bewertung“ des Umweltschadens, nicht aber die Einholung eines Sachverständigengutachtens, zu verlangen, kann von dem Verantwortlichen ferner erst recht nicht unaufgefordert die Vorlage eines Sachverständigengutachtens verlangt werden.[321] Für diese Auslegung spricht auch die Umwelthaftungsrichtlinie. Deren Art. 5 Abs. 2 sowie Art. 6 Abs. 1 normieren die Pflicht, „so bald wie möglich“ (Art. 5 Abs. 2 der Richtlinie 2004/35/EG) bzw. „unverzüglich“ (Art. 6 Abs. 1 der Richtlinie 2004/35/EG) die Behörde über alle bedeutsamen Aspekte des Sachverhaltes hinsichtlich drohender und eingetretener Umweltschäden zu informieren. Die Vorlage einer eigenen Bewertung wird nicht verlangt. Art. 11 Abs. 2 S. 2 der Richtlinie 2004/35/EG berechtigt die Behörde, den Betreiber zur „Durchführung einer eigenen Bewertung und die Bereitstellung aller erforderlichen Informationen und Daten“ aufzufordern. Art. 11 Abs. 2 S. 2 der Umwelthaftungsrichtlinie wird jedoch nicht durch § 4 USchadG umgesetzt, sondern durch § 7 Abs. 2 Nr. 1 USchadG.[322] Die Umwelthaftungsrichtlinie differenziert somit ebenfalls zwischen den allgemeinen Informationspflichten und dem hiervon zu unterscheidenden Recht der Behörde, die Vorlage einer eigenen Bewertung zu verlangen. Ferner entspricht ausschließlich die Anforderung der eigenen Bewertung oder der Einholung des Sachverständigengutachtens nach ausdrücklicher behördlicher Aufforderung dem Verhältnismäßigkeitsgrundsatz. Für die behördliche Aufforderung hat der Gesetzgeber in der Amtlichen Begründung zu § 7 Abs. 2 Nr. 1 USchadG die Beachtung des Verhältnismäßigkeitsgrundsatzes ausdrücklich betont. Danach soll von den Verantwortlichen nur die Vorlage solcher Informationen und Daten verlangt werden, die diesem bereits vorliegen oder aber von ihm mit zumutbarem Aufwand beschafft werden können.[323] Vor diesem Hintergrund kann von dem Verantwortlichen ohne behördliche Aufforderung erst recht nicht die Vorlage aufwändiger und kostenintensiver Sachverständigengutachten verlangt werden.[324]

Zusammenfassend ist festzuhalten, dass § 4 USchadG unter den Gesichtspunkten Wortlaut, Sinn und Zweck, Regelungszusammenhang sowie Entstehungsgeschichte dahin auszulegen ist, dass der Verantwortliche nur zur Weitergabe der ihm vorliegenden Informationen verpflichtet ist. Der Vorlage einer eigenen Bewertung des Schadens oder der Einholung eines Sachverständigengutachtens bedarf es nicht.

---

321 Ebenso: *Beckmann/Wittmann,* in Landmann/Rohmer, USchadG, § 4 Rn. 11; *Cosack/Enders,* DVBl. 2008, 408/413; *Scheidler*, NVwZ 2007, 1113/1117.

322 BT-Drs. 16/3806, S. 24.

323 BT-Drs. 16/3806, S. 24.

324 *Beckmann/Wittmann,* in Landmann/Rohmer, USchadG, § 4 Rn. 11.

*b) Entstehung und Dauer der Informationspflicht*

Die Informationspflicht entsteht mit dem Eintritt eines Schadens oder der unmittelbaren Gefahr eines Schadens und erlischt erst mit Abschluss der vollständigen Sanierung des Umweltschadens[325] oder der Abwendung der Gefahr der Entstehung des Schadens. Bei der Informationspflicht handelt es sich um eine Dauerpflicht, die der Verantwortliche kontinuierlich zu erfüllen hat.[326]

Der Verantwortliche hat die Pflicht „unverzüglich“ und somit nach der auch im öffentlichen Recht[327] geltenden Legaldefinition des § 121 BGB ohne schuldhaftes Zögern zu erfüllen.[328] Ab welchem Zeitpunkt ein schuldhaftes Zögern vorliegt, ist abhängig von den konkreten Umständen des Einzelfalles.[329] Ein schuldhaftes Zögern liegt daher nicht vor, wenn sich der Betreiber einer Anlage zunächst sachverständigen Rat einholt, um beurteilen zu können, ob ein Umweltschaden vorliegt; bei schwerwiegenden Schäden muss die Zeit jedoch kurz bemessen sein.[330]

Die Pflicht entsteht ausweislich des Wortlautes mit der Entstehung des Umweltschadens oder der unmittelbaren Gefahr eines solchen Schadens. Eine positive Kenntnis des Verantwortlichen vom Vorliegen der unmittelbaren Gefahr eines Umweltschadens oder aber des Eintritts eines Umweltschadens ist nicht erforderlich. Es soll nach der Amtlichen Begründung vielmehr ausreichend sein, dass der Verantwortliche erkennen konnte, dass ein Umweltschaden oder die unmittelbare Gefahr eines Umweltschadens vorliegt.[331] Dies erweist sich jedoch aus praktischen Gründen als problematisch.[332] Eine Information über eine Tatsache, von der der Informationspflichtige selber keine Kenntnis hat, kann nicht an einen Dritten weitergegeben werden. Für den Verpflichteten resultieren aus der geltenden Rechtslage jedoch keine negativen Folgen. Denn der Gesetzgeber hat bei Missachtung der Informationspflicht keine Sanktionen vorgesehen. Insbesondere existiert kein Ordnungswidrigkeitentatbestand, mit dem das Versäumnis einer rechtzeitigen Erfüllung der Informationspflicht geahndet werden könnte. Soweit zivilrechtliche Schadensersatzansprüche zwischen Nachbarn und dem für den Umweltschaden verantwortlichen Unternehmen in Betracht kommen, wird nicht

---

325 *Cosack/Enders,* DVBl. 2008, 408/413; BT-Drs. 16/3806, S. 23.

326 BT-Drs. 16/3806, S. 23.

327 Palandt/*Ellenberger*, BGB, § 121 Rn. 3.

328 *Brinktrine*, ZUR 2007, 337/343; *Becker*, Das neue Umweltschadensgesetz, Rn. 100.

329 Palandt/*Ellenberger*, BGB, § 121 Rn. 3.

330 *Hüwels*, Das neue „Umweltschadensgesetz“, S. 3.

331 BT-Drs. 16/3806, S. 23.

332 Ebenso: *Beckmann/Wittmann,* in Landmann/Rohmer, USchadG, § 4 Rn. 9.

auf die (fahrlässige) Missachtung der Informationspflicht nach § 4 USchadG abgestellt werden, sondern auf die Herbeiführung des Schadens. Selbst wenn dies vorgetragen würde, könnte ein Dritter Schadensersatzansprüche nicht mit dem Hinweis geltend machen, ihm sei ein Schaden entstanden, weil die Behörde durch den Verantwortlichen nicht rechtzeitig informiert wurde und deshalb nicht rechtzeitig Gefahrenabwehr- bzw. Sanierungsmaßnahmen ergriffen werden konnten, § 823 Abs. 2 BGB in Verbindung mit § 4 USchadG. Denn § 4 USchadG ist nicht Schutzgesetz im Sinne des § 823 Abs. 2 BGB. Schutzgesetze sind Gesetze, die neben dem Schutz der Allgemeinheit zumindest auch dazu bestimmt sind, einzelne Personen zu schützen.[333] Eine Drittschutzbezogenheit in diesem Sinne ist in § 4 USchadG nicht angelegt. § 4 USchadG soll nach der Amtlichen Begründung[334] die Behörde in die Lage versetzen, den Sachverhalt beurteilen zu können. Ferner erfolgt durch die Erteilung von Informationen unmittelbar kein Schutz von Rechtsgütern Dritter. Schäden entstehen erst dadurch, dass den Gefahrvermeidungs- und Sanierungspflichten der §§ 5 und 6 USchadG nicht nachgekommen wird.

*c) Die Person des Informationspflichtigen*

Informationspflichtig ist jeder, der Verantwortlicher für einen (drohenden) Umweltschaden im Sinne des § 2 Nr. 3 USchadG ist. Dies bedeutet, dass im Falle des Vorliegens mehrerer Verantwortlicher jeder Einzelne zur umfassenden Information verpflichtet ist.[335] Dritte, die den (drohenden) Umweltschaden erkannt haben, müssen den Sachverhalt nicht anzeigen.[336] Eine solche Pflicht ist im USchadG nicht angelegt.

*d) Vergleich mit dem BBodSchG*

Das BBodSchG enthält keine dem § 4 USchadG vergleichbare Regelung. Zwar begründet § 12 BBodSchG eine Pflicht des zur Sanierung einer Altlast Verpflichteten, über die Sanierung zu informieren. Allerdings handelt es sich hierbei nicht um eine gegenüber der zuständigen Behörde zu erfüllende Pflicht. Es sind vielmehr die „von der bevorstehenden Durchführung der geplanten Maßnahmen"[337] betroffenen Eigentümer, Nutzungsberechtigten sowie Nachbarn zu informieren. Sie sind

---

333 Palandt/*Sprau*, BGB, § 823 Rn. 57.

334 BT-Drs. 16/3806, S. 23.

335 *Beckmann/Wittmann,* in Landmann/Rohmer, USchadG, § 4 Rn. 8.

336 Ebenso: *Beckmann/Wittmann,* in Landmann/Rohmer, USchadG, § 4 Rn. 7.

337 § 12 S. 1 BBodSchG.

ausweislich des Wortlautes jedoch nicht über die Altlast zu unterrichten,[338] sondern nur über deren Beseitigung. Soweit hieraus die Schlussfolgerung gezogen wird, die Betroffenen müssten sich im Wege einer Akteneinsicht bei der zuständigen Behörde die für die Beurteilung der geplanten Sanierungsmaßnahmen vor dem Hintergrund der vorliegenden Altlast benötigten Informationen beschaffen,[339] ist dieser Ansicht angesichts von Sinn und Zweck der Vorschrift des § 12 BBodSchG nicht zu folgen. § 12 BBodSchG bezweckt, Transparenz und Akzeptanz für die zu ergreifenden Maßnahmen zu schaffen.[340] Ferner soll die Festlegung des Sanierungsumfanges erleichtert werden.[341] Dies setzt trotz des Fehlens einer ausdrücklichen Nennung im Gesetz voraus, dass die Informationsberechtigten zumindest über die Dauer und den Ablauf der Sanierung sowie den Standort der Altlast in Kenntnis gesetzt werden.[342]

Eine Verpflichtung zur Information über eine drohende oder festgestellte schädliche Bodenveränderung enthält das BBodSchG somit nicht. Im Rahmen des BBodSchG ist zwar nicht ohne behördliche Aufforderung „über eigene Erkenntnisse oder Verdachtsmomente"[343] betreffend eine Bodenverunreinigung zu informieren. Allerdings ist dem Bodenschutzrecht eine eigenverantwortliche Informationsverpflichtung gegenüber den Behörden nicht fremd.[344] In den Ausführungsgesetzen der Länder zum BBodSchG wird teilweise die Pflicht begründet, konkrete Anhaltspunkte für das Vorliegen einer Altlast oder einer schädlichen Bodenveränderung unverzüglich der zuständigen Behörde mitzuteilen.[345]

---

338 *Fluck*, NVwZ 2001, 9/11; *Fluck*, BBodSchG, § 12 Rn. 43.

339 *Sondermann/Hejma,* in Versteyl/Sondermann, BBodSchG, § 12 Rn. 9.

340 BT-Drs. 13/6701, S. 41; *Dietlein,* in Giesberts/Reinhard, BBodSchG, § 12 Rn. 1.

341 BT-Drs. 13/6701, S. 41.

342 *Frenz*, BBodSchG, § 12 Rn. 22; *Fluck*, BBodSchG, § 12 Rn. 43.

343 *Dietlein,* in Giesberts/Reinhard, BBodSchG, § 12 Rn. 6.

344 So aber: *Becker*, NVwZ 2007, 1105/1111; *Beckmann/Wittmann,* in Landmann/Rohmer, USchadG, § 4 Rn. 3; *dies*., AbfallR 2007, 87/95; *Brinktrine*, ZUR 2007, 337/343; *Versteyl/Molkenbur*, AbfallR 2010, 20/24.

345 § 3 Abs. 1 Gesetz zur Ausführung des Bundes-Bodenschutzgesetzes (Landes-Bodenschutz- und Altlastengesetz – LBodSchAG) Baden-Württemberg; Art. 1 S. 1 Bayerisches Gesetz zur Ausführung des Bundes-Bodenschutzgesetzes (Bayerisches Bodenschutzgesetz – BayBodSchG); § 2 Abs. 1 S. 1 Berliner Gesetz zur Ausführung des Bundes-Bodenschutzgesetzes (Berliner Bodenschutzgesetz – Bln BodSchG); § 2 Abs. 1 S. 1 Gesetz zur Ausführung und Ergänzung des Bundes-Bodenschutzgesetzes (Landesbodenschutz- und Altlastengesetz – LBodSchG) Schleswig-Holstein; § 2 Abs. 1 S. 1 Thüringer Bodenschutzgesetz (ThürBodSchG); *Dietlein,* in Giesberts/Reinhard, BBodSchG, § 12 Rn. 7.

## 3. Die Gefahrenabwehrpflicht gemäß § 5 USchadG

§ 5 USchadG bestimmt, dass bei Bestehen der unmittelbaren Gefahr eines Umweltschadens der Verantwortliche unverzüglich[346] die erforderlichen Vermeidungsmaßnahmen zu ergreifen hat.[347] Dem umweltrechtlich erfahrenen Leser drängt sich hierdurch eine Parallele zu den in § 4 Abs. 1 BBodSchG enthaltenen abstrakten Handlungspflichten auf.

### *a) Der Inhalt der Gefahrenabwehrpflicht*

Unter einer Vermeidungsmaßnahme ist gemäß § 2 Nr. 6 USchadG jede Maßnahme zu verstehen, durch die bei Bestehen einer unmittelbaren Gefahr eines Umweltschadens der Eintritt dieses Schadens vermieden oder minimiert werden kann.[348] Weder die Umwelthaftungsrichtlinie noch das USchadG konkretisieren die möglichen Vermeidungsmaßnahmen. Sie sind daher in Abhängigkeit der jeweiligen Umstände des Einzelfalles zu bestimmen.[349] Hierbei ist insbesondere die Zielsetzung des § 5 USchadG zu beachten: Vermeidungsmaßnahmen sind nur solche Maßnahmen, die geeignet sind, die Gefahr des Eintretens eines Umweltschadens zu verhindern. Anhaltspunkte für die Art der Maßnahmen bietet § 2 Nr. 7 USchadG. Danach sind Schadensbegrenzungsmaßnahmen alle Maßnahmen, „um die betreffenden Schadstoffe oder sonstigen Schadfaktoren unverzüglich zu kontrollieren, einzudämmen, zu beseitigen oder auf sonstige Weise zu behandeln, um weitere Umweltschäden und nachteilige Auswirkungen auf die menschliche Gesundheit oder eine weitere Beeinträchtigung von Funktionen zu begrenzen oder zu vermeiden“[350]. Da sowohl die Vermeidungsmaßnahmen als auch die Schadensbegrenzungsmaßnahmen inhaltlich bezwecken, die Entstehung weiterer bzw. die Ausweitung bestehender Schäden zu verhindern, und sie insoweit deckungsgleich

---

346 Für die Auslegung des Begriffs „unverzüglich“ ist, wie bereits im Rahmen des § 4 USchadG, s.o. 4. Kapitel C) I. 2. c), erläutert, auf die Legaldefinition des § 121 BGB zurückzugreifen.

347 Die Gefahrenabwehr- und Gefahrenvermeidungspflichten des Verantwortlichen regelt das Bundes-Bodenschutzgesetz in § 4 Abs. 1 BBodSchG (*Giesberts/Hilf,* in Giesberts/Reinhardt, BBodSchG, § 4 Rn. 4).

348 *Becker* führt in NVwZ 2007, 1105/1119 aus, dass die Definition der Vermeidungsmaßnahme einen selbstverständlichen Grundsatz des allgemeinen Verwaltungsrechtes, insbesondere des allgemeinen Sicherheits- und Ordnungsrechtes sowie einer Vielzahl spezieller Umweltschutzgesetzes wiederhole.

349 Ebenso: *Brinktrine*, ZUR 2007, 337/343.

350 § 2 Nr. 7 USchadG.

sind, ist § 2 Nr. 7 USchadG auch auf die Vermeidungsmaßnahmen anzuwenden. *Frenz/Schink*[351] und *Beckmann/Wittmann*[352] nehmen – ohne § 2 Nr. 7 USchadG ausdrücklich zu benennen – Bezug auf den Inhalt dieser Vorschrift, indem sie die Vermeidungsmaßnahmen als Maßnahmen beschreiben, „durch die Schadstoffe oder Schadfaktoren kontrolliert, eingedämmt beseitigt oder Vorkehrungen gegen die Ausbreitung oder Fortwirkung getroffen werden".[353]

Indem § 2 Nr. 6 USchadG auch die Maßnahmen zur Minimierung eines Schadens den Vermeidungsmaßnahmen hinzurechnet, erlischt die Verpflichtung zum Ergreifen dieser Maßnahmen nicht durch die Unabwendbarkeit des Schadenseintritts. In diesem Fall sind alle Maßnahmen zu ergreifen, die eine Vergrößerung des Schadens verhindern.

*b) Die Anwendung des § 5 USchadG in der Praxis*

Die Ausführungen zeigen, dass ein weiter Kanon möglicher Vermeidungsmaßnahmen im Sinne des § 5 USchadG in Betracht kommt. Dies kann zur Folge haben, dass der Verantwortliche Maßnahmen ergreift, die sich im Ergebnis als nicht ausreichend erweisen. Der Verantwortliche kann in diesem Fall von der zuständigen Behörde zur Einleitung weiterer Maßnahmen aufgefordert werden. Um Kosten zu vermeiden, wird Verantwortlichen vereinzelt empfohlen, mit dem Ergreifen von Maßnahmen abzuwarten, bis die Behörde eine Anordnung nach § 7 Abs. 2 Nr. 2 USchadG erlässt.[354] Es bestehe dann die Sicherheit, dass nur die von der Behörde als effektiv angesehenen Maßnahmen durchzuführen sind.[355] Hiervon ist abzuraten. Da § 5 USchadG drittschützend im Sinne des § 823 Abs. 2 BGB ist,[356] besteht die Möglichkeit geschädigter Nachbarn, Schadensersatzansprüche wegen der Auswirkungen des Umweltschadens geltend zu machen. Es ist daher unmittelbar nach Erkennen eines Umweltschadens oder der unmittelbaren Gefahr eines Umweltschadens die Abstimmung mit der zuständigen Behörde zu suchen. Vor Erlass einer Anordnung können auf diese Weise die zu ergreifenden Maßnahmen bestimmt und dann in einem öffentlich-rechtlichen Vertrag nach §§ 54 ff. VwVfG zur Absicherung beider Parteien niedergelegt werden.

---

351 *Frenz/Schink*, Die Abfallwirtschaft, S. 139, 140.

352 *Beckmann/Wittmann*, in Landmann/Rohmer, USchadG, § 5 Rn. 3.

353 *Beckmann/Wittmann*, in Landmann/Rohmer, USchadG, § 5 Rn. 3; *Frenz/Schink*, Die Abfallwirtschaft, S. 139, 140.

354 *Brinktrine*, ZUR 2007, 337/343.

355 *Brinktrine*, ZUR 2007, 337/343.

356 *Beckmann/Wittmann*, in Landmann/Rohmer, USchadG, § 5 Rn. 4.

*c) Vergleich mit dem BBodSchG*

Das USchadG und das BBodSchG sind in Bezug auf die Vermeidungsmaßnahmen insoweit vergleichbar, als dass beide die Pflicht des Verhaltensverantwortlichen zum Ergreifen von Maßnahmen der Gefahrenabwehr enthalten, § 5 USchadG und § 4 Abs. 1 BBodSchG.[357] Das BBodSchG verpflichtet darüber hinaus jedoch auch den Eigentümer oder Inhaber der tatsächlichen Gewalt zur Vornahme von Gefahrenabwehrmaßnahmen, § 4 Abs. 2 BBodSchG.

## 4. Die Sanierungspflicht gemäß § 6 USchadG

Mit der Verwendung des Oberbegriffs der Sanierungspflicht in § 6 USchadG folgt der Gesetzgeber nicht nur dem Beispiel des BBodSchG, in dem zum einen prospektiv wirkende, zum anderen retrospektiv ausgestaltete Handlungspflichten enthalten sind, § 2 Abs. 7 BBodSchG. Die Begriffe der Schadensbegrenzungsmaßnahmen (§ 6 Nr. 1 USchadG) und der Sanierungsmaßnahmen (§ 6 Nr. 2 USchadG) sind strikt voneinander zu trennen. Während die Schadensbegrenzungsmaßnahmen die Entstehung weiterer Umweltschäden und nachteiliger Auswirkungen auf die durch das USchadG geschützten Umweltmedien verhindern sollen, bezwecken die Sanierungsmaßnahmen die langfristige Wiederherstellung des ursprünglichen Zustandes.[358]

Den Verantwortlichen treffen die beiden Pflichten kumulativ[359] ab dem Zeitpunkt, in dem der Umweltschaden eingetreten ist und der Verantwortliche dies erkannt hat bzw. er dies erkennen konnte.[360] Er muss sowohl die Schadensausbreitung verhindern (§ 6 Nr. 1 USchadG) als auch den bereits entstandenen Schaden sanieren (§ 6 Nr. 2 USchadG).

*a) Die Schadensbegrenzungsmaßnahmen*

Unter den Begriff der Schadensbegrenzungsmaßnahme fällt gemäß § 2 Nr. 7 USchadG jede Maßnahme, um die betreffenden Schadstoffe oder sonstigen

357 *Dombert,* in Landmann/Rohmer, BBodSchG, § 4 Rn. 5.

358 Ebenso: *Duikers,* NuR 2006, 623/627.

359 *Cosack/Enders,* DVBl. 2008, 405/413.

360 Die Sanierungspflicht entsteht auch dann, wenn der Verantwortliche fahrlässig keine Kenntnis von dem Schaden hat, er über diese aber bei Anwendung der im Verkehr erforderlichen Sorgfalt hätte verfügen können. Denn §§ 5, 6 USchadG sind Schutzgesetze im Sinne des § 823 Abs. 2 BGB. Sie bezwecken nicht nur den Schutz der Allgemeinheit, sondern in Bezug auf das Schutzgut Boden auch die Rechte Einzelner. Denn durch Verunreinigungen des Bodens drohen Gefahren für Eigentum und die menschliche Gesundheit (Ebenso: *Beckmann/Wittmann,* in Landmann/Rohmer, USchadG, § 5 Rn. 4 und § 6 Rn. 1).

Schadfaktoren unverzüglich zu kontrollieren, einzudämmen, zu beseitigen oder auf sonstige Weise zu behandeln, um weitere Umweltschäden und nachteilige Auswirkungen auf die menschliche Gesundheit oder eine weitere Beeinträchtigung von Funktionen zu begrenzen oder zu vermeiden.

Die konkret zu ergreifenden Maßnahmen zur Verhinderung weiterer Umweltschäden und Gefahren für die menschliche Gesundheit bestimmen sich nach den Umständen des Einzelfalles. Eine über die Beschreibung des Ziels der zu ergreifenden Maßnahmen hinausgehende generalisierende Aussage verbietet sich. Der Beachtung des Verhältnismäßigkeitsgrundsatzes ist bei der Bestimmung der zu ergreifenden Maßnahmen ausweislich der Amtlichen Begründung besondere Aufmerksamkeit zu schenken.[361]

### *b) Die Sanierungsmaßnahmen*

#### aa) Das Verfahren zur Bestimmung der Sanierungsmaßnahmen

Die Ermittlung der erforderlichen Sanierungsmaßnahmen obliegt gemäß § 8 Abs. 1 USchadG i.V.m. § 6 Nr. 2 USchadG dem Sanierungsverantwortlichen. Soweit die zuständige Behörde nicht selbst bereits die erforderlichen Sanierungsmaßnahmen ergriffen hat,[362] muss der Verantwortliche die ermittelten Ergebnisse unverzüglich[363] der Behörde zur Zustimmung vorzulegen. Diese entscheidet auf dieser Grundlage verbindlich über die im Einzelnen vorzunehmenden Sanierungsmaßnahmen, § 8 Abs. 2 USchadG.

#### bb) Die Bestimmung der umzusetzenden Sanierungsmaßnahmen

Das USchadG enthält im Gegensatz zur Umwelthaftungsrichtlinie – Anhang II – keine Leitlinie, „damit sichergestellt ist, dass die geeignetsten Maßnahmen zur Sanierung von Umweltschäden ausgewählt werden."[364] Die vorzunehmenden Sanierungsmaßnahmen bestimmen sich gemäß § 8 Abs. 1 HS 1 USchadG vielmehr nach dem jeweils einschlägigen Fachrecht, mithin dem BNatSchG, dem WHG sowie für den Bereich des Bodenschutzes dem BBodSchG und der BBodSchV.

Welche Maßnahmen im Einzelnen erforderlich sind, bestimmt sich nach dem Sanierungsziel. Gemäß Anhang II Nr. 1 der Richtlinie 2004/35/EG ist bei Schäden an Gewässern oder geschützten Arten oder natürlichen Lebensräumen der

---

361 BT-Drs. 16/3806, S. 24.

362 § 8 Abs. 1 USchadG.

363 *Beckmann/Wittmann,* in Landmann/Rohmer, USchadG, § 6 Rn. 8.

364 Anhang II der Richtlinie 2004/35/EG, L 143/67.

Ausgangszustand wiederherzustellen, die Sanierung von Böden ist darauf gerichtet, dass der geschädigte Boden nach der Sanierung „kein erhebliches Risiko einer Beeinträchtigung der menschlichen Gesundheit mehr darstellt".[365]

Für die Bereiche Gewässer, Arten und Lebensräume verweisen § 19 Abs. 4 BNatSchG und § 90 Abs. 2 WHG auf Anhang II der Umwelthaftungsrichtlinie. Er ist für diese Bereiche somit unmittelbar anzuwenden. Für den Bereich des Bodens ist eine entsprechende Verweisung unterblieben. Die Sanierung ist daher an dem in § 2 Nr. 8 USchadG genannten Grundsatz, wonach der „Umweltschaden nach Maßgabe der fachrechtlichen Vorschriften zu sanieren" ist, auszurichten. Dieser Maßstab der Sanierung von Bodenschäden deckt sich mit den in Anhang II genannten Vorgaben. Sie stimmen inhaltlich mit den Sanierungsvorschriften des BBodSchG überein.[366] Eine ausdrückliche Inbezugnahme des Anhangs II Nr. 2 der Richtlinie 2004/35/EG war daher nicht erforderlich.

Anhang II Nr. 2 der Umwelthaftungsrichtlinie bestimmt betreffend die „Sanierung von Schädigungen des Bodens":

> „Es werden die erforderlichen Maßnahmen getroffen, um zumindest sicherzustellen, dass die betreffenden Schadstoffe beseitigt, kontrolliert, eingedämmt oder vermindert werden, so dass der geschädigte Boden unter Berücksichtigung seiner zum Zeitpunkt der Schädigung gegebenen gegenwärtigen oder zugelassenen künftigen Nutzung kein erhebliches Risiko einer Beeinträchtigung der menschlichen Gesundheit mehr darstellt. Das Vorliegen solcher Risiken wird mit Verfahren zur Risikoabschätzung unter Berücksichtigung folgender Faktoren beurteilt: Beschaffenheit und Funktion des Bodens, Art und Konzentration der Schadstoffe, Zubereitungen, Organismen oder Mikroorganismen, das mit ihnen verbundene Risiko und die Möglichkeit ihrer Verbreitung. Die Nutzung ist aufgrund der zum Zeitpunkt des Schadenseintritts geltenden Bodennutzungsvorschriften oder anderer einschlägiger Vorschriften — soweit vorhanden — festzulegen.
>
> Ändert sich die Nutzung des Bodens, so sind alle erforderlichen Maßnahmen zu ergreifen, um jeglichen nachteiligen Auswirkungen auf die menschliche Gesundheit vorzubeugen.
>
> Fehlen Bodennutzungsvorschriften oder andere einschlägige Vorschriften, so wird die Nutzung des speziellen Bereichs nach dem Zustand des geschädigten Bodens unter Berücksichtigung seiner voraussichtlichen Entwicklung bestimmt.
>
> Zu berücksichtigen ist die Option einer natürlichen Wiederherstellung, d.h. eine Option ohne unmittelbares Eingreifen des Menschen in den Wiederherstellungsprozess."

---

365 Anhang II Nr. 2 der Richtlinie 2004/35/EG.

366 *Knopp* bezeichnet in UPR 2005, 361/362 die Regelungen der Umwelthaftungsrichtlinie zur Sanierung der Böden in dem Anhang als „relativ inhaltsleer", weshalb sie zu keiner Erweiterung des § 2 Abs. 7 BBodSchG führten.

Das BBodSchG definiert in § 2 Abs. 7 die Sanierungsmaßnahmen betreffend Altlasten und schädlichen Bodenveränderungen. Es handelt sich danach um

> „Maßnahmen
> 1. zur Beseitigung oder Verminderung der Schadstoffe (Dekontaminations maßnahmen),
> 2. die eine Ausbreitung der Schadstoffe langfristig verhindern oder vermin dern, ohne die Schadstoffe zu beseitigen (Sicherungsmaßnahmen),
> 3. zur Beseitigung oder Verminderung schädlicher Veränderungen der phy sikalischen, chemischen oder biologischen Beschaffenheit des Bodens."

Die Sanierungsmaßnahmen werden nach Anhang II Nr. 2 S. 1 der Umwelthaftungsrichtlinie ausschließlich unter der Zielsetzung definiert, dass die Schadstoffe durch Beseitigung, Kontrolle, Eindämmung oder Verminderung nicht mehr geeignet sind, eine Gefahr für die menschliche Gesundheit darzustellen. Die Sanierung durch Beseitigung oder Verminderung[367] der Schadstoffe findet sich in § 2 Abs. 7 Nr. 1 BBodSchG wieder. Eine Sanierung durch Kontrolle und Eindämmung[368] der Schadstoffe dient der Verhinderung der Ausbreitung der Schadstoffe und ist somit in § 2 Abs. 7 Nr. 2 BBodSchG geregelt. § 2 Abs. 8 BBodSchG erkennt in Übereinstimmung mit Nr. 2 S. 3 des Anhanges II der Richtlinie 2004/35/EG, sonstige Maßnahmen, wie zum Beispiel Nutzungsbeschränkungen, als Sanierungsmaßnahmen an.

Während die Sanierungsmaßnahmen sich auch für den Bereich des USchadG nach dem BBodSchG und der BBodSchV[369] richten und daher deckungsgleich sind, unterscheiden sich die Sanierungsziele.[370] In Bezug auf das Sanierungsziel ist das USchadG weniger streng als das BBodSchG: während es im Rahmen des USchadG ausreichend ist, dass keine Gefahren für die menschliche Gesundheit verursacht werden,[371] müssen nach einer Sanierung auf Grundlage des BBodSchG im Sinne des § 4 Abs. 3 BBodSchG „Gefahren, erhebliche Nachteile und erhebliche Belästigungen für den einzelnen oder die Allgemeinheit" ausgeschlossen sein. Indem das USchadG von einer erfolgreichen Sanierung bereits dann ausgeht, wenn Gefahren für die menschliche Gesundheit nicht mehr bestehen, kann eine (umweltschädliche) Kontamination des Bodens weiterhin vorhanden sein. Deren Beseitigung kann jedoch nur auf Grundlage des BBodSchG verlangt

---

367 Anhang II Nr. 2 S. 1 Var. 1 und 4 der Richtlinie 2004/35/EG.

368 Anhang II Nr. 2 S. 1 Var. 2 und 3 der Richtlinie 2004/35/EG.

369 *Fritsch*, Altlasten-Spektrum 2011, 53.

370 *Cosack/Enders*, DVBl. 2008, 405/413; *Müggenborg*, NVwZ 2009, 12/14.

371 Vgl. auch: *Fritsch*, Altlasten-Spektrum 2011, 53/55; *Hager*, JZ 2002, 901/902, 908.

werden; das USchadG stellt hierzu auf Grund der Erreichung des im USchadG definierten Sanierungsziels keine Maßnahmen bereit.[372] Der Anwendungsbereich des USchadG ist verlassen, wenn durch die Bodenverunreinigung keine Gefahren für die menschliche Gesundheit verursacht werden.

## II. Die behördlichen Pflichten und Befugnisse

### 1. Die allgemeinen Pflichten und Befugnisse der Behörden gemäß § 7 USchadG

§ 7 USchadG stellt die „zentrale Ermächtigungsgrundlage"[373] für ein Einschreiten der zuständigen Behörde zur Durchsetzung der Pflichten des Verantwortlichen nach dem USchadG dar. Die Vorschrift enthält in ihren beiden Absätzen zwei scheinbar unabhängig voneinander stehende, die Behörde zu einem Tätigwerden berechtigende bzw. verpflichtende Rechtsgrundlagen. § 7 Abs. 1 USchadG konstituiert danach die Pflicht der Behörde, die Vornahme der erforderlichen Vermeidungs-, Schadensbegrenzungs- und Sanierungsmaßnahmen durch den Verantwortlichen zu überwachen. Gemäß § 7 Abs. 2 USchadG kann die zuständige Behörde – wenn der Verantwortliche seinen Pflichten nicht oder nur unzureichend nachkommt – diesem aufgeben, „1. alle erforderlichen Informationen und Daten über eine unmittelbare Gefahr von Umweltschäden, über den Verdacht einer solchen unmittelbaren Gefahr oder einen eingetretenen Schaden sowie eine eigene Bewertung vorzulegen, 2. die erforderlichen Vermeidungsmaßnahmen zu treffen, 3. die erforderlichen Schadensbegrenzungs- und Sanierungsmaßnahmen zu ergreifen."

Obgleich die Absätze 1 und 2 des § 7 USchadG auf Grund ihrer unterschiedlichen Regelungsbereiche voneinander unabhängig zu sein scheinen und die Trennung zwischen Überwachungspflichten auf der einen Seite und Eingriffsbefugnissen auf der anderen Seite im Umweltrecht nicht unüblich ist,[374] ist zu prüfen, ob sich (1.) die Bedeutung des § 7 Abs. 1 USchadG aus europarechtlichen Gründen tatsächlich auf die Begründung einer Überwachungspflicht beschränkt und ob (2.) § 7 Abs. 2 USchadG entgegen des Wortlautes so auszulegen ist, dass die Vorschrift der Behörde nicht nur ein den Grenzen der fehlerfreien Ermessensausübung unterliegendes Entschließungsermessen einräumt, sondern die Behörde bei Vorliegen

---

372 *Hager*, JZ 2002, 901/903.

373 *Beckmann/Wittmann,* in Landmann/Rohmer, USchadG, § 7 Rn. 1.

374 § 40 Krw-/AbfG (Überwachung), § 21 Krw-/AbfG (Eingriffsbefugnis), § 52 BImSchG (Überwachung), §§ 17, 21, 24 und 25 BImSchG (Eingriffsbefugnisse).

der Eingriffsvoraussetzungen zum Tätigwerden verpflichtet. Beiden Fragen wird im Folgenden nachgegangen werden. Sie sind untrennbar miteinander verwoben, so dass eine gemeinsame Befassung mit der Rechtsfolgenseite von § 7 Abs. 1 und Abs. 2 USchadG zu erfolgen hat.

*a) Der Wortlaut des § 7 Abs. 1 und Abs. 2 USchadG*

aa) § 7 Abs. 1 USchadG

Ausweislich des Wortlautes des § 7 Abs. 1 USchadG überwacht die zuständige Behörde, dass der Verantwortliche die erforderlichen Vermeidungs-, Schadensbegrenzungs- und Sanierungsmaßnahmen vornimmt. Der Wortlaut „überwacht" macht deutlich, dass es sich um eine Pflicht der Behörde handelt. Sie muss dieser Überwachungsaufgabe nachkommen. Ermessen besteht insoweit nicht.[375]

bb) § 7 Abs. 2 USchadG

§ 7 Abs. 2 USchadG ermächtigt die zuständige Behörde, die den Verantwortlichen kraft Gesetzes obliegenden Pflichten der §§ 4 bis 6 USchadG bei Unterbleiben der Pflichtenerfüllung gegen diesen durchzusetzen. Gemäß Nr. 1 kann die Vorlage aller erforderlichen Informationen und Daten über eine unmittelbare Gefahr von Umweltschäden, über den Verdacht einer solchen unmittelbaren Gefahr oder einen eingetretenen Schaden sowie eine eigene Bewertung verlangt werden. Gemäß Nr. 2 und Nr. 3 ist die Behörde berechtigt, die erforderlichen Vermeidungsmaßnahmen bzw. die erforderlichen Schadensbegrenzungs- und Sanierungsmaßnahmen zu verlangen. Da das Handeln der Behörde ausweislich des Wortlautes in deren Ermessen steht, unterliegt sie nur den Grenzen einer fehlerfreien Ermessensausübung.

*b) Sinn und Zweck des § 7 USchadG*

§ 7 Abs. 2 USchadG soll zur Verbesserung des Umweltschutzes beitragen, indem der Verpflichtete von der Behörde zum Ergreifen von Maßnahmen zur Vermeidung und Sanierung von Umweltschäden verpflichtet wird. *Beckmann/Wittmann* argumentieren, dass dieser Zweck nicht erreicht werden könne, wenn die Entscheidung der Behörde in deren Ermessen steht.[376] Hierzu gilt es jedoch zu bedenken, dass das Verwaltungs-, und insbesondere auch das Umweltrecht, von

---

375 BT-Drs. 16/3608, S. 24.

376 *Beckmann/Wittmann,* in Landmann/Rohmer, USchadG, § 7 Rn. 7.

Ermessenentscheidungen geprägt sind. Dies gilt, wie §§ 20 Abs. 1 und 3, 25 Abs. 1 und 2 BImSchG zeigen, auch im Hinblick auf Untersagungs- und Einstellungsverfügungen. Es ist daher nicht unüblich, dass Behörden nur der Pflicht zur fehlerfreien Ermessensausübung unterliegen. Eine effektive Gefahrenabwehr ist dennoch gewährleistet. Es bedarf hierzu nicht zwingend einer Auslegung der Norm als gebundene Entscheidung. Der Gesetzgeber wird nicht durch die verfassungsrechtliche Verpflichtung, die Rechte der Bürger zu wahren, daran gehindert, der Verwaltung auch bei Untersagungsverfügungen Ermessen einzuräumen.[377] Die Ermessensfreiheit der Verwaltungsbehörden ist ein legitimer Bestandteil der Rechtsordnung und der verfassungsmäßigen Ordnung.[378] Der Entscheidungsspielraum der Behörde wird jedoch eingeschränkt und verdichtet sich zu einer Handlungspflicht, je intensiver die Störung oder die Gefährdung ist.[379] Hierbei sind insbesondere der Rang des Rechtsgutes, die „Grundrechte und die in ihnen verkörperte Wertordnung"[380] zu berücksichtigen. Da auch der Umweltschutz verfassungsrechtlich gemäß Art. 20a GG dem besonderen Schutz aller staatlichen Gewalt unterliegt, liegt in den Fällen schwerwiegender Umweltschäden – insbesondere wenn durch diese eine Gesundheitsgefahr für Menschen einhergeht – eine Ermessensreduzierung auf Null vor. Die Behörde ist dann zum Handeln verpflichtet.

Der Sinn und Zweck der Vorschrift, eine Verbesserung des Umweltschutzes zu erreichen, zwingt somit nicht zur Auslegung der Norm als gebundene Entscheidung. Dieses Ziel ist auch durch eine Auslegung der Norm als Ermessensnorm erreichbar.

### *c) Entstehungsgeschichte*

Aufschluss über das Verständnis der Vorschrift des § 7 USchadG in Bezug auf die Frage, ob und inwieweit der Behörde Ermessen zusteht, bringt die Amtliche Begründung zum USchadG sowie die Richtlinie 2004/35/EG.

---

377 BVerwG, Urteil vom 18. August 1960, I C 42/59, Rn. 10 zitiert nach Juris, NJW 1961, 793.

378 BVerwG, Urteil vom 18. August 1960, I C 42/59, Rn. 10 zitiert nach Juris, NJW 1961, 793.

379 BVerwG, Urteil vom 18. August 1960, I C 42/59, Rn. 10 zitiert nach Juris, NJW 1961, 793; OVG Münster, Urteil vom 26. Januar 1982, 4 A 2586/80, LS 1 zitiert nach Juris, NVwZ 1983, 101/102.

380 OVG Münster, Urteil vom 26. Januar 1982, 4 A 2586/80, NVwZ 1983, 101/102; *Knopp*, ZUR 2007, 467/469.

aa) Amtliche Begründung zum USchadG

Die Amtliche Begründung stützt den Wortlaut des § 7 Abs. 2 USchadG, wonach es sich um eine Ermessensvorschrift handelt. Es wird betont, dass der Behörde ein Ermessensspielraum bei der Entscheidung über die Durchsetzung der Pflichten des Verantwortlichen nach §§ 4 bis 6 USchadG eingeräumt werde.[381]

Ausweislich der Amtlichen Begründung soll § 7 Abs. 1 USchadG Art. 5 Abs. 4 S. 1 der Umwelthaftungsrichtlinie hinsichtlich der Gefahrenabwehr und Art. 6 Abs. 3 S. 1 der Umwelthaftungsrichtlinie hinsichtlich der Sanierungspflichten umsetzen.[382] Weiter heißt es in der Amtlichen Begründung, dass die Behörde keinen Ermessensspielraum bei der Entscheidung habe, ob sie die Pflichtenerfüllung durch den Verantwortlichen sicherstellt.[383]

bb) Richtlinienkonforme Auslegung des § 7 Abs. 2 USchadG

Zu untersuchen ist, ob nach den europarechtlichen Vorgaben in der Richtlinie 2004/35/EG die Entscheidung der Behörde über eine Durchsetzung der Pflichten des Verantwortlichen in deren Ermessen steht. Nach dem Wortlaut der Umwelthaftungsrichtlinie in Art. 5 Abs. 3 sowie in Art. 6 Abs. 2 „kann" die Behörde bei der Auswahl der Maßnahmen zur Durchsetzung der Vermeidungs- und Sanierungsmaßnahmen zwischen den verschiedenen Handlungsmöglichkeiten wählen. Im deutschen Recht ist die Verwendung des Begriffes „kann" im Regelfall Ausdruck des Vorliegens einer Ermessensentscheidung.[384] Im Europarecht ist dies jedoch nicht zwingend der Fall.[385] Die Verwendung des Wortes „kann" kann hier auch nur Indiz für eine Befugnisnorm sein,[386] d.h. einer Norm, durch die eine grundsätzlich bestehende Handlungsmöglichkeit der Behörde ausgedrückt wird, ohne dass eine Aussage darüber getroffen wird, ob die Entscheidung über das Tätigwerden in deren Ermessen steht oder sie zu ihrer Ausübung verpflichtet ist. Vor diesem Hintergrund könnte davon ausgegangen werden, dass die Richtlinie den Mitgliedsstaaten einen Entscheidungsspielraum einräumt, weshalb diese sich für eine

381 BT-Drs. 16/3806, S. 24.

382 BT-Drs. 16/3806, S. 24.

383 BT-Drs. 16/3806, S. 24.

384 BVerwG, Urteil vom 26. Januar 2011, 6 C 2/10, Rn. 25 zitiert nach Juris, NVwZ 2011, 613/615; BVerwG, Urteil vom 29. April 1964, I C 30.62, Rn. 8 zitiert nach Juris, NJW 1964, 1973/1974; *Aschke,* in Bader/Ronellenfitsch, VwVfG, § 40 Rn. 6, 7.

385 *Becker*, Das neue Umweltschadensgesetz, Rn. 113.

386 *Becker*, Das neue Umweltschadensgesetz, Rn. 113; *Beckmann/Wittmann,* in Landmann/Rohmer, USchadG, § 7 Rn. 7.

Umsetzung als gebundene Entscheidung oder als Ermessensentscheidung entscheiden durften.[387] Die Auslegung dahingehend, dass es sich nur um eine Befugnisnorm handelt, wird durch die in den anderen Sprachen verwendeten Begrifflichkeiten deutlich. In der französischen Fassung ist dies noch nicht ganz offensichtlich. In dieser wird die Bezeichnung „peut", abgeleitet von „pouvoir" verwendet, welches in der Übersetzung ebenfalls „können" bedeutet. Deutlicher ist jedoch die englische wie auch die italienische Richtlinienfassung. In der englischen Version wird der Ausdruck „may" verwendet, welches herkömmlich als „kann, mag, darf" übersetzt wird. Neben dem „können" ist hier auch das „Dürfen" beinhaltet. In der italienischen Version wird die Formulierung „ha facoltà di" von „avere facoltà di" verwendet, was übersetzt bedeutet, dass die Behörde die Macht bzw. Befugnis hat, etwas zu tun.

Der Richtlinienzusammenhang bestätigt, dass das „kann" in Art. 5 Abs. 3 und Art. 6 Abs. 2 der Richtlinie als Ausdruck einer Befugnisnorm zu verstehen ist und nicht als Hinweis auf das Bestehen einer Ermessensentscheidung. In Art. 5 Abs. 3 und 4 sowie Art. 6 Abs. 2 und 3 der Richtlinie 2004/35/EG benennt der Richtliniengeber in dem jeweils zuerst genannten Absatz (Art. 5 Abs. 3, Art. 6 Abs. 2) die verschiedenen der Behörde zur Verfügung stehenden Handlungsvarianten. In dem jeweils unmittelbar nachfolgenden Absatz werden einzelne dieser Handlungsmöglichkeiten konkretisiert. So bestimmt Art. 5 Abs. 4 S. 1 bzw. Art. 6 Abs. 3 S. 1 der Richtlinie, dass „die zuständige Behörde verlangt, dass die Vermeidungsmaßnahmen [bzw. Sanierungsmaßnahmen][388] vom Betreiber ergriffen werden." Da die Möglichkeit zur Verpflichtung des Verantwortlichen zur Vornahme von Vermeidungs- bzw. Sanierungsmaßnahmen bereits in dem jeweils vorstehenden Absatz genannt ist, muss der nochmaligen Nennung im nächsten Absatz eine eigenständige Bedeutung zukommen.[389] Diese besteht in der verbindlichen Auferlegung der Pflicht der Behörde, das Ergreifen der Maßnahmen zu verlangen. Ein Spielraum für die Behörde im Sinne eines Entschließungsermessens liegt dann nicht vor.

Demzufolge enthalten die Art. 5 Abs. 3 bzw. Art. 6 Abs. 2 der Umwelthaftungsrichtlinie die allgemeinen Befugnisse der Behörde, im Rahmen des Absatzes 4 bzw. Absatzes 3 wird für einzelne dieser Handlungen der konkrete Handlungsrahmen benannt. Der erste Absatz stellt eine reine Befugnisnorm dar, die keine Aussagen darüber trifft, ob es sich um eine gebundene Entscheidung oder eine Ermessensentscheidung der Behörde handelt.

387 *Wagner*, VersR 2008, 565/571, 572.
388 Einfügung durch die Verfasserin.
389 A.A.: *Wagner*, VersR 2008, 565/572.

cc) Anwendung der Richtlinie 2004/35/EG auf § 7 Abs. 1 USchadG

(1) Vermeidungs- und Sanierungsmaßnahmen

Soweit den zuständigen Behörden durch § 7 Abs. 1 USchadG auferlegt wird, die Pflichtenerfüllung durch den Verantwortlichen zu überwachen, liegt dem keine Regelung der Richtlinie 2004/35/EG zugrunde. Überwachungspflichten sind dort nicht geregelt. Da die Richtlinien der Europäischen Union die Einführung über die Richtlinie hinausgehender Regelungen nicht ausschließen, ist dies jedoch unschädlich.[390]

Ausweislich der Amtlichen Begründung soll § 7 Abs. 1 USchadG der Umsetzung von Art. 5 Abs. 4 S. 1 und Art. 6 Abs. 3 S. 1 der Umwelthaftungsrichtlinie dienen.[391] Art. 5 Abs. 4 S. 1 der Richtlinie bestimmt für den Bereich der Gefahrenabwehr, dass „die zuständige Behörde verlangt, dass die Vermeidungsmaßnahmen vom Betreiber ergriffen werden" und Art. 6 Abs. 3 S. 1 der Richtlinie 2004/35/EG bestimmt für den Bereich der Sanierungstätigkeiten, dass „die zuständige Behörde verlangt, dass die erforderlichen Sanierungsmaßnahmen ergriffen werden." Nach beiden Vorschriften „verlangt" die Behörde das dem Verantwortlichen kraft Gesetzes obliegende Handeln, wenn er diesen Pflichten nicht unaufgefordert nachkommt. Art. 5 Abs. 4 und Art. 6 Abs. 3 der Umwelthaftungsrichtlinie dienen der Konkretisierung des Art. 5 Abs. 3 bzw. Art. 6 Abs. 2, die die verschiedenen Handlungsmöglichkeiten der Behörde aufzeigen.[392] Durch die Wortwahl wird deutlich, dass die Durchsetzung der Pflichtenerfüllung nicht im Ermessen der Behörde steht, sie hierzu vielmehr verpflichtet ist. Eine ausdrückliche Umsetzung dieser Verpflichtung in deutsches Recht ist unterblieben. Die Durchsetzung der Vermeidungs-, Schadensbegrenzungs- und Sanierungsmaßnahmen wurde in § 7 Abs. 2 Nr. 2 und 3 USchadG in das Ermessen der Behörde gestellt.

Somit ist eine Vorschrift, die die Pflicht zur Durchsetzung der erforderlichen Maßnahmen enthält und Art. 5 Abs. 4 S. 1 und Art. 6 Abs. 3 S. 1 der Umwelthaftungsrichtlinie umsetzt, im USchadG nicht enthalten. Dies wirft zwei Fragen auf: zum einen, ob dies vom deutschen Gesetzgeber beabsichtigt war und zum anderen, ob dies unter europarechtlichen Gesichtspunkten zulässig gewesen wäre.

Die Frage der europarechtlichen Zulässigkeit der teilweisen Nichtumsetzung einer Richtlinie hat der EuGH in ständiger Rechtsprechung beantwortet. Die Mitgliedsstaaten sind verpflichtet, „innerhalb der ihnen nach Art. 189 EWG belassenen

---

390 *Dörr/Lenz*, Europäischer Verwaltungsrechtsschutz, Rn. 373; Art. 288 AEUV.

391 BT-Drs. 16/3806, S. 24.

392 S.o. 4. Kapitel C) II. 1. d) bb) a.E.

Entscheidungsfreiheit die Formen und Mittel zu wählen, die sich zur Gewährleistung der praktischen Wirksamkeit (effet utile) der Richtlinien unter Berücksichtigung des mit ihnen verfolgten Zwecks am besten eignen."[393] Hierbei wird zwar „nicht unbedingt eine förmliche und wörtliche Übernahme ihrer Bestimmungen in eine ausdrückliche, besondere Rechtsvorschrift"[394] verlangt. Der Umsetzung „kann durch einen allgemeinen rechtlichen Kontext Genüge getan werden, wenn dieser tatsächlich die vollständige Anwendung der Richtlinie hinreichend klar und bestimmt gewährleistet."[395] Demzufolge war Deutschland verpflichtet, kraft Gesetzes der Behörde die Durchsetzung der von den Verantwortlichen zu erfüllenden Maßnahmen aufzuerlegen.

Fraglich ist vor dem Hintergrund des Erfordernisses einer Verpflichtung der Behörde zur Durchsetzung der Pflichten zu normieren, ob der deutsche Gesetzgeber entsprechend der eingangs benannten Prämisse mit § 7 Abs. 1 USchadG tatsächlich nur eine Pflicht der Behörde zur Überwachung begründen wollte oder ob nicht vielmehr eine Pflicht zur Durchsetzung der erforderlichen Maßnahmen eingeführt werden sollte. Gegen letzteres spricht zwar der Wortlaut. Denn gemäß § 7 Abs. 2 Nr. 2 und 3 USchadG werden die dort genannten Befugnisse der Behörde in deren Ermessen gestellt. Jedoch hat sich der Gesetzgeber in der Amtlichen Begründung zu § 7 Abs. 1 USchadG zugunsten der ersten Ansicht geäußert. Dort heißt es:[396]

> „Die Regelung dient der Umsetzung von Artikel 5 Abs. 4 Satz 1 (für Gefahrenabwehr) sowie Artikel 6 Abs. 3 Satz 1 (für Sanierungspflichten) der Umwelthaftungsrichtlinie. Entsprechend den Vorgaben der Richtlinie hat die Behörde insoweit keinen Ermessensspielraum, ob sie eine Pflichterfüllung durch den Verantwortlichen sicherstellt."

Der Gesetzgeber spricht hier von „sicherstellen." Dieses geht über den Rahmen einer reinen Überwachung der Pflichtenerfüllung deutlich hinaus. Während ein Überwachen nur ein Handeln mit der Absicht der Beaufsichtigung des Handelns eines Anderen beinhaltet,[397] bedeutet Sicherstellen einer Handlung, dass die

393 EuGH, Urteil vom 8. April 1976, C-48/75 (Royer), Rn. 69/73; *Ruffert* in Calliess/Ruffert, AUV/AEUV, Art. 288 Rn. 26.

394 EuGH, Urteil vom 9. September 1999, C-217/97, Rn. 12.

395 EuGH, Urteil vom 9. September 1999, C-217/97, Rn. 12; ebenso: EuGH, Urteil vom 11. Juli 2002, C-62/00 (Marks & Spencer), Rn. 27 zitiert nach Juris; *Ruffert,* in Calliess/Ruffert, AUV/AEUV, Art. 288 Rn. 27.

396 BT-Drs. 16/3806, S. 24.

397 Duden – deutsches Universalwörterbuch, 7. Auflage 2011.

Durchführung der Handlung garantiert wird.[398] Das Sicherstellen der Pflichtenerfüllung umfasst mithin das Recht und auch die Pflicht der Behörde, die Erfüllung der Pflichten des Verantwortlichen durchzusetzen.

Vor dem Hintergrund, dass die nationalen Gesetzgeber verpflichtet sind, die Richtlinien in der Weise umzusetzen, dass sie die ihnen zugedachten Wirkungen entfalten können,[399] ist § 7 Abs. 1 USchadG im Sinne der Amtlichen Begründung auszulegen, wenn eine Umsetzung der durch Art. 5 Abs. 4 S. 1 und Art. 6 Abs. 3 S. 1 der Umwelthaftungsrichtlinie begründeten Pflichten nicht an anderer Stelle des USchadG erfolgt ist. Eine Umsetzung der Art. 5 Abs. 4 S. 1 und Art. 6 Abs. 3 S. 1 der Richtlinie 2004/35/EG ist durch keine der im USchadG enthaltenen Regelungen erfolgt. Eine Verpflichtung der Behörde zur Durchsetzung der Vermeidungs- und Sanierungsmaßnahmen im Sinne der §§ 5 und 6 USchadG wurde nicht ausdrücklich normiert.

Als Zwischenergebnis ist somit festzuhalten, dass nach dem Willen des Gesetzgebers die Vorschrift des § 7 Abs. 1 USchadG so auszulegen ist, dass sie die Behörde zum Handeln, nicht nur zur Überwachung des Verantwortlichen, verpflichtet. Vor dem Hintergrund, dass die Einzelheiten der Handlungsbefugnisse der Behörde in § 7 Abs. 2 Nr. 2 und 3 USchadG geregelt sind, sind beide Vorschriften als Einheit zu lesen. Die Behörde muss daher die Sanierungs- und Vermeidungsmaßnahmen gegenüber dem Verantwortlichen durchsetzen, wenn dieser seinen Pflichten nicht unaufgefordert nachkommt.

(2) Informationspflichten

Auf das Recht der Behörde, gemäß § 7 Abs. 2 Nr. 1 USchadG Informationen über den (drohenden) Umweltschaden einzuholen, sind die vorstehenden Ausführungen nicht übertragbar. Die Einholung von Informationen durch die Behörde bei dem Verantwortlichen steht – wie dies durch den Wortlaut des Abs. 2 impliziert wird – im Ermessen der Behörde. Es besteht keine Verpflichtung der Behörde zur Durchsetzung der Pflicht des Verantwortlichen, die Informationen mitzuteilen.

Es bleibt bei dem Wortlaut der Vorschrift, wonach es sich um eine Ermessensvorschrift („kann“)[400] handelt. Die Behörde ist daher nur verpflichtet, innerhalb der

398 Duden – deutsches Universalwörterbuch, 7. Auflage 2011.

399 EuGH, Urteil vom 8. April 1976, C-48/75 (Royer), Rn. 74/75; *Ruffert,* in Calliess/Ruffert, AUV/AEUV, Art. 288 Rn. 26.

400 BVerwG, Urteil vom 26. Januar 2011, 6 C 2/10, Rn. 25 zitiert nach Juris, NVwZ 2011, 613/615; BVerwG, Urteil vom 29. April 1964, I C 30.62, Rn. 8 zitiert nach Juris, NJW 1964, 1973/1974; *Aschke,* in Bader/Ronellenfitsch, VwVfG, § 40 Rn. 6, 7.

Grenzen einer fehlerfreien Ermessensausübung zu handeln. Weder aus der Umwelthaftungsrichtlinie noch aus dem USchadG lässt sich eine Handlungsverpflichtung der Behörde ableiten. Ein Rückgriff auf die Vorschrift des § 7 Abs. 1 USchadG scheidet aus. Dieser bezieht sich ausweislich seines Wortlautes nur auf die Vermeidungs- und Sanierungsmaßnahmen. Die Umwelthaftungsrichtlinie enthält für die Einholung von Informationen durch die Behörde keine den Art. 5 Abs. 4 S. 1 bzw. Art. 6 Abs. 3 S. 1 der Richtlinie entsprechend Vorschrift. § 7 Abs. 2 Nr. 1 USchadG stellt nach dem Willen des Gesetzgebers einen Unterfall des in § 24 VwVfG normierten Amtsermittlungsgrundsatzes dar.[401] Der Umfang und die Art und Weise der Amtsermittlung durch die Behörde gemäß § 24 VwVfG steht ebenfalls im pflichtgemäßen Ermessen der Behörde.[402] Es kann dann – wenn wie vorliegend Anhaltspunkte für einen entgegenstehenden Willen des Gesetzgebers nicht ersichtlich sind – für die spezialgesetzlich geregelte Amtsermittlung nichts anderes gelten. Nach dem in der Amtlichen Begründung ausdrücklich geäußerten Willen des Gesetzgebers soll nur eine Befugnis zur Einholung von Informationen bestehen, nicht aber eine Pflicht.[403]

Die Einräumung von Ermessen zugunsten der Behörde bezüglich der Einholung erforderlicher Informationen erweist sich somit als europarechtskonform.

*d) Systematik*

Auch systematische Erwägungen stützen die These, dass die Behörde hinsichtlich der Vermeidungs- und Sanierungsmaßnahmen zum Einschreiten verpflichtet ist. Gemäß § 10 USchadG muss die zuständige Behörde zur Durchsetzung der Sanierungspflichten tätig werden, wenn ein Betroffener oder ein Verband dies beantragt und ein Umweltschaden glaubhaft gemacht wurde. Des gleichen wird die Behörde aber auch von Amts wegen bei Vorliegen eines Umweltschadens tätig. Zwar wird durch die Anordnung eines Tätigwerdens von Amts wegen keine Aussage darüber getroffen, ob eine Ermessens- oder eine gebundene Entscheidung vorliegt.[404] Es erscheint jedoch vor dem Hintergrund des Initiativrechtes der Dritten konsequent, unabhängig vom Vorliegen eines Antrages gemäß § 10 USchadG eine Verpflichtung der Behörde zum Tätigwerden anzunehmen.[405]

---

401 BT-Drs. 16/3806, S. 24.

402 *Kopp/Ramsauer*, VwVfG, § 24 Rn. 11.

403 BT-Drs. 16/3806, S. 24.

404 *Schmitz,* in Stelkens/Bonk/Sachs, VwVfG, § 22 Rn. 13.

405 Ein nicht zu lösender Konflikt wäre trotz allem entgegen der von *Beckmann/Wittmann,* in Landmann/Rohmer, USchadG, § 7 Rn. 7 geäußerten, nicht begründeten Meinung jedoch nicht zu erwarten.

### e) Der Wortlaut als Grenze der Auslegung

Der Auslegung des in § 7 Abs. 2 USchadG verwendeten „kann“ als Ausdruck der Pflicht der Behörde, gemäß § 7 Abs. 2 Nr. 2 und Nr. 3 USchadG tätig werden zu müssen, steht der Wortlaut als Grenze der Auslegung[406] nicht entgegen. Im Vordergrund steht, dass der „praktischen Wirksamkeit (effet utile) der Richtlinien unter Berücksichtigung des mit ihnen verfolgten Zwecks“[407] zur Wirkung verholfen werden kann. Zwar soll der Wortlaut auch nach europarechtlichen Maßstäben die äußerste Grenze der Auslegung darstellen.[408] Dies steht der genannten Auslegung jedoch nicht entgegen. Denn durch die Kombination der Formulierung „kann“ in § 7 Abs. 2 USchadG und „überwachen“ im Sinne der Sicherstellung der Pflichtenerfüllung in § 7 Abs. 1 USchadG können beide Absätze als Einheit betrachtet werden. Es wird dann eine Pflicht der Behörde zum Tätigwerden begründet.

### f) Zusammenfassung

Die Auslegung des § 7 USchadG ergibt, dass § 7 USchadG in Bezug auf die Vermeidungs- und Sanierungsmaßnahmen gemäß § 7 Abs. 1, Abs. 2 Nr. 2, 3 USchadG zur wirksamen Umsetzung der Richtlinie 2004/35/EG als Einheit zu betrachten sind. Hieraus folgt, dass der Behörde hinsichtlich ihrer Entscheidung, Vermeidungs- bzw. Sanierungsmaßnahmen zu ergreifen, kein Ermessensspielraum zusteht. Sie ist zum Tätigwerden verpflichtet. Die Behörde verfügt ausschließlich in Bezug auf die Vorschrift des § 7 Abs. 2 Nr. 1 USchadG, die zur Einholung von Informationen ermächtigt, über ein Entschließungs- und Auswahlermessen.

Wenn auch in Folge der europarechtskonformen Auslegung des § 7 Abs. 1 USchadG unter die Überwachung die gesamte Steuerung der Gefahrenabwehr sowie der Sicherstellung der Pflichtenerfüllung[409] subsumiert wird, kommt § 7 Abs. 2 Nr. 2 und 3 USchadG die Bedeutung der inhaltlichen Konkretisierung der Handlungspflichten der Behörde zu.

---

406 *Larenz,* Methodenlehre der Rechtswissenschaft, S. 231.

407 EuGH, Urteil vom 8. April 1976, C-48/75 (Royer), Rn. 74/75; *Ruffert,* in Calliess/Ruffert, AUV/AEUV, Art. 288 Rn. 26.

408 EuGH, Urteil vom 15. März 1983, C-61/82 (Italien / Kommission), Rn. 6; *Bleckmann/Pieper,* in Dauses, EU-Wirtschaftsrecht, B. I. Rechtsquellen Rn. 20.

409 BT-Drs. 16/3806, S, 24; *Becker,* Das neue Umweltschadensgesetz, Rn. 111; *Beckmann/Wittmann,* in Landmann/Rohmer, USchadG, § 7 Rn. 4.

## 2. Die Unterrichtungspflicht nach § 8 Abs. 4 USchadG

Gemäß § 8 Abs. 4 USchadG ist die zuständige Behörde verpflichtet, „die nach § 10 antragsberechtigten Betroffenen und Vereinigungen über die vorgesehenen Sanierungsmaßnahmen" zu unterrichten und ihnen Gelegenheit zur Stellungnahme zu geben.

### *a) Der zu beteiligende Personenkreis*

Zu beteiligen sind die von einem Umweltschaden Betroffenen sowie die Verbände, die nach § 10 USchadG berechtigt sind, die zuständige Behörde zu einem Tätigwerden in Bezug auf die Sanierung aufzufordern.[410]

Als Betroffene werden in der Amtlichen Begründung[411] die Personen bezeichnet, „die durch den Umweltschaden in ihren Rechten oder rechtlich geschützten Interessen (möglicherweise) betroffen sind." Der Begriff des Betroffenen beschränkt sich jedoch nicht auf den unmittelbar von dem Umweltschaden berührten Personenkreis. In den Schutzbereich werden auch die Personen einbezogen, die durch Sanierungsmaßnahmen in ihren Rechten oder rechtlich geschützten Interessen betroffen sein können. Der „von einer Sanierungsmaßnahme betroffene Grundstückseigentümer" wird ebenfalls als Betroffener bezeichnet.[412] Betroffene sind daher alle Personen, deren Rechte oder rechtliche Interessen durch den Umweltschaden oder die Maßnahmen, die mit dem Umweltschaden und seiner Sanierung in Zusammenhang stehen, beeinträchtigt sein können.

### *b) Inhalt und Form der Unterrichtung*

Die Beteiligung der Betroffenen nach § 8 Abs. 4 USchadG dient als spezialgesetzliche Ausprägung des in § 24 VwVfG normierten Amtsermittlungsgrundsatzes dazu, der Behörde alle Informationen zukommen zu lassen, die für die Beurteilung des konkreten Einzelfalles erforderlich sind.[413]

Ausweislich des Gesetzeswortlautes beschränkt sich der Inhalt der von der Behörde zu veröffentlichenden Information auf die beabsichtigten Sanierungsmaßnahmen. Insofern kann die Parallele zu § 12 BBodSchG gezogen werden.[414] In beiden Fällen müssen kraft Gesetzes keine Informationen über die Art und den Umfang des

410 Hinsichtlich der einzelnen Voraussetzungen, die die Vereinigung erfüllen muss, wird auf die Ausführungen im 6. Kapitel C) II. 4. b) bb) (2) verwiesen.

411 BT-Drs. 16/3806, S. 25.

412 BT-Drs. 16/3806, S. 25.

413 BT-Drs. 16/3806, S. 25.

414 *Fluck*, NVwZ 2001, 9/11; *Fluck*, BBodSchG, § 12 Rn. 43.

Bodenschadens mitgeteilt werden. Zur Ermöglichung der Beurteilung der Erfolgsaussichten der vorgeschlagenen Sanierungsmaßnahmen sind Angaben über die Art und den Standort der Altlast mitgeteilt werden.[415] Weder das USchadG noch die Umwelthaftungsrichtlinie vermitteln einen über die Sanierungsmaßnahmen hinausgehenden Informationsanspruch. Hieraus dürfte jedoch kein zum Nachteil der Betroffenen gereichendes Informationsdefizit herrühren. Denn zum einen werden die Ausführungen über die Sanierungsmaßnahmen unter Bezugnahme auf den Umweltschaden erfolgen, so dass zumindest eine Vorstellung von dessen Art und Bedeutung erlangt werden kann. Zum anderen kann jeder, ohne ein berechtigtes Interesse darlegen zu müssen, gemäß §§ 2 Abs. 3, 3 Abs. 1 S. 1 UIG[416] Einsicht in die Umweltinformationen enthaltenden Unterlagen einer öffentlichen Stelle nehmen.[417] Zu den Umweltinformationen gehören auch die Daten über den Zustand von Umweltbestandteilen, wie z.B. des Bodens,[418] Daten über „Faktoren wie Stoffe, Energie, Lärm und Strahlung, Abfälle aller Art sowie Emissionen, Ableitungen und sonstige Freisetzungen von Stoffen in die Umwelt, die sich auf die Umweltbestandteile im Sinne der Nummer 1 auswirken oder wahrscheinlich auswirken“[419] und Daten über „Maßnahmen oder Tätigkeiten, die sich auf die Umweltbestandteile im Sinne der Nummer 1 oder auf Faktoren im Sinne der Nummer 2 auswirken oder wahrscheinlich auswirken“[420]. Mithin besteht ein Anspruch auf Gewährung von Akteneinsicht in alle der Behörde vorliegenden Informationen über die Bodenverunreinigungen, deren Auswirkungen sowie die Maßnahmen zu deren Beseitigung. Ausgeschlossen ist der Anspruch nur, wenn höherrangige Interessen der Verwaltung[421] oder z.B. private Geschäfts- und Betriebsgeheimnisse[422] offenbart zu werden drohen.

---

415 *Beckmann/Wittmann,* in Landmann/Rohmer, USchadG, § 8 Rn. 22; *Schrader/Hellenbroich,* ZUR 2007, 289/291.

416 Das UIG ist anwendbar, wenn Einsicht in die bei Bundesbehörden oder anderen informationspflichtigen Stellen des Bundes vorhandenen Akten genommen werden soll, §§ 1 Abs. 2, 2 Abs. 1 UIG. Die Länder haben im Wesentlichen inhaltsgleiche Umweltinformationsgesetz erlassen.

417 VG Frankfurt, Urteil vom 10. Mai 2006, 7 E 2109/05, Rn. 37 zitiert nach Juris, NVwZ 2006, 1321/1323; VG Gelsenkirchen, Beschluss vom 29. November 2010, 17 L 1227/10, Rn. 26 zitiert nach Juris, BeckRS 2011, 45102, unter Bezugnahme auf BVerwG, Beschluss vom 21. Februar 2008, 20 F 2/07, Rn. 24 zitiert nach Juris, NVwZ 2008, 554/557; *Münter*, VersR 2010, 567/579.

418 § 2 Abs. 3 Nr. 1 UIG.

419 § 2 Abs. 3 Nr. 2 UIG.

420 § 2 Abs. 3 Nr. 3 a) UIG.

421 § 8 UIG.

422 § 9 UIG.

*c) Die zu berücksichtigenden Stellungnahmen*

Gemäß § 8 Abs. 4 USchadG sind die rechtzeitig eingegangenen Stellungnahmen von der Behörde bei der Entscheidung über die von dem Verantwortlichen zu ergreifenden Maßnahmen zu berücksichtigen.

Unter welcher Voraussetzung eine Stellungnahme als rechtzeitig eingegangen gilt, besagt weder das USchadG noch die Amtliche Begründung. Der Bundesrat unterbreitete im Rahmen des Gesetzgebungsverfahrens den Vorschlag, für die zu beteiligenden Personen eine Frist von einem Monat für die Einreichung der Stellungnahme vorzuschreiben.[423] Die Bundesregierung lehnte die Festlegung einer starren Frist jedoch ab, um den Behörden die Möglichkeit einzuräumen, jeweils nach den Umständen des Einzelfalles eine angemessene Frist bestimmen zu können.[424] „Rechtzeitig eingehende Stellungnahmen" im Sinne des § 8 Abs. 4 USchadG sind daher nur die Äußerungen, die innerhalb der von der Behörde gesetzten Frist bei dieser eingegangen sind. Wird von der Behörde keine Frist gesetzt, sind alle bis zur Entscheidung eingehenden Stellungnahmen zu berücksichtigen.

Der Betroffene hat keinen Anspruch darauf, dass seine Stellungnahme berücksichtigt wird. Die Beteiligung nach § 8 Abs. 4 USchadG kann weder außergerichtlich noch gerichtlich eingefordert werden. Die Beteiligungspflicht nach § 8 Abs. 4 USchadG stellt eine spezialgesetzliche Ausprägung der in § 24 Abs. 2 VwVfG enthaltenen Verpflichtung der Behörde dar, die für die zu treffende Verwaltungsentscheidung erforderlichen Umstände zu ermitteln.[425] Ein Anspruch auf Durchführung der Sachverhaltsermittlung besteht aber nicht.[426] Berücksichtigt die Behörde eine eingegangene Stellungnahme eines Betroffenen nicht, kann sich jedoch die Entscheidung der Behörde als ermessensfehlerhaft erweisen, wenn sich der der Entscheidung zugrundegelegte Sachverhalt wegen Nichtberücksichtigung der Stellungnahme als falsch erweist.[427]

---

423 Stellungnahme des Bundesrates gemäß Artikel 76 Abs. 2 GG, beschlossen in seiner 827. Sitzung am 3. November 2006, Anlage 2 zur Bundestags-Drucksache BT-Drs. 16/3806, dort Seite 34.

424 BT-Drs. 16/3806, S. 40.

425 BT-Drs. 16/3806, S. 25.

426 *Kopp/Ramsauer*, VwVfG, § 24 Rn. 36. Das Unterlassen der Beteiligung führt jedoch zur formellen Rechtswidrigkeit der Sanierungsanordnung, wobei allerdings die Voraussetzungen des § 46 VwVfG zu beachten sind, *Kopp/Ramsauer*, VwVfG, § 24 Rn. 36.

427 *Kallerhoff*, in Stelkens/Bonk/Sachs, VwVfG, § 24 Rn. 58.

# Fünftes Kapitel: Die verwaltungsbehördlichen Rechte Dritter nach dem USchadG

## A) Allgemeines zum Anspruch des Dritten auf ein Tätigwerden der Behörde nach dem USchadG

Art. 12 der Umwelthaftungsrichtlinie verpflichtet die Mitgliedsstaaten der Europäischen Union, einen Anspruch auf Tätigwerden der zuständigen Behörde zugunsten von Einzelpersonen und Umweltverbänden einzuführen. Dieses Initiativrecht wurde in Bezug auf die Sanierungsmaßnahmen in § 10 USchadG normiert. Die zuständige Behörde wird danach

> „zur Durchsetzung der Sanierungspflichten nach diesem Gesetz von Amts wegen tätig oder, wenn ein Betroffener oder eine Vereinigung, die nach § 11 Abs. 2 Rechtsbehelfe einlegen kann, dies beantragt und die zur Begründung des Antrags vorgebrachten Tatsachen den Eintritt eines Umweltschadens glaubhaft erscheinen lassen."

In welchem Umfang dieser Anspruch gegenüber der Behörde besteht und die zuständige Behörde tatsächlich zu einem Handeln gegenüber dem Sanierungsverpflichteten zwingt, bleibt der nachfolgenden Untersuchung vorbehalten. Es ist ferner zu untersuchen, ob Ansprüche Dritter in den nicht von § 10 USchadG erfassten Fällen, bestehen. Hinsichtlich der Unterrichtungspflicht nach § 8 Abs. 4 USchadG und der Pflicht zur Einholung von Informationen nach § 7 Abs. 2 Nr. 1 USchadG und der Pflicht zum Ergreifen von Vermeidungsmaßnahmen gemäß § 7 Abs. 2 Nr. 2 USchadG könnten Ansprüche Dritter gegen die zuständige Behörde unter Anwendung der Schutznormtheorie begründet werden.

## B) Das Initiativrecht gemäß § 10 USchadG

### I. Die Ziele des § 10 USchadG

#### 1. Die Intentionen des Gesetzgebers

Durch die von der Umwelthaftungsrichtlinie beabsichtigte Schaffung eines einheitlichen Ordnungsrahmens für die Bereiche Boden, Wasser, Biodiversität und Naturhaushalt soll in Folge der jeweiligen nationalen Umsetzungsakte innerhalb der Europäischen Union ein hohes Schutzniveau für die Umwelt geschaffen werden.[428] Das USchadG enthält – die Verweisungen in § 2 Nr. 1 a) und b) USchadG verdeutlichen dies – nur die für alle Schäden geltenden allgemeinen Vorschriften; in materieller Hinsicht wird das USchadG durch die jeweiligen Vorschriften des boden-, wasser- und naturschutzrechtlichen Fachrechts ergänzt.[429] Auf die Schaffung eines einheitlichen Ordnungsrahmens und eines hohen Schutzniveaus für die Umwelt beschränken sich die Regelungen der Umwelthaftungsrichtlinie jedoch nicht. Man beabsichtigt auch die stärkere Beteiligung der Öffentlichkeit.[430] Hierdurch sollen zum einen die für die Bewertung der Schadens und die Sanierung erforderlichen Informationen „auf möglichst breiter Basis in das Verfahren eingebracht werden“[431], zum anderen erhofft man sich durch die Einführung der Beteiligungsrechte eine Stärkung der Wahrnehmung allgemeinwohlorientierter Interessen.[432] Der Verwirklichung dieser Ziele dienen das in § 10 USchadG normierte Initiativrecht und das in § 11 Abs. 2 USchadG enthaltene Klagerecht. Das Recht Dritter, die Sanierung von Umweltschäden gerichtlich einfordern zu können, stärkt aber nicht nur die Rechte der anspruchsberechtigten Dritten, sondern auch die der Behörde.[433] Zum einen kann die Behörde die von Dritten eingeholten Informationen gegenüber den Verantwortlichen zur Begründung ihres Tätigwerdens heranziehen. Zum anderen werden die Behörden durch die Einführung der behördlichen und gerichtlichen Initiativrechte mit einem Druckmittel gegenüber den Verantwortlichen versehen; sie können „argumentieren, dass in einer eventuellen Umweltschadensklage noch schärfere Sanierungsanforderungen drohen.“[434]

## 2. Der Antragsgegenstand

Der Antrag des Betroffenen oder des Umweltverbandes ist gemäß § 10 USchadG auf die Einleitung eines verwaltungsbehördlichen Verfahrens gerichtet. Der Anspruch besteht gegenüber der Behörde, nicht unmittelbar gegenüber dem Verantwortlichen,[435] so dass es sich um ein tripolares Verhältnis handelt, bei dem die Behörde das Bindeglied zwischen dem Dritten und dem Verantwortlichen

428 Erwägungsgrund 3 der Richtlinie 2004/35/EG; BT-Drs. 16/3806, S. 13.

429 BT-Drs. 16/3806, S. 13.

430 Erwägungsgrund 3 der Richtlinie 2004/35/EG.

431 BT-Drs. 16/3806, S. 17; *Versteyl/Molkenbur*, AbfallR 2010, 20/25.

432 BT-Drs. 16/3806, S. 17; *Versteyl/Molkenbur*, AbfallR 2010, 20/25.

433 *Schrader/Hellenbroich*, ZUR 2007, 289.

434 *Schrader/Hellenbroich*, ZUR 2007, 289.

435 Vgl. hierzu auch: *Knopp*, UPR 2008, 414/415; Erwägungsgrund 25 der Richtlinie 2004/35/EG.

darstellt. Ausschließlich die Behörde wird von den anspruchsberechtigten Dritten zum Handeln aufgefordert; nur sie tritt gegenüber dem Verantwortlichen auf.

Fraglich ist jedoch, auf welche Weise die Behörde gegenüber dem Verantwortlichen tätig wird. § 10 USchadG konkretisiert die Art des Tätigwerdens nicht. Dieses könnte sich im Erlass eines Verwaltungsaktes gegenüber dem Verantwortlichen erschöpfen oder aber auch implizieren, dass die Behörde selber bzw. durch von ihr beauftragte Dritte die zur Schadenssanierung erforderlichen Maßnahmen mit den Mitteln der Zwangsvollstreckung ausführt und die hierdurch entstehenden Kosten anschließend von dem Sanierungsverantwortlichen einfordert.

Das USchadG enthält diesbezüglich keine ausdrückliche Regelung. Es wird erwogen, § 8 Abs. 1 HS 2 USchadG, wonach die Pflicht des Verantwortlichen zur Vorlage des Sanierungskonzeptes bei der Behörde nur besteht, „soweit die zuständige Behörde nicht selbst bereits die erforderlichen Sanierungsmaßnahmen ergriffen hat“ als Ermächtigungsgrundlage für eine Selbstvornahme durch die Behörde zu verstehen.[436] Dies führt jedoch zu weit. Eine solche Auslegung widerspräche allgemeinen rechtsstaatlichen Grundsätzen und auch dem Willen des Gesetzgebers. § 8 Abs. 1 HS 2 USchadG genügt den Anforderungen an eine zum Eingriff in die Rechte des Bürgers ermächtigende Rechtsgrundlage nicht. Sie ist zu unbestimmt. Nach dem Grundsatz des Vorbehalts des Gesetzes, abgeleitet aus Art. 20 Abs. 3 GG,[437] ist der Gesetzgeber verpflichtet, alle wesentlichen Entscheidungen selber zu treffen.[438] Hierzu gehört auch, dass für den Bürger ersichtlich ist, unter welchen Voraussetzungen die staatliche Verwaltung in seine Rechte eingreifen darf.[439] Welche Anforderungen an die Bestimmtheit einer Ermächtigungsgrundlage gestellt werden, hängt „von der Eigenart des geregelten Sachbereichs ab, insbesondere von dem Ausmaß, in dem Grundrechte betroffen werden, und von der Art und der Intensität des Verhaltens, zu dem die Verwaltung ermächtigt wird“[440]. In diesem Zusammenhang ist zwar von Bedeutung, dass nicht in die

---

436 A.A.: *Becker*, NVwZ 2007, 1105/1111.

437 BVerfG, Beschluss vom 8. August 1978, 2 BvL 8/77, Rn. 77 zitiert nach Juris, NJW 1979, 359/360; BVerfG, Beschluss vom 28. Oktober 1975, 2 BvR 883/73, 379/74, 497/74, 526/74, Rn. 34 zitiert nach Juris, NJW 1976, 34/35.

438 BVerfG, Beschluss vom 8. August 1978, 2 BvL 8/77, Rn. 77 zitiert nach Juris, NJW 1979, 359/360; BVerfG, Beschluss vom 19. April 1978, 2 BvL 2/75, Rn. 38 zitiert nach Juris, NJW 1978, 2143.

439 BVerfG, Beschluss vom 3. März 2004, 1 BvF 3/92, Rn. 104, 105 zitiert nach Juris, NJW 2004, 2213/2216.

440 BVerfG, Beschluss vom 19. April 1978, 2 BvL 2/75, Rn. 38 zitiert nach Juris, NJW 1978, 2143.

persönliche Freiheit des Verantwortlichen eingegriffen wird und auch kein Eingriff in die körperliche Unversehrtheit erfolgt. Der Charakter einer Norm als Ermächtigungsgrundlage für einen staatlichen Eingriff muss jedoch erkennbar sein.[441] Dies ist bei § 8 Abs. 1 HS 2 USchadG nicht der Fall.

Ferner spricht gegen eine Auslegung des § 8 Abs. 1 HS 2 USchadG als Ermächtigungsgrundlage für das Recht der Behörde zur Selbstvornahme, dass sich der Gesetzgeber in der Amtlichen Begründung ausdrücklich für eine Anwendung der vollstreckungsrechtlichen Voraussetzungen ausgesprochen hat, wenn die Behörde an Stelle des Verpflichteten tätig zu werden beabsichtigt:[442]

> „Unabhängig von ihren Befugnissen gegenüber dem Verantwortlichen kann die zuständige Behörde auf der Grundlage der Verwaltungsvollstreckungsgesetze von Bund und Ländern nach Ermessen selbst die erforderlichen Vermeidungs-, Schadensbegrenzungs- und Sanierungsmaßnahmen vornehmen."

Die im Ermessen der Behörde[443] stehende Selbstvornahme richtet sich daher ausschließlich nach den Vorschriften der jeweiligen Verwaltungsvollstreckungsgesetze des Bundes und der Länder.[444] Auch aus der Umwelthaftungsrichtlinie ergibt sich nicht, dass den nationalen Behörden das Recht zum unmittelbaren Handeln einzuräumen ist.

Aus dem Vorstehenden folgt, dass die Behörde im Sinne des § 10 USchadG tätig wird, wenn sie gegenüber dem Verantwortlichen einen Verwaltungsakt erlässt bzw. sie mit diesem einen öffentlich-rechtlichen Vertrag schließt. Ein unmittelbares Handeln ohne vorausgegangenen Verwaltungsakt ist nur im Rahmen des Sofortvollzuges nach § 6 Abs. 2 VwVG bei unmittelbar drohenden Gefahren möglich.

## II. Die Erfolgsaussichten des Antrages

Der Antrag eines Betroffenen oder eines Umweltverbandes auf ein Tätigwerden der Behörde nach § 10 USchadG hat Erfolg, wenn er zulässig und begründet ist. Der Antrag ist zulässig, wenn das USchadG anwendbar ist, ein Antrag vorliegt

441 BVerfG, Beschluss vom 3. März 2004, 1 BvF 3/92, Rn. 104 zitiert nach Juris, NJW 2004, 2213/2216.

442 BT-Drs. 16/3806, S. 25.

443 *Ludwig/Petersen*, NuR 2007, 446/449.

444 *Becker*, Das neue Umweltschadensgesetz, Rn. 119; *Beyer*, ZUR 2004, 257/260; *Duikers*, NuR 2006, 623/628; *Führ/Lewin/Roller*, NuR 2006, 67/73; *Knopp*, UPR 2007, 414/419; *Wagner*, VersR 2008, 565/572.

und der Antragsteller antragsberechtigt ist. Für die Begründetheit ist entscheidend, dass die vom Antragsteller vorgetragenen Tatsachen den Eintritt eines Umweltschadens glaubhaft erscheinen lassen.[445]

## 1. Die Zulässigkeit des Antrages

### *a) Die Anwendbarkeit des USchadG*

Das USchadG ist anwendbar, wenn ein nach dem 30. April 2007 verursachter Umweltschaden bzw. die unmittelbare Gefahr eines Umweltschadens vorliegt und der Schaden kausal durch eine berufliche Tätigkeit im Sinne der Anlage 1 zum USchadG verursacht wurde, § 3 Abs. 1 Nr. 1 USchadG.[446]

Der Antragsteller muss diese Voraussetzungen darlegen und glaubhaft machen. Vor dem Hintergrund, dass auch im Rahmen der Begründetheitsprüfung die Glaubhaftmachung des Schadens ausreichend ist,[447] kann im Rahmen der Zulässigkeit des Antrages nicht verlangt werden, dass der Beweis der Tatsache als die gegenüber der Glaubhaftmachung strengere Nachweisform geführt wird.[448] Ferner geht auch die Richtlinie 2004/35/EG in Art. 12 Abs. 3 von der Glaubhaftmachung der Antragsvoraussetzungen aus. Ein (Voll-) Beweis ist nicht zu erbringen. Zudem sprechen auch teleologische Erwägungen dafür, dass eine Glaubhaftmachung der Anwendungsvoraussetzungen ausreichend ist. Denn die in den Erwägungsgründen 1, 25 und 26 der Umwelthaftungsrichtlinie zum Ausdruck gebrachte Zielsetzung, zur Verbesserung des Umweltschutzes wie auch der Stärkung der Rechte Dritter beizutragen, könnte nicht erreicht werden, wenn der Beweis der Anwendungsvoraussetzungen erforderlich wäre. Die Hürden eines zulässigen Antrages lägen zu hoch.

Mangels Definition im USchadG ist für den Begriff der Glaubhaftmachung auf § 294 ZPO zurückzugreifen. Die Anwendung des § 294 ZPO ist im Verwaltungsprozess gemäß § 173 VwGO[449] möglich und ist auch im materiellen Verwaltungsrecht

445 BT-Drs. 16/3806, S. 27.

446 Zu den Einzelheiten dieser Merkmale wird verwiesen auf die Ausführungen unter Kapitel 4 B) I. 1. zum Vorliegen eines Umweltschadens, Kapitel 4 B) I. 2. zum Vorliegen der unmittelbaren Gefahr eines Umweltschadens sowie unter Kapitel 4 B) I. 3. zu den beruflichen Tätigkeiten im Sinne der Anlage 1 zum Umweltschadensgesetz sowie unter Kapitel 4 B) I. 4. zur Kausalität.

447 BT-Drs. 16/3806, S. 27.

448 Prütting, in Münchener Kommentar zur ZPO, § 294 Rn. 24.

449 BVerwG, Beschluss vom 24. Juli 2008, 9 B 41/07, Rn. 7 zitiert nach Juris, NJW 2008, 3588, 3589.

anerkannt.[450] Danach ist eine Tatsache glaubhaft gemacht, wenn eine überwiegende Wahrscheinlichkeit dafür besteht, dass die behauptete Tatsache zutrifft.[451] „Diese Voraussetzung ist schon dann erfüllt, wenn bei der erforderlichen umfassenden Würdigung der Umstände des jeweiligen Falls mehr für das Vorliegen der in Rede stehenden Behauptung spricht als dagegen".[452]

*b) Der Antrag*

aa) Die Form des Antrages

Weder das USchadG noch die Umwelthaftungsrichtlinie verhalten sich ausdrücklich zu der Frage, welcher Form der zu stellende Antrag genügen muss. Besondere Anforderungen ergeben sich nur aus dem Umstand, dass der Antragsteller den Umweltschaden glaubhaft machen muss[453] und die Behörde in die Lage versetzt werden muss, die zur Glaubhaftmachung vorgetragenen Tatsachen zu prüfen.[454] Dies setzt in der Regel voraus, dass der Antrag schriftlich oder zu Protokoll der Behörde gestellt wird. Jedoch dürfen die an die Form gestellten Anforderungen nicht zu streng sein, solange eine Glaubhaftmachung der Schäden erfolgt und eine sachgerechte Bearbeitung bei der Behörde möglich ist.

Anträge, die mangels Glaubhaftmachung des Umweltschadens keinen Anspruch des Dritten gemäß § 10 USchadG auslösen, können als Anregungen von der Behörde aufgenommen werden und diese zu einem Tätigwerden von Amts wegen gemäß § 10 1. Var. USchadG veranlassen.[455]

---

450 Vgl. § 47 S. 1 BNatSchG; BT-Drs. 10/6341, S. 45; OVG Gera, Beschluss vom 29. April 2010, 1 EO 225/09, Rn. 25 zitiert nach Juris, NuR 2011, 597/598, OVG Lüneburg, Beschluss vom 6. Juli 2005, 8 LA 121/04, Rn. 6 zitiert nach Juris, NuR 2005, 659, OVG Münster, Beschluss vom 15. November 2011, 8 B 1184/11, Rn. 18 zitiert nach Juris, DVBl 2012, 382 und VG Münster, Beschluss vom 23. September 2009, 7 L 52/09, Rn. 6 zitiert nach Juris, NuR 2010, 374/375 jeweils zu § 47 Abs. 1 BNatSchG; § 35 Abs. 1 S. 2, Abs. 6 GewO.

451 BGH, Beschluss vom 21. Oktober 2010, V ZB 210/09, Rn. 7 zitiert nach Juris, NJW-RR 2011, 136/137; BGH, Beschluss vom 21. Dezember 2006, IX ZB 60/06, Rn. 11 zitiert nach Juris, NJW-RR 2007, 776/777; BGH, Beschluss vom 11. September 2003, IX ZB 37/03, Rn. 8 zitiert nach Juris, NJW 2003, 3558.

452 BGH, Beschluss vom 21. Oktober 2010, V ZB 210/09, Rn. 7 zitiert nach Juris, NJW-RR 2011, 136/137; BGH, Beschluss vom 11. September 2003, IX ZB 37/03 Rn. 8 zitiert nach Juris, NJW 2003, 3558.

453 S.o. Kapitel 5 B) II. 1. a).

454 Art. 12 Abs. 2 Richtlinie 2004/35/EG.

455 *Beckmann/Wittmann*, in Landmann/Rohmer, USchadG, § 10 Rn. 2; s.o. 2. Kapitel C) I.

bb) Der Inhalt des Antrages – Ist die Beschränkung der Rechte Dritter auf das Ergreifen von Sanierungsmaßnahmen europarechtskonform?

Nach dem Wortlaut des § 10 USchadG können Betroffene wie auch die Umweltverbände, die die Anforderungen des USchadG erfüllen, die Behörde zur „Durchsetzung der Sanierungspflichten nach diesem Gesetz“ auffordern.

Ausweislich des Wortlautes kann Inhalt des Antrages demzufolge nur das Ergreifen von Sanierungsmaßnahmen sein. Die Behörde kann expressis verbis weder zur Einholung von Informationen und einer eigenen Bewertung der Sachlage durch den Verantwortlichen nach §§ 4, 7 Abs. 2 Nr. 1, 8 Abs. 1 USchadG noch zum Ergreifen von Vermeidungsmaßnahmen verpflichtet werden. Zu prüfen ist, ob dies europarechtlich zulässig ist.

Gemäß Art. 12 Abs. 5 der Umwelthaftungsrichtlinie können die Mitgliedsstaaten bestimmen, dass die Absätze 1 bis 4 des Art. 12, die die näheren Modalitäten des Initiativrechtes regeln, „auf die Fälle der unmittelbaren Gefahr eines Schadens nicht anzuwenden“ sind. Dritte können deshalb nicht beantragen, dass die Behörde vorbeugend in Bezug auf die unmittelbare Gefahr des Eintritts von Umweltschäden tätig wird. Dies schließt jedoch nicht aus, „dass die Behörde auf der Grundlage von Informationen von Mitgliedern der Öffentlichkeit, die eine unmittelbare Gefahr eines Umweltschadens belegen, zur Gefahrenabwehr tätig wird.“[456] Es besteht im Fall drohender Umweltschäden jedoch kein Anspruch auf ein behördliches Tätigwerden. Soweit § 10 USchadG kein Recht zur Beantragung des Eingreifens von Maßnahmen zur Vermeidung drohender Umweltschäden sowie zur Einholung von Informationen über unmittelbare drohende Gefahren eines Umweltschadens enthält, steht dies in Übereinstimmung mit der Richtlinie 2004/35/EG.

Auf Grund des Regelungsgehaltes des § 10 USchadG können Dritte auch nicht beantragen, dass die Behörde betreffend einen Umweltschaden die zur Bestimmung der Sanierung des Schadens erforderlichen Informationen einholt. Dies erscheint unter europarechtlichen Gesichtspunkten allerdings problematisch zu sein. Denn gemäß Art. 12 Abs. 1 der Umwelthaftungsrichtlinie können die Berechtigten die Behörde auffordern, gemäß der Richtlinie tätig zu werden, es sei denn, es ist etwas anderes bestimmt.[457] Zunächst[458] ist somit davon auszugehen, dass von dem Initiativrecht alle durch die Umwelthaftungsrichtlinie begründeten behördlichen Handlungspflichten erfasst werden. Dies bedeutet, dass vom Initiativrecht die in

456 BT-Drs. 16/3806, S. 27.

457 Vgl. hierzu Art. 12 Abs. 2 Richtlinie 2004/35/EG.

458 In einem weiteren Schritt wird zu prüfen sein, ob etwas anderes im Sinne des Art. 12 Abs. 1 der Richtlinie 2004/35/EG bestimmt ist.

Art. 5 der Richtlinie 2004/35/EG geregelten Vermeidungspflichten, die Sanierungspflichten des Art. 6 der Umwelthaftungsrichtlinie sowie die diesbezüglichen Informationspflichten gemäß Art. 6 Abs. 1 der Richtlinie 2004/35/EG in Bezug auf die Pflicht zur Vorlagen von Informationen und die Pflicht zur Vorlage von Unterlagen über eingetretene Umweltschäden, erfasst sind.

Die vorstehend genannten Grundsätze würden nur dann nicht gelten, wenn in der Umwelthaftungsrichtlinie etwas anderes bestimmt wäre. Dies ist jedoch nicht der Fall. Art. 12 Abs. 5 der Umwelthaftungsrichtlinie eröffnet nur die Möglichkeit, das Initiativrecht in Bezug auf drohende Umweltschäden auszuschließen, nicht jedoch in Bezug auf bereits eingetretene Schäden. Somit ist nach Maßgabe der Richtlinie auch die Pflicht zur Einholung von Informationen über einen eingetretenen Umweltschaden vom Initiativrecht erfasst. Der deutsche Gesetzgeber hätte im Sinne einer europarechtskonformen Umsetzung der Umwelthaftungsrichtlinie die Pflicht zur Vorlage aller für den Sachverhalt bedeutsamen Informationen bezüglich bereits eingetretener Umweltschäden ebenfalls zum Gegenstand des Initiativrechtes des § 10 USchadG machen müssen. Es ist jedoch unter europarechtlichen Gesichtspunkten unschädlich, dass dies nicht ausdrücklich geschehen ist. Die Einholung der Informationen kann als Minus als von der Verpflichtung zur Vornahme der Sanierungsmaßnahmen erfasst angesehen werden. Denn zum einen muss die Behörde, um die Art und den Umfang der Sanierungsmaßnahmen bestimmen zu können, die erforderlichen Informationen von dem Verantwortlichen einholen. Zum anderen ist die Informationsbeschaffung nach § 8 Abs. 1 USchadG Bestandteil der Sanierungsmaßnahme im weiteren Sinne. Denn § 8 USchadG steht sowohl inhaltlich als auch ausweislich seiner amtlichen Überschrift „Bestimmung von Sanierungsmaßnahmen" im untrennbaren Zusammenhang mit den Sanierungsmaßnahmen der §§ 6, 7 Abs. 2 Nr. 3 USchadG.

#### *c) Die Antragsbefugnis*

##### aa) Die Antragsberechtigten

Berechtigt, einen Antrag nach § 10 USchadG auf ein Tätigwerden der Behörde zu stellen, sind die Betroffenen sowie die Vereinigungen, die nach § 11 Abs. 2 USchadG Rechtsbehelfe gegen eine Handlung, Entscheidung oder das Unterlassen einer Entscheidung durch die Behörde einlegen können.

##### bb) Die Voraussetzungen der Antragsbefugnis

Die Voraussetzungen der Antragsbefugnis der Betroffenen und Vereinigungen ergeben sich aus § 10 USchadG sowie dem diesem zugrundeliegenden Art. 12 Abs.

1 der Umwelthaftungsrichtlinie.[459] § 10 USchadG bestimmt unter der amtlichen Überschrift „Aufforderung zum Tätigwerden“ Folgendes:

> „Die zuständige Behörde wird zur Durchsetzung der Sanierungspflichten nach diesem Gesetz tätig, wenn ein Betroffener oder eine Vereinigung, die nach § 11 Abs. 2 Rechtsbehelfe einlegen kann, dies beantragt und die zur Begründung des Antrags vorgebrachten Tatsachen den Eintritt eines Umweltschadens glaubhaft erscheinen lassen.“

Gemäß Art. 12 Abs. 1 der Umwelthaftungsrichtlinie werden die Voraussetzungen des Initiativrechts wie folgt beschrieben:

> „Natürliche oder juristische Personen, die
> a) von einem Umweltschaden betroffen oder wahrscheinlich betroffen sind oder
> b) ein ausreichendes Interesse an einem umweltbezogenen Entscheidungsverfahren bezüglich des Schadens haben oder alternativ
> c) eine Rechtsverletzung geltend machen, sofern das Verwaltungsverfahrensrecht bzw. Verwaltungsprozessrecht eines Mitgliedstaats dies als Voraussetzung erfordert,
>
> erhalten das Recht, der zuständigen Behörde Bemerkungen zu ihnen bekannten Umweltschäden oder einer ihnen bekannten unmittelbaren Gefahr solcher Schäden zu unterbreiten und die zuständige Behörde aufzufordern, gemäß dieser Richtlinie tätig zu werden.
>
> Was als „ausreichendes Interesse“ und als „Rechtsverletzung“ gilt, bestimmen die Mitgliedstaaten.
>
> Zu diesem Zweck gilt das Interesse einer Nichtregierungsorganisation, die sich für den Umweltschutz einsetzt und alle nach nationalem Recht geltenden Voraussetzungen erfüllt, als ausreichend im Sinne des Buchstabens b). Derartige Organisationen gelten auch als Träger von Rechten, die im Sinne des Buchstabens c) verletzt werden können.“

Dies zugrundegelegt, ergibt sich für die Voraussetzungen der Antragsbefugnis Folgendes:

(1) Die Antragsbefugnis des Betroffenen

Der Richtliniengeber hat es den Mitgliedsstaaten überlassen, zu entscheiden, ob die Klagebefugnis von einer Betroffenheit in eigenen Rechten durch den Umweltschaden (Art. 12 Abs. 1 a) Richtlinie 2004/35/EG), von einer durch einen Umweltschaden verursachten Rechtsverletzung, wenn das Verwaltungsprozessrecht des Mitgliedsstaates dies fordert (Art. 12 Abs. 1 c) Richtlinie 2004/35/EG) oder von der Darlegung eines ausreichenden Interesses an einem umweltbezogenen Entscheidungsverfahren abhängig sein soll.

---

459 BT-Drs. 16/3806, S. 27.

Der Begriff des Betroffenen ist im USchadG nicht legal definiert worden. Die Antragsbefugnis analog § 42 Abs. 2 VwGO setzt die Verletzung des Antragstellers in eigenen Rechten voraus.[460] Ausweislich der Amtlichen Begründung ist zur Begriffsbestimmung auf die allgemeinen verwaltungsprozessualen Grundsätze zurückzugreifen.[461] Als Betroffene gelten danach die „natürlichen und juristischen Personen, die durch den Umweltschaden in ihren Rechten oder rechtlich geschützten Interessen (möglicherweise) betroffen sind".[462] Indem sowohl auf Rechte wie auch Interessen abgestellt wird, ist der Kreis der Betroffenen weit gezogen. Regelmäßig werden dies Nachbarn sein, die durch den Umweltschaden oder die Sanierung in ihren Eigentum oder ihrer Gesundheit beeinträchtigt werden oder werden können.[463] Da das USchadG auf die Ausfüllung durch das jeweilige Fachrecht angewiesen ist,[464] kann auf die entsprechenden Ausführungen zum BBodSchG zurückgegriffen werden. Im Hinblick auf die Beeinträchtigung der Gesundheit wird daher zu verlangen sein, dass sich die Personen mit einer gewissen Regelmäßigkeit und Dauerhaftigkeit im Einwirkungsbereich des Umweltschadens aufhalten.[465]

(2) Die Antragsbefugnis der Umweltverbände

Die Initiativrechte sollen die Rechte der Öffentlichkeit stärken.[466] Umweltverbände sind gemäß § 10 USchadG i.V.m. § 11 Abs. 2 USchadG antragsberechtigt, wenn sie nach § 3 Abs. 1 UmwRBG anerkannt sind oder als anerkannt gelten.

Art. 12 Abs. 1 der Richtlinie 2004/35/EG verlangt darüber hinaus, dass durch den Antragsteller eine durch den Umweltschaden hervorgerufene Betroffenheit oder, sofern das Recht des Mitgliedsstaates dies verlangt, eine Rechtsverletzung oder aber die Geltendmachung eines ausreichenden Interesses dargelegt werden kann. Zwar ist die Verknüpfung der Antragsbefugnis mit einer Betroffenheit in eigenen Rechten oder einem Interesse an dem Entscheidungsverfahren aus europarechtlichen Gründen nicht zwingend erforderlich. Denn die Mitgliedsstaaten sind nur gehalten, den durch die Richtlinie gewährten Mindeststandard umzusetzen.[467] Indem auf die

460 *Heßhaus,* in Bader/Ronellenfitsch, VwVfG, § 22 Rn. 31; *Kopp/Ramsauer*, VwVfG, § 22 Rn. 43; *Schmitz,* in Stelkens/Bonk/Sachs, VwVfG, § 22 Rn. 63.

461 BT-Drs. 16/3806, S. 27.

462 BT-Drs. 16/3806, S. 27.

463 S.o. Kapitel 3 B) II. 3.

464 BT-Drs. 16/3806, S. 13.

465 BT-Drs. 16/3806, S. 13.

466 BT-Drs. 16/3806, S. 27; Erwägungsgrund 25 der Richtlinie 2004/35/EG.

467 *Dörr/Lenz*, Europäischer Verwaltungsrechtsschutz, Rn. 373; Art. 288 AEUV.

Merkmale Betroffenheit, Rechtsverletzung und ausreichendes Interesse verzichtet würde, wäre das Initiativrecht des Verbandes nur abhängig von der Anerkennung der Vereinigung; die Einführung eines nahezu uneingeschränkten altruistischen behördlichen Verbandsinitiativrechtes wäre die Folge. In diesem Fall wären das behördliche Initiativrecht gemäß § 10 USchadG und das Klagerecht der Umweltverbände nach § 11 Abs. 2 USchadG jedoch nicht mehr kongruent. Denn gemäß § 11 Abs. 2 USchadG ist § 2 UmwRBG entsprechend auf die Verbandsklage anzuwenden. Erweist sich die Verweisung des § 11 Abs. 2 USchadG auf § 2 Abs. 1 UmwRBG als europarechtskonform,[468] ist eine Verbandsklage in der bis zum 29. Januar 2013 geltenden Fassung des § 2 Abs. 1 Nr. 1 UmwRBG[469] nur unter der Voraussetzung zulässig, dass die Entscheidung oder das Unterlassen der Entscheidung eine Rechtsvorschrift, die ein Recht Einzelner begründen kann und die somit drittschützend ist, verletzt. Für das behördliche Initiativrecht müssen dieselben Voraussetzungen gelten. Anderenfalls könnte ein Verband zwar einen – mit Ausnahme der Anerkennung nach § 3 Abs. 1 UmwRBG – keinen weiteren Zulässigkeitsvoraussetzungen unterliegenden Antrag bei der Behörde auf ein Tätigwerden stellen, die Behörde könnte aber untätig bleiben: eine Sanktionierung müsste sie nicht fürchten, da der Verband gegebenenfalls mangels Vorliegens der weiteren Voraussetzungen des § 2 UmwRBG nicht klagebefugt sein könnte. Ferner entspricht nur die Auslegung, dass der Umweltverband eine Rechtsverletzung, eine Betroffenheit oder ein ausreichendes Interesse geltend machen kann, der Richtlinie 2004/35/EG. Der Richtliniengeber hat die Antrags- und Klagebefugnis für das außergerichtliche wie auch das gerichtliche Verfahren parallel ausgestaltet. Nach Art. 13 Abs. 1 der Richtlinie 2004/35/EG, der dem in § 11 Abs. 2 USchadG geregelten gerichtlichen Überprüfungsverfahren zugrundeliegt, sind „die in Art. 12 Absatz 1 genannten Personen" zur Einleitung eines unabhängigen und unparteiischen Verfahrens zur Überprüfung des behördlichen Handelns berechtigt. Berechtigt sind nach dem Wortlaut des Art. 12 der Umwelthaftungsrichtlinie jedoch nicht alle natürlichen und juristischen Personen, sondern nur die, die auch die weiteren unter Art. 12 Abs. 1 a) bis c) der Richtlinie genannten Voraussetzungen erfüllen. Zwar könnte die Formulierung „Die in Artikel 12 Absatz 1 genannten Personen" auch nur auf das Erfordernis des Vorliegens einer natürlichen oder juristischen Person bezogen werden. Dies würde jedoch außer Acht lassen, dass die Personen durch den in die Varianten a) bis c) untergliederten

468 Dies wird im 6. Kapitel C) II. 3. zu prüfen sein.

469 Änderung durch das Gesetz zur Änderung des Umwelt-Rechtsbehelfsgesetzes und anderer umweltrechtlicher Vorschriften (UmwRGuaÄndG) vom 21. Januar 2013, BGBl I 2013, 95.

Relativsatz näher beschrieben werden. Würde auf die Bezugnahme auf die Varianten a) bis c) verzichtet, würde der vom Richtliniengeber intendierte Regelungsinhalt verändert. Hätte der Richtliniengeber beabsichtigt, dass alle natürlichen und juristischen Personen das Antragsrecht ausüben können, ohne eine Rechtsverletzung, eine Betroffenheit oder ein ausreichendes Interesse geltend zu machen, hätte er diesen Willen aus Gründen der Rechtssicherheit unmissverständlich zum Ausdruck bringen können und müssen. Art. 13 Abs. 1 der Richtlinie hätte dann beispielsweise wie folgt formuliert werden können: „Natürliche und juristische Personen können...". Eine Inbezugnahme des Art. 12 Abs. 1 a) bis c) der Richtlinie 2004/35/EG wäre dann ausgeschlossen gewesen. Der Wille des Richtliniengebers – Geltung des gesamten Art. 12 Abs. 1 der Umwelthaftungsrichtlinie auch für das behördliche Überprüfungsverfahren – wird auch aus den Erwägungsgründen ersichtlich. Ausweislich des Erwägungsgrundes 26 soll den „*betroffenen*[470] natürlichen und juristischen Personen" der Zugang zu einem Überprüfungsverfahren hinsichtlich der behördlichen Tätigkeit eröffnet werden. Die Richtlinie 2004/35/EG verlangt somit ausdrücklich, dass der Verband in Abhängigkeit von der in dem jeweiligen Mitgliedsstaat geltenden Rechtslage eine Rechtsverletzung, ein besonderes Interesse oder eine sonstige Betroffenheit darzutun verpflichtet ist.

Art. 12 Abs. 1 der Umwelthaftungsrichtlinie konkretisiert somit, unter welchen Voraussetzungen eine Betroffenheit in diesem Sinne vorliegt. Die Anerkennung der Vereinigung nach § 3 UmwRBG ist daher für die Antragsbefugnis alleine nicht ausreichend. Es müssen die Voraussetzungen des § 11 Abs. 2 USchadG i.V.m. § 2 UmwRBG vorliegen.

## 2. Die Begründetheit des Antrages

Der Antrag ist begründet, wenn die in dem Antrag dargelegten Tatsachen aus Sicht der Behörde den Eintritt eines Umweltschadens glaubhaft erscheinen lassen.[471] Der Begriff der Glaubhaftmachung ist im USchadG nicht definiert. Dem Antragsteller obliegt ausweislich der Amtlichen Begründung „eine Darlegungs- und Mitwirkungslast".[472] Hieraus folgt, dass unsubstantiierte Behauptungen keine Pflicht der Behörde zum Tätigwerden auslösen sollen.

---

470 Hervorhebung durch die Verfasserin.

471 BT-Drs. 16/3806, S. 27.

472 BT-Drs. 16/3806, S. 27; *Beckmann/Wittmann*, UPR 2008, 421/422.

Eine Tatsache ist gemäß § 294 ZPO[473] glaubhaft gemacht, wenn eine überwiegende Wahrscheinlichkeit dafür besteht, dass die behauptete Tatsache zutrifft.[474] „Diese Voraussetzung ist schon dann erfüllt, wenn bei der erforderlichen umfassenden Würdigung der Umstände des jeweiligen Falls mehr für das Vorliegen der in Rede stehenden Behauptung spricht als dagegen".[475]

An die Glaubhaftmachung des Umweltschadens dürfen keine allzu hohen Anforderungen gestellt werden. Anderenfalls würde das Initiativrecht unterlaufen und seine Wirksamkeit stark eingeschränkt.[476] Erfahrungsgemäß ist es für die Antragsteller in der Regel schwierig, Informationen über umweltrelevante Daten zu erlangen. Zwar eröffnen das Umweltinformationsgesetz und die entsprechenden Landesgesetze Zugang zu Informationen über Umweltschäden. Die hierin normierten Auskunftsansprüche setzen jedoch stets voraus, dass bei den Behörden bereits Informationen vorhanden sind. Das Umweltinformationsgesetz vermittelt nur den Anspruch auf Einsicht in bei der Behörde vorhandene Akten, nicht auf die aktive Einholung von Informationen durch die Behörde.

Da die Behörde auch nicht verpflichtet ist, im Rahmen der Prüfung der Begründetheit des Antrages auf bei ihr vorliegende Informationen zurückzugreifen,[477] ausweislich des Wortlautes des § 10 USchadG vielmehr (alleine) die von dem Antragsteller vorgebrachten Tatsachen den Eintritt des Umweltschadens glaubhaft erscheinen lassen müssen,[478] sind die Anforderungen an die Glaubhaftmachung zu präzisieren.

---

473 Zur Anwendung des § 294 ZPO im Rahmen des USchadG, Kapitel 5 B) II. 1. a).

474 BGH, Beschluss vom 21. Oktober 2010, V ZB 210/09, Rn. 7 zitiert nach Juris, NJW-RR 2011, 136/137; BGH, Beschluss vom 21. Dezember 2006, IX ZB 60/06, Rn. 11 zitiert nach Juris; NJW-RR 2007, 776/777; BGH, Beschluss vom 11. September 2003, IX ZB 37/03, Rn. 8 zitiert nach Juris, NJW 2003, 3558.

475 BGH, Beschluss vom 21. Oktober 2010, V ZB 210/09, Rn. 7 zitiert nach Juris, NJW-RR 2011, 136/137; BGH, Beschluss vom 11. September 2003, IX ZB 37/03, Rn. 8 zitiert nach Juris, NJW 2003, 3558.

476 *Duikers*, Die Umwelthaftungsrichtlinie der EG, UTR 87, S. 131.

477 A.A.: *Beckmann/Wittmann,* in Landmann/Rohmer, USchadG, § 10 Rn. 6. Andererseits gehen sie aber unter derselben Randnummer auch davon aus, dass der Dritte für den Fall, dass er wegen des Unterlassens eines Handelns der Behörde den Klageweg beschreitet, die volle Darlegungs- und Beweislast trägt. Aus welchen Gründen im Rahmen des Initiativverfahrens eine Besserstellung erfolgen soll, wird nicht dargelegt. Eine Pflicht der Behörde zum Rückgriff auf bereits vorhandene Informationen ergibt sich weder aus dem Gesetzeswortlaut noch der Amtlichen Begründung oder der Umwelthaftungsrichtlinie.

478 BT-Drs. 16/3806, S. 27.

Wenngleich die Anforderungen an die Glaubhaftmachung des Umweltschadens zur Stärkung des Umweltschutzes nicht zu streng sein dürfen, müssen auch die widerstreitenden Interessen der Anlagenbetreiber und Grundstückseigentümer berücksichtigt werden. Sie dürfen nicht auf Grund unsubstantiierter Behauptungen Dritter behördlichen Maßnahmen ausgesetzt werden. Hieraus folgt, dass im Rahmen der Glaubhaftmachung nach § 10 USchadG zu fordern ist, dass bei der Würdigung der vom Antragsteller vorgetragenen Gesamtumstände des konkreten Einzelfalls mehr für das Vorliegen eines Umweltschadens im Sinne des USchadG spricht als dagegen.[479] Es muss deshalb für die Behörde überzeugend dargelegt werden, dass ein Umweltschaden im Sinne des USchadG vorliegt und dieser nach dem 30. April 2007 durch eine berufliche Tätigkeit im Sinne des USchadG verursacht wurde.

## III. Das Tätigwerden der Behörde

### 1. Die verschiedenen Arten des Tätigwerdens

Es wurde bereits dargestellt,[480] dass unter den Begriff des Tätigwerdens, mit Ausnahme des Vorliegens einer gegenwärtigen schwerwiegenden Gefahr für ein hochrangiges Rechtsgut wie der menschlichen Gesundheit, nicht das Ergreifen von konkreten Maßnahmen,[481] sondern ausschließlich der Erlass von Verwaltungsakten fällt.

Die Behörde hat zunächst die erforderlichen Informationen als Grundlage für die Sanierung des Schadens wie die Art des Schadens, dessen Umfang und den für die Schadensverursachung Verantwortlichen einzuholen. Die Behörde muss in der Lage sein, den relevanten Sachverhalt umfänglich beurteilen zu können.[482] Dass die Einholung der Informationen an erster Stelle steht, davon geht auch die Umwelthaftungsrichtlinie in Art. 12 Abs. 3, der § 10 USchadG zugrundeliegt,[483] aus:

---

479 BGH, Beschluss vom 21. Oktober 2010, V ZB 210/09, Rn. 7 zitiert nach Juris, NJW-RR 2011, 136/137; BGH, Beschluss vom 11. September 2003, IX ZB 37/03, Rn. 8 zitiert nach Juris, NJW 2003, 3558, jeweils zu den Anforderungen an die Glaubhaftmachung.

480 S.o. 5. Kapitel B) I. 2.

481 In diesem Fall finden die Vorschriften über den Sofortvollzug nach § 6 Abs. 2 VwVG Anwendung.

482 *Dombert*, ZUR 2008, 411.

483 BT-Drs. 16/3806, S. 24.

„Wenn die Aufforderung zum Tätigwerden und die entsprechenden Bemerkungen einen Umweltschaden glaubhaft erscheinen lassen, prüft die zuständige Behörde die Aufforderung zum Tätigwerden und die beigefügten Bemerkungen."

Liegen alle erforderlichen Informationen bereits vor, kann die Behörde von der Einholung der Informationen absehen. Führt die Auswertung der Informationen zu dem Ergebnis, dass ein zu sanierender Umweltschaden vorliegt, sind die Maßnahmen zur Bestimmung und Durchsetzung der erforderlichen Sanierungsmaßnahmen zu ergreifen. Die Behörde wird dann tätig im Sinne des § 10 USchadG. In welcher Art und Weise die Behörde zur Sanierung des Schadens tätig wird, steht in ihrem Ermessen,[484] wobei sie insbesondere den Verhältnismäßigkeitsgrundsatz zu beachten hat.[485]

Unter dem Tätigwerden der Behörde im Sinne des USchadG ist mithin sowohl die Einholung von Informationen zur Beurteilung des Umweltschadens als auch die Bestimmung und Durchsetzung der Sanierungsmaßnahmen gegenüber dem Verantwortlichen zu verstehen.

## 2. Entscheidung über das Tätigwerden als Ermessensentscheidung?

§ 10 USchadG erfasst – wie dargestellt – die Einholung der für die Bewertung des Sachverhaltes erforderlichen Informationen und auch die Anordnung von Sanierungsmaßnahmen gegenüber dem Sanierungsverantwortlichen. Fraglich ist, ob der Behörde bei der Entscheidung, ob sie tätig wird, Ermessen zusteht.

### *a) Die Problemstellung: Durchbrechung des staatlichen Gewaltmonopols bei Vorliegen einer gebundenen Entscheidung?*

Die Behörde könnte durch den Antrag nach § 10 USchadG eines Betroffenen oder einer Umweltvereinigung im Sinne einer gebundenen Entscheidung verpflichtet sein, gegenüber dem jeweiligen Verantwortlichen zu handeln. Denn ausweislich des Wortlautes „wird" die Behörde tätig, wenn ein diesbezüglicher Antrag gestellt und der Umweltschaden glaubhaft gemacht ist. Hiergegen werden jedoch Bedenken geäußert. Privatpersonen und Nichtregierungsorganisationen, d.h. demokratisch nicht legitimierte Zusammenschlüsse von Personen könnten in diesem Fall von den Behörden ein bestimmtes Handeln verlangen.[486] Hierdurch droht das staatliche Gewaltmonopol durchbrochen zu werden, da der zulässige und begründete

484 *Spindler/Härtel*, UPR 2002, 241/243.

485 BT-Drs. 16/3806, S. 27.

486 *Dombert*, ZUR 2008, 406/410; *Fritsch*, Altlasten-Spektrum 2011, 53/57.

Antrag nach § 10 USchadG unmittelbar einen Eingriff in die Rechte des Sanierungsverantwortlichen nach sich zieht.[487] Die Entscheidung über die Behandlung der Gefahrensituation obliegt in diesem Fall nicht mehr dem Hoheitsträger, sondern natürlichen oder juristischen Personen des Privatrechts und somit demokratisch nicht legitimierten Personen. Darüber hinaus drohe der verfassungsrechtlich verankerte Grundsatz der Einzelfallgerechtigkeit unterlaufen zu werden.[488] Denn eine Abwägung der einzelnen widerstreitenden Interessen findet im Rahmen der Entscheidung, ob die Behörde tätig wird, dann nicht statt.

Ob diese Erwägungen geeignet sind, § 10 USchadG den Charakter einer echten Ermessensentscheidung zuzuweisen, ist jedoch fraglich.

*b) § 10 USchadG als Ermessensentscheidung oder als gebundene Entscheidung?*

Nach § 10 USchadG „wird [die Behörde][489] tätig", wenn ihr ein zulässiger und begründeten Antrag vorliegt. Diese Formulierung lässt der Behörde bei Vorliegen eines zulässigen und begründeten Antrages keinen Entscheidungsspielraum. Sie ist zum Handeln verpflichtet.[490] Etwas Gegenteiliges ergibt sich auch nicht aus der Amtlichen Begründung. Diese greift lediglich den Wortlaut des Gesetzes auf.[491] Auch aus gesetzessystematischen Erwägungen ist davon auszugehen, dass die Behörde bei Vorliegen eines zulässigen und begründeten Antrages gegenüber dem Sanierungsverantwortlichen tätig werden muss, ihr mithin kein Entscheidungsspielraum zusteht. Denn die Behörde muss kraft Gesetzes gegen einen ihr bekannt gewordenen Umweltschaden gemäß § 7 Abs. 1, Abs. 2 Nr. 3 USchadG einschreiten.[492] Dies gilt auch ohne Vorliegen eines Antrags nach § 10 USchadG. Dann kann nichts anderes gelten, wenn ein Antrag auf Tätigwerden gestellt wurde und die sonstigen Voraussetzungen für ein behördliches Einschreiten vorliegen. Dieses Ergebnis entspricht auch ersichtlich dem Willen des Richtliniengebers. Ungeachtet der Tatsache, dass die Umwelthaftungsrichtlinie keine ausdrückliche

---

487 *Dombert*, ZUR 2008, 406/410.

488 *Dombert*, ZUR 2008, 406/410.

489 Einfügung durch die Verfasserin.

490 *Petersen*, Die Umsetzung der Umwelthaftungsrichtlinie, geht auf Seite 215 davon aus, dass der Antragsteller nur Anspruch auf eine ordnungsgemäße Ermessensausübung durch die Behörde hat. Dem liegt die von der hier vertretenen Ansicht abweichende Auffassung zugrunde, die Ergebnis der ausschließlich am Wortlaut orientierten Auslegung des § 7 Abs. 2 USchadG ist.

491 BT-Drs. 16/3806, S. 27.

492 S.o. 4. Kapitel C) II. 1.

Verpflichtung der Behörde zum Tätigwerden infolge eines Antrages enthält, ergibt sich dieses Ergebnis aus dem Regelungszusammenhang. Gemäß Art. 12 Abs. 1 und Erwägungsgrund 25 der Umwelthaftungsrichtlinie sollen die Antragsteller die Behörde zu einem Tätigwerden *auffordern* können. Die Dritten können das Einschreiten der Behörde demnach verlangen.[493] Dies schließt einen Ermessensspielraum der Behörde aus. Gleiches folgt auch aus Art. 6 Abs. 2, Abs. 3 S. 1 der Umwelthaftungsrichtlinie. Danach „verlangt" die Behörde von dem Verantwortlichen die Durchsetzung der Sanierungsmaßnahmen. Ein Ermessensspielraum steht der Behörde hierbei ebenfalls nicht zu. Die Richtlinie bringt auch in Art. 12 Abs. 3 zum Ausdruck, dass die Behörde über keinen Entscheidungsspielraum verfügen soll, wenn durch einen Antrag ein Umweltschaden glaubhaft gemacht wurde. „Wenn die Aufforderung zum Tätigwerden und die entsprechenden Bemerkungen einen Umweltschaden glaubhaft erscheinen lassen, prüft die zuständige Behörde die Aufforderung zum Tätigwerden und die beigefügten Bemerkungen", heißt es in der Richtlinie 2004/35/EG.[494] Die Behörde ist danach zwar zunächst nur zur Prüfung des Sachverhaltes verpflichtet,[495] eine Entscheidung über das „Ob" des Tätigwerdens steht ihr aber jedenfalls nicht zu. Auch Sinn und Zweck der Einführung des Initiativrechtes, zur Verbesserung des Umweltschutzes[496] ein Handeln der Behörden verlangen zu können, spricht für das Vorliegen einer gebundenen Entscheidung: diese Ziel kann nur erreicht werden, wenn die Behörde verpflichtet ist, nachvollziehbar begründeten Begehren nachzugehen und die erforderlichen Maßnahmen zur Behebung des Schadens zu ergreifen.

### *c) Zwischenergebnis*

Nach den vorstehenden Ausführungen steht der Behörde bei der Entscheidung, ob sie auf Grund eines zulässigen und begründeten Antrages nach § 10 USchadG in Bezug auf einen dem USchadG unterfallenden Umweltschaden Maßnahmen ergreift, „ohne Wenn und Aber"[497] kein Ermessen zu. Sie ist zum Tätigwerden verpflichtet.

Dies bedeutet in der Konsequenz Folgendes: Nachdem die Behörde bei dem für die Sanierung des Umweltschadens Verantwortlichen die Informationen über den Umweltschaden eingeholt hat und diese ausgewertet wurden, ist das weitere

493 Duden – deutsches Universalwörterbuch, 7. Auflage 2011.
494 Art. 12 Abs. 3 S. 1 Richtlinie 2004/35/EG.
495 Im Ergebnis ebenso: *Beckmann/Wittmann,* in Landmann/Rohmer, USchadG, § 10 Rn. 1.
496 BT-Drs. 16/3806, S. 16.
497 *Spindler/Härtel,* UPR 2002, 241/243.

Vorgehen abhängig vom Ergebnis der ausgewerteten Informationen. Bestätigen die vorliegenden Informationen den Eintritt eines Umweltschadens, müssen Sanierungsmaßnahmen im Sinne des §§ 7 Abs. 1, 2 Nr. 3, 6 USchadG ergriffen werden. Ein Ermessensspielraum besteht nicht. Eine Pflicht zum weiteren Tätigwerden besteht jedoch dann nicht, wenn sich eine Inanspruchnahme des Sanierungsverantwortlichen als unverhältnismäßig erwiese.[498] Haben die ausgewerteten Informationen das Vorliegen eines Umweltschadens nicht bestätigt, stellt die Behörde das Verfahren ein. Sie hat ihre gesetzlichen Pflichten erfüllt.

Auf Grund der Tatsache, dass es sich bei § 10 USchadG mithin um eine gebundene Entscheidung handelt, ist die Behörde bei Vorliegen der Tatbestandsvoraussetzungen zum Handeln verpflichtet. Über Ermessen verfügt die Behörde nur hinsichtlich der Auswahl der Person des Verantwortlichen (§ 2 Nr. 3 USchadG), dem Zeitpunkt des Handelns und der konkreten Sanierungsmaßnahmen (§ 2 Nr. 8 USchadG).

*d) Rechtsstaatliche Bedenken gegen die Auslegung als gebundene Entscheidung*

Nachdem festgestellt wurde, dass die Behörde zum Handeln verpflichtet ist, wenn ein Betroffener oder eine Umweltvereinigung einen zulässigen und begründeten Antrag nach § 10 USchadG stellt, ist zu erörtern, ob tatsächlich eine Durchbrechung des staatliches Gewaltmonopols droht.[499]

Ausweislich des Art. 6 Abs. 3 S. 1 der Richtlinie 2004/35/EG „verlangt“ die zuständige Behörde von dem Verantwortlichen, dass dieser seiner Pflicht zur Sanierung eines Umweltschadens nachkommt. Die Behörden haben keinen Entscheidungsspielraum. Diese europarechtliche Vorgabe ist gemäß Art. 288 AEUV für jeden Mitgliedsstaat bindend. Den Mitgliedsstaaten verbleibt im Rahmen der Umsetzung der Inhalte der Richtlinie nur die Wahl der Form und der Mittel, ein Umsetzungsspielraum in Bezug auf die inhaltlichen Regelungen besteht nicht. Eine Umsetzung im vorstehenden Sinne ist in § 7 Abs. 1, 2 USchadG erfolgt. Danach müssen die Behörden bei festgestellten Umweltschäden Sanierungsmaßnahmen ergreifen. § 10 1. Var. USchadG hebt hervor, dass die Handlungspflicht der Behörde von Amts wegen besteht. Durch das zugunsten der Umweltverbände und Einzelpersonen neu eingeführte Initiativrecht werden demzufolge keine zusätzlichen Pflichten der Behörde geschaffen. Es wird lediglich sichergestellt, dass die Behörden den ihnen bereits obliegenden Pflichten auch tatsächlich nachkommen.

498 BT-Drs. 16/3806, S. 24.
499 S.o 5. Kapitel, B) III. 2. a).

Die Behörde kommt ihrer durch einen Antrag nach § 10 USchadG ausgelösten Verpflichtung zum Tätigwerden bereits dann nach, wenn sie die Informationen über den Umweltschaden, den Verantwortlichen usw. einholt.[500] Bestätigt sich hiernach das Vorliegen eines Umweltschadens nicht, ist ein weiteres Handeln nicht erforderlich und kann von einem Dritten nicht verlangt werden. Liegt ein Umweltschaden vor, muss die Behörde entscheiden, gegen wen sie mit welchen Mitteln einschreitet. In diesem Fall wird die behördliche Pflicht aus §§ 10 1. Var., 7 USchadG erfüllt. Eine Erweiterung der behördlichen Pflichten durch § 10 USchadG tritt also auch unter diesem Aspekt nicht ein.

Darüber hinaus ist zu beachten, dass durch das USchadG ausschließlich eine Inanspruchnahme des Verursachers des Umweltschadens möglich ist. Eine unangemessene Belastung des Inanspruchgenommenen ist daher nicht zu erwarten. Besonderheiten des Einzelfalles kann durch die Bestimmung der Art und des Umfangs der Sanierungsmaßnahmen Rechnung getragen werden. In diesem Rahmen kann die Behörde durch die Anwendung des Verhältnismäßigkeitsgrundsatzes Einzelfallgerechtigkeit üben. Es ist jeweils das mildeste Mittel zu wählen. Maßnahmen, deren Aufwand in keinem Verhältnis zum Erfolg stehen, sind nach allgemeinen rechtsstaatlichen Grundsätzen rechtswidrig.[501]

Der Behörde stünde auch ohne die Vorschrift des § 10 USchadG bei Beachtung der allgemeinen Grundsätze des Verwaltungsrechtes im Rahmen der auf das Umweltmedium Boden bezogenen Maßnahmen kein Ermessensspielraum zu. Das Ermessen der Behörde wäre bei Vorliegen eines Bodenschadens im Sinne des USchadG auf Grund der drohenden Gesundheitsgefahren in der Regel auf Null reduziert. Dies würde nur dann nicht gelten, wenn nachgewiesenermaßen nur geringe Beeinträchtigungen der menschlichen Gesundheit hervorgerufen werden können. Selbst wenn der Behörde formal ein Entschließungsermessen zustünde, wäre sie wegen des bedeutenden Rechtsgutes der menschlichen Gesundheit in der überwiegenden Mehrzahl der Fälle zum Einschreiten verpflichtet. Einzelfallgerechtigkeit könnte auch bei Annahme des Vorliegens einer Ermessensentscheidung nur unter dem Gesichtspunkt des Auswahlermessens geübt werden.

Die Bedenken erweisen sich daher als unbegründet. Dies zum einen auf Grund des europarechtlichen Hintergrundes des USchadG, zum anderen wegen allgemeiner verwaltungsrechtlicher Grundsätze und wegen des behördlichen Wahlrechts betreffend die Art des Tätigkeitwerdens und der Person des Inanspruchzunehmenden.

---

500 S.o. 5. Kapitel B) III. 1.

501 BVerfG, Urteil vom 16. März 2004, 1 BvR 1778/01 Rn. 80–88 zitiert nach Juris; *Sachs*, in Stelkens/Bonk/Sachs, VwVfG, § 40 Rn. 82.

*e) Ergebnis*

Liegt nach Auffassung der Behörde ein Antrag vor, der einen Umweltschaden glaubhaft erscheinen lässt, ist sie zum Tätigwerden verpflichtet. Sie hat hinsichtlich der Entscheidung über das „Ob" des Tätigwerdens kein Ermessen. Eine korrigierende Auslegung der Vorschrift als Ermessensvorschrift aus rechtsstaatlichen Gründen ist daher nicht geboten.

## IV. Zusammenfassung

Von einem Umweltschaden betroffenen natürlichen und juristischen Personen und Vereinigungen, die sich für den Umweltschutz einsetzen und die formellen Voraussetzungen erfüllen, steht gegenüber der zuständigen Behörde gemäß § 10 USchadG ein Initiativrecht im Hinblick auf die Sanierung eines Umweltschadens zu. Die Behörde kommt ihrer Pflicht zum Tätigwerden bereits dann nach, wenn sie in die Prüfung des Vorliegens eines Umweltschadens eintritt. Kommt sie im Rahmen dieser Prüfung zu dem Ergebnis, dass ein Umweltschaden vorliegt, ist sie zum Ergreifen der erforderlichen Maßnahmen verpflichtet, § 7 Abs. 1, 2 USchadG. Gelangt die Behörde nach Abschluss der Prüfung hingegen zu dem Ergebnis, dass ein zu sanierender Umweltschaden nicht vorliegt, muss sie nicht weiter tätig werden; das Verfahren kann eingestellt werden.

# C) Begründet § 7 USchadG ein Initiativrecht Dritter?

Das USchadG enthält in § 10 USchadG ein ausdrücklich normiertes Initiativrecht Dritter in Bezug auf die Sanierungspflichten sowie die hiermit in Zusammenhang stehenden Informationspflichten. Es erstreckt sich nicht auf die Maßnahmen zur Abwehr einer unmittelbaren Gefahr eines Umweltschadens gemäß §§ 5, 7 Abs. 2 Nr. 2 USchadG und die diesbezüglich in §§ 4, 7 Abs. 2 Nr. 1 USchadG normierten Informationspflichten. Fraglich ist, inwieweit § 7 USchadG ein Initiativrecht Dritter in Bezug auf das Ergreifen von Gefahrenabwehrmaßnahmen zu begründen vermag.

Eine analoge Anwendung von § 10 USchadG scheidet aus. Denn die analoge Anwendung einer Norm setzt voraus, dass eine unbeabsichtigte Regelungslücke sowie eine Vergleichbarkeit der Sach- und Interessenlage mit dem gesetzlich geregelten Fall besteht.[502] Eine unbeabsichtigte Regelungslücke liegt hier nicht vor. Der

502 BGH, Urteil vom 13. Juli 1988, Iva ZR 55/87, Rn. 7 zitiert nach Juris, NZV 1989, 66/67.

Gesetzgeber hat von der durch die Richtlinie 2004/35/EG eröffneten Möglichkeit, das Initiativrecht nicht auf die Gefahr von Umweltschäden anzuwenden, willentlich und wissentlich Gebrauch gemacht. In der Amtlichen Begründung heißt es hierzu:[503]

> „Entsprechend der durch Artikel 12 Abs. 5 der Umwelthaftungsrichtlinie eingeräumten Option, das Antrags- und Klagerecht auf Fälle der unmittelbaren Gefahr eines Schadens nicht anzuwenden, beschränkt sich die Regelung auf die Durchsetzung der Sanierungspflichten nach § 6. In Fällen, in denen eine unmittelbare Gefahr eines Umweltschadens abgewendet werden muss, erscheint es im Hinblick auf eine effektive Gefahrenabwehr nicht zielführend, vor dem Ergreifen der notwendigen Maßnahmen ein gesondertes Verfahren unter Beteiligung der Öffentlichkeit durchführen zu müssen."

Eine analoge Anwendung des § 10 USchadG auf die weiteren von § 7 USchadG erfassten Pflichten ist daher mangels planwidriger Regelungslücke ausgeschlossen.

Auf Grund der eindeutigen Entscheidung des Gesetzgebers scheidet auch die Begründung eines Antragsrechtes unter Anwendung der Schutznormtheorie aus. Denn auch diese setzt voraus, dass die Norm nach dem Willen des Gesetzgebers einem bestimmten Personenkreis Rechte vermitteln soll. Der Gesetzgeber hat in der Amtlichen Begründung[504] jedoch unmissverständlich zum Ausdruck gebracht, dass im Bereich des Gefahrenabwehrrechts kein Individualrechtsschutz möglich sein soll.[505]

Unberührt hiervon bleibt die Möglichkeit des Einzelnen wie auch von Umweltverbänden, gegenüber der Behörde das Vorliegen einer unmittelbaren Gefahr eines Umweltschadens anzuzeigen[506] und auf ein Tätigwerden der Behörden – unter Umständen auch unter Einschaltung der Medien – hinzuwirken.

## D) Begründet § 8 Abs. 4 USchadG ein Initiativrecht Dritter?

Gemäß § 8 Abs. 4 USchadG ist die zuständige Behörde verpflichtet, die nach § 10 USchadG antragsberechtigten Betroffenen und Vereinigungen über die vorgesehenen

---

503 BT-Drs. 16/3806, S. 27.

504 BT-Drs. 16/3806, S. 27.

505 Unterstellt, man würde in diesem Punkt die gegenteilige Ansicht vertreten und vor diesem Hintergrund ein Initiativrecht Betroffener nach § 7 Abs. 2 Nr. 2 USchadG grundsätzlich bejahen, könnte dieses nur im Rahmen der Bodenschäden bestehen, da nur bei diesem durch die Inbezugnahme der menschlichen Gesundheit ein individualschützender Charakter vorhanden ist. Der Schutz der Gewässer und der Arten und Lebensräume erfolgt ausschließlich in Interesse der Allgemeinheit.

506 BT-Drs. 16/3806, S. 27.

Sanierungsmaßnahmen zu unterrichten und ihnen Gelegenheit zu geben, sich zu den geplanten Sanierungsmaßnahmen zu äußern. Ein Betroffener oder ein Umweltverband kann jedoch die Beteiligung nach § 8 Abs. 4 USchadG weder außergerichtlich noch gerichtlich einfordern. Die Beteiligungspflicht nach § 8 Abs. 4 USchadG stellt eine spezialgesetzliche Ausprägung der in § 24 Abs. 2 VwVfG enthaltenen Verpflichtung der Behörde dar, die für die zu treffende Verwaltungsentscheidung erforderlichen Umstände zu ermitteln.[507] Ein Anspruch auf Durchführung der Sachverhaltsermittlung besteht jedoch nicht.[508]

# E) Ergebnis

Initiativrechte stehen Betroffenen und Umweltverbänden im Rahmen des USchadG nur in Bezug auf ein Tätigwerden der Behörden zur Sanierung eines Umweltschadens gemäß § 10 USchadG zu. Darüber hinausgehende Initiativrechte bestehen nicht.

507 BT-Drs. 16/3806, S. 25.

508 *Kopp/Ramsauer*, VwVfG, § 24 Rn. 36. Das Unterlassen der Beteiligung führt jedoch zur formellen Rechtswidrigkeit der Sanierungsanordnung, wobei allerdings die Voraussetzungen des § 46 VwVfG zu beachten sind, *Kopp/Ramsauer*, VwVfG, § 24 Rn. 36.

# Sechstes Kapitel: Der Rechtsschutz Dritter nach dem USchadG und dem BBodSchG

## A) Die Bedeutung gerichtlichen Rechtsschutzes

Ergreift die Behörde in Folge eines von einem Betroffenen oder einem Umweltverband gestellten Antrages auf Tätigwerden keine Maßnahmen, ist die Möglichkeit gerichtlichen Rechtsschutzes zu prüfen.

## B) Der Rechtsschutz in Bezug auf die Belange des BBodSchG

Klageverfahren betreffend die Geltendmachung von Ansprüchen nach dem BBodSchG weisen keine verwaltungsprozessualen Besonderheiten auf. Der Kläger muss daher vortragen, durch das Unterlassen des Verwaltungsaktes in seinen subjektiv-öffentlichen Rechten verletzt zu sein.[509] Er muss mithin das Bestehen eines Anspruchs auf das begehrte Tätigwerden geltend machen.[510]

### I. Der Rechtsschutz des Einzelnen

Der Einzelne kann Ansprüche gegen die Behörde auf Erlass einer behördlichen Anordnung bzw. auf ein behördliches Tätigwerden geltend machen, wenn er die mögliche Entstehung von Gefahren, erheblichen Nachteilen oder erheblichen Belästigungen für seine Individualrechtsgüter durch die Beeinträchtigung der Bodenfunktionen darlegen kann.[511]

---

509 S.o. 2. Kapitel B) I. 4.

510 BVerwG, Urteil vom 28. Oktober 1970, VI C 48.68, Rn. 41 zitiert nach Juris, BeckRS 1970 30423607; BVerwG, Urteil vom 20. März 1964, VII C 10.61, Rn. 21 zitiert nach Juris, DÖV 1964, 346.

511 S.o. 3. Kapitel B) I. 3., II. 2. b), 3.

## II. Rechtsschutz zugunsten von Vereinigungen?

Vereinigungen können grundsätzlich nur die ihnen kraft Gesetzes eingeräumten Rechte geltend machen.[512] Innerhalb des BBodSchG werden solche Rechte nicht eingeräumt. Allerdings kann eine Vereinigung Ansprüche geltend machen, wenn sie als Eigentümerin, Besitzerin oder dinglich Berechtigte eines Grundstückes, welches den Auswirkungen einer Bodenverunreinigung oder einer Sanierung eines Bodenschadens ausgesetzt sein kann,[513] in ihren Eigentumsrechten gemäß Art. 14 Abs. 1, 19 Abs. 3 GG verletzt sein kann. Sie ist in diesem Fall gemäß § 42 Abs. 2 VwGO i.V.m. Art. 2 Abs. 1, 19 Abs. 3 GG klagebefugt.

# C) Der Rechtsschutz zur Durchsetzung der durch das USchadG gewährten Rechte

## I. Die Regelung des § 11 Abs. 2 USchadG

Der gerichtliche Rechtsschutz Dritter hat im USchadG mit der Regelung des § 11 Abs. 2 USchadG eine ausdrückliche Regelung erfahren. § 11 Abs. 2 USchadG ordnet für solche Vereinigungen, die gemäß § 3 Abs. 1 UmwRBG anerkannt sind oder als anerkannt gelten, die Geltung des § 2 UmwRBG an.

Die Bestimmung geht zurück auf Art. 13 Abs. 1 der Richtlinie 2004/35/EG, der die Rahmenbedingungen für das dem behördlichen Verfahren nachgeordnete Überprüfungsverfahren enthält. Zugunsten der in Art. 12 Abs. 1 der Richtlinie 2004/35/EG genannten natürlichen und juristischen Personen ist entweder die Möglichkeit der Erlangung gerichtlichen Rechtsschutzes oder die Voraussetzungen für die Durchsetzung der Rechte und der Überprüfung der formellen und materiellen Rechtmäßigkeit des behördlichen Handelns in einem dem gerichtlichen Verfahren vergleichbaren unabhängigen und unparteiischen Verfahren zu schaffen.

Das Klagerecht von natürlichen und juristischen Personen wird im USchadG nicht konkretisiert.

---

512 S.o. 2. Kapitel B) II. 2. b).

513 Eine Ausnahme gilt wegen rechtsmissbräuchlichen Begründung der Eigentümerstellung, wenn ein Grundstück ausschließlich aus dem Grund erworben wurde, um die die formalen Voraussetzungen für eine Prozessführung zu schaffen (BVerwG, Urteil vom 27. Oktober 2000, 4 A 10/99, Rn. 20 zitiert nach Juris, NVwZ 2001, 427/428).

## II. Die Klagerechte von Umweltverbänden

### 1. Die rechtlichen Grundlagen des Klagerechts

#### *a) Die Verweisung des § 11 Abs. 2 USchadG auf § 2 UmwRBG*

Gemäß § 11 Abs. 2 USchadG in der bis zum 29. Januar 2013 geltenden Fassung gilt für Vereinigungen, die gemäß § 3 Abs. 1 UmwRBG anerkannt sind oder die als anerkannt gelten, für Rechtsbehelfe gegen eine Entscheidung oder das Unterlassen einer Entscheidung § 2 UmwRBG entsprechend. § 11 Abs. 2 USchadG verweist somit auf die Voraussetzungen einer Klage nach dem UmwRBG. Soweit § 11 Abs. 2 USchadG i.V.m. § 2 UmwRBG keine Regelungen trifft, so zum Beispiel zur Durchführung des Widerspruchsverfahrens gemäß §§ 68 ff. VwGO, bleiben die in den Mitgliedsstaaten jeweils geltenden nationalen Regelungen anwendbar. Art. 13 Abs. 2 der Richtlinie 2004/35/EG bestimmt ausdrücklich, dass die nationalen, den Zugang zu den Gerichten betreffenden Regelungen ihre Gültigkeit behalten.

Die einschränkungslose Verweisung hat zur Folge, dass die im Rahmen des UmwRBG strittigen Fragen gleichfalls für das USchadG beantwortet werden müssen.[514] Dies galt insbesondere für § 2 Abs. 1 Nr. 1 UmwRBG in der bis zum 9. Januar 2013 geltenden Fassung, dessen Unvereinbarkeit mit Europarecht durch das Trianel-Urteil des EuGH vom 16. Mai 2011 festgestellt wurde.

#### *b) Die Vorschrift des § 2 UmwRBG*

§ 2 Abs. 1 UmwRBG enthielt Bestimmungen zur Zulässigkeit einer umweltrechtlichen Verbandsklage. Danach konnte

> „eine nach § 3 anerkannte inländische oder ausländische Vereinigung [...],[515] ohne eine Verletzung in eigenen Rechten geltend machen zu müssen, Rechtsbehelfe nach Maßgabe der Verwaltungsgerichtsordnung gegen eine Entscheidung nach § 1 Abs. 1 Satz 1 oder deren Unterlassen einlegen, wenn die Vereinigung 1. geltend macht, dass eine Entscheidung nach § 1 Abs. 1 Satz 1 oder deren Unterlassen Rechtsvorschriften, die dem Umweltschutz dienen, Rechte Einzelner begründen und für die Entscheidung von Bedeutung sein können, widerspricht, 2. geltend macht, in ihrem satzungsgemäßen Aufgabenbereich der Förderung der Ziele des Umweltschutzes durch die Entscheidung nach § 1 Abs. 1 Satz 1 oder deren Unterlassen berührt zu sein, und 3. zur Beteiligung in einem Verfahren nach § 1 Abs. 1 berechtigt war und sie sich hierbei in der Sache gemäß den geltenden Rechtsvorschriften geäußert hat oder ihr entgegen den geltenden Rechtsvorschriften keine Gelegenheit zur Äußerung gegeben worden ist."

---

514 *Cosack/Enders*, DVBl. 2008, 405/415; *Schrader/Hellenbroich*, ZUR 2007, 289/290.
515 Auslassung durch die Verfasserin.

Durch das Gesetz zur Änderung des Umweltrechtsbehelfsgesetzes und anderer umweltrechtlicher Vorschriften vom 21. Januar 2013 wurde § 2 Abs. 1 Nr. 1 UmwRBG neu gefasst, indem die Bezugnahme auf das Erfordernis der Geltendmachung der Verletzung einer Vorschrift, die Recht Einzelner begründen kann, gestrichen wurde.

Die Absätze 3 und 4 enthalten weitere Zulässigkeitskriterien: Absatz 3 bestimmt, dass eine Vereinigung, die

> „im Verfahren nach § 1 Abs. 1 Gelegenheit zur Äußerung gehabt [hat],[516] [...][517] im Verfahren über den Rechtsbehelf mit allen Einwendungen ausgeschlossen [ist],[518] die sie im Verfahren nach § 1 Abs. 1 nicht oder nach den geltenden Rechtsvorschriften nicht rechtzeitig geltend gemacht hat, aber hätte geltend machen können."

Gemäß Absatz 4 gilt für den Fall, dass

> „eine Entscheidung nach § 1 Abs. 1 Satz 1 nach den geltenden Rechtsvorschriften weder öffentlich bekannt gemacht noch der Vereinigung bekannt gegeben worden [ist],[519] müssen Widerspruch oder Klage binnen eines Jahres erhoben werden, nachdem die Vereinigung von der Entscheidung Kenntnis erlangt hat oder hätte erlangen können. Satz 1 gilt entsprechend, wenn eine Entscheidung nach § 1 Abs. 1 Satz 1 entgegen geltenden Rechtsvorschriften nicht getroffen worden ist und die Vereinigung von diesem Umstand Kenntnis erlangt hat oder hätte erlangen können. Für Bebauungspläne gilt § 47 Abs. 2 Satz 1 der Verwaltungsgerichtsordnung."

Gemäß § 2 Abs. 5 UmwRBG ist die Klage begründet,

> „soweit die Entscheidung nach § 1 Abs. 1 oder deren Unterlassen gegen Rechtsvorschriften, die dem Umweltschutz dienen, Rechte Einzelner begründen und für die Entscheidung von Bedeutung sind, verstößt und der Verstoß Belange des Umweltschutzes berührt, die zu den von der Vereinigung nach ihrer Satzung zu fördernden Zielen gehören, 2. in Bezug auf Bebauungspläne, soweit die Festsetzungen des Bebauungsplanes, die die Zulässigkeit eines UVP-pflichtigen Vorhabens begründen, gegen Rechtsvorschriften, die dem Umweltschutz dienen und Rechte Einzelner begründen, verstoßen und der Verstoß Belange des Umweltschutzes berührt, die zu den von der Vereinigung nach ihrer Satzung zu fördernden Zielen gehören."

Durch das Gesetz zur Änderung des Umweltrechtsbehelfsgesetzes und anderer umweltrechtlicher Vorschriften vom 21. Januar 2013 wurde § 2 Abs. 5 UmwRBG neu gefasst, indem die Bezugnahme auf das Erfordernis der Geltendmachung

516 Einfügung durch die Verfasserin.
517 Auslassung durch die Verfasserin.
518 Einfügung durch die Verfasserin.
519 Einfügung durch die Verfasserin.

der Verletzung einer Vorschrift, die Recht Einzelner begründen kann, gestrichen wurde.

Auf Grund der Streichung der Voraussetzung, dass die verletzte Norm Rechte Einzelner begründen können muss, sind die nachfolgenden Betrachtungen unter der Maßgabe zu betrachten, dass sie die Rechtslage in der bis zum 29. Januar 2013 geltenden Fassung widerspiegeln. Es wird jedoch parallel auf die neue Rechtslage eingegangen.

## 2. Zweifel an der Europarechtskonformität des § 11 Abs. 2 USchadG

Bereits während des Gesetzgebungsverfahrens wurden anlässlich der Verweisung des § 11 Abs. 2 USchadG auf das Umweltrechtsbehelfsgesetz von der Bundestagsfraktion „Die Linke“ Zweifel an der Europarechtskonformität des USchadG geäußert. Im Rahmen der ersten und zweiten Beratung des Gesetzentwurfes am 9. März 2007 im Bundestag wies sie auf Folgendes hin:[520]

> „Doch wie so häufig liegt auch hier der Teufel im Detail. Schauen wir uns ganz einfach einmal den Gesetzentwurf genauer an. Bezeichnend dafür ist nämlich der Verweis auf das Umweltrechtsbehelfsgesetz. Nach diesem können Verbände wie Greenpeace in Umweltangelegenheiten nur dann klagen, wenn das Drittschutzerfordernis erfüllt ist. Das Umweltrechtsbehelfsgesetz schränkt damit die Mitwirkungsmöglichkeiten sowohl der Bürgerinnen und Bürger als auch der Umweltverbände unzulässig ein. Durch den Verweis des Umweltschadensgesetzes auf das Umweltrechtsbehelfsgesetz wird auch die Klagemöglichkeit von Umweltverbänden in Fällen, für die das Umweltschadensgesetz gilt, erheblich eingeschränkt.“

Mit diesem Einwand gilt es sich auseinanderzusetzen.

## 3. Europarechtskonformität der Verpflichtung zur Geltendmachung der Verletzung einer drittschützenden Norm?

### *a) Grundsatz*

Ein Kläger ist gemäß § 42 Abs. 2 VwGO nach deutscher Rechtslage klagebefugt, wenn er geltend machen kann, durch einen Verwaltungsakt oder das Unterlassen eines Verwaltungsaktes in seinen Rechten verletzt zu werden, es sei denn, es ist gesetzlich etwas anderes bestimmt. Von der Darlegung der Möglichkeit der Verletzung in eigenen Rechten könnte vorliegend abzusehen sein, wenn durch § 11 Abs. 2 USchadG i.V.m. § 2 Abs. 1 UmwRBG etwas anderes im Sinne des § 42 Abs. 2

---

520 Plenar-Protokoll des Deutschen Bundestages, BT-Prk. 16/86, S. 8736, FN 8.

VwGO bestimmt würde. Die Verletzung einer drittschützenden Norm müsste dann nur dargelegt werden, wenn § 11 Abs. 2 USchadG i.V.m. § 2 Abs. 1 UmwRBG a.F. dies in europarechtskonformer Weise verlangte. Vor dem Hintergrund des Trianel-Urteils[521] ist die Europarechtskonformität von § 11 Abs. 2 USchadG i.V.m. § 2 Abs. 1 Nr. 1 UmwRBG a.F. fraglich. Denn in dem Urteil wurde die Forderung des § 2 Abs. 1 Nr. 1 UmwRBG nach der Verletzung einer Norm, die Rechte Einzelner begründen kann, für mit dem zugrundeliegenden Europarecht unvereinbar erklärt.

*b) Die Darstellung des Problems*

§ 11 Abs. 2 USchadG i.V.m. § 2 Abs. 1 Nr. 1 2. Var. UmwRBG a.F. setzte voraus, dass die Vorschrift, deren Verletzung gerügt wird, „Rechte Einzelner begründen [...][522] können" muss. Dieses Tatbestandsmerkmal könnte sich als problematisch erweisen. Denn der EuGH hat in dem Trianel-Urteil[523] ausgeführt, dass § 2 Abs. 1 Nr. 1 UmwRBG a.F. auf Grund des dort konstituierten Erfordernisses des Vorliegens einer Norm mit drittschützendem Charakter mit der Richtlinie 2003/35/EG nicht vereinbar ist.

Entscheidend wird daher sein, ob die Richtlinie 2004/35/EG eine Regelung zulässt, die die Klagebefugnis von der Verletzung einer drittschützenden Norm abhängig macht. Diese Frage gilt es jedoch nur dann zu klären, wenn die §§ 4 bis 7, 10 USchadG keine Rechte Dritter begründet, mithin nicht drittschützend sind.

*c) Die Begründung Rechte Einzelner*

Rechte Einzelner werden begründet, wenn die Verletzung einer (zumindest auch) individualschützenden Norm geltend gemacht werden kann.[524] Ausweislich des Wortlautes des § 2 Abs. 1 Nr. 1 UmwRBG a.F. ist es für die Klagebefugnis ausreichend, wenn dargelegt werden kann, dass eine drittschützende Norm verletzt wurde. Es ist hingegen nicht erforderlich, dass die Verletzung der Rechte einer konkreten Person gerügt werden kann.[525] Auf Grund des in Art. 20 Abs. 3 GG

---

521 EuGH, Urteil vom 12. Mai 2011, C-115/09.

522 Auslassung durch die Verfasserin.

523 EuGH, Urteil vom 12. Mai 2011, C-115/09.

524 *Sodan*, in Sodan/Ziekow, VwGO, § 42 Rn. 388; *Marty*, ZUR 2009, 115/117; s.o. 2. Kapitel C. II.

525 Sog. Schutznormakzessorietät (*Ziekow*, NVwZ 2007, 259/260, 261; *Kohls*, in Danner/Theobald, Energierecht, S. 57; *Koch*, NVwZ 2007, 369/379; *Schmidt/Kremer*, ZUR 2007, 57/58; BR-Drs. 552/06, S. 20; OVG Lüneburg, Beschluss vom 10. März 2010, 12 ME 176/09, Rn. 11 zitiert nach Juris, NuR 2010, 290/291; VGH Kassel, Urteil vom 16. September 2009, 6 C 1005/08.T, Rn. 61 zitiert nach Juris, ZUR 2010, 46/48).

normierten Bestimmtheitsgrundsatzes hätte ein solches Erfordernis des Nachweises der Beeinträchtigung der Rechte einer konkreten Person ausdrücklich normiert werden müssen.

### *d) Das Vorliegen drittschützender Normen im USchadG*

Die Verweisung des § 11 Abs. 2 USchadG auf § 2 Abs. 1 Nr. 1 UmwRBG a.F. erwiese sich jedenfalls als europarechtskonform, wenn die für die Entscheidungen maßgeblichen Normen des USchadG drittschützend sind. Das Kriterium der Drittbezogenheit würde dann nicht zu einer Einschränkung des Klagerechtes führen.

#### aa) §§ 4 – 7 USchadG als drittschützende Norm?

Im Hinblick auf die §§ 4 bis 7 USchadG wird vertreten, dass diese drittschützend seien.[526] Zwar dienten die Normen zuvörderst dem allgemeinwohlorientierten Umweltschutz.[527] Daneben bezweckten die Vorschriften jedoch auch den Schutz der durch einen Umweltschaden in ihren Rechten betroffenen Personen.[528] Die Richtigkeit dieser Annahme ist zu überprüfen.

Als Ergebnis der Prüfung der Initiativrechte[529] wurde festgestellt, dass im Bereich des Gefahrenabwehrrechts durch das USchadG kein Individualrechtsschutz zugunsten Dritter in Form eines Initiativrechtes gewährt werden soll.[530] Aus diesem Prüfergebnis folgt jedoch nicht zwingend der Schluss, dass die Normen nicht drittschützend sein können.[531] Es ist daher zu ermitteln, welche Vorschriften des USchadG drittschützend sind.

Eine aus dem Gemeinschaftsrecht hervorgegangene Vorschrift ist drittschützend,[532] wenn sie personenbezogene Güter und Interessen, wie z.B. die menschlichen Gesundheit[533] schützt,[534] und der Kläger in seiner Person tatsächlich betroffen ist.[535] Jede

526 *Beckmann/Wittmann,* in Landmann/Rohmer, USchadG, § 11 Rn. 30.

527 *Beckmann/Wittmann,* in Landmann/Rohmer, USchadG, § 11 Rn. 30.

528 *Beckmann/Wittmann,* in Landmann/Rohmer, USchadG, § 11 Rn. 30.

529 S.o. 5. Kapitel E).

530 S.o. 5. Kapitel C) unter Hinweis auf BT-Drs. 16/3806, S. 27.

531 *Wahl,* in Schoch/Schmidt-Aßmann/Pietzner, VwGO, vor § 42 Abs. 2 Rn 128.

532 Vgl. hierzu eingehend: 2. Kapitel C) III. 2.

533 *Frenz*, VerwArchiv 2011, 135/156; *Ziekow*, NVwZ 2007, 259/260.

534 *Frenz*, VerwArchiv 2011, 135/137; *Marty*, ZUR 2009, 115/117; *Schlacke*, NuR 2007, 8/14.

535 *Schlacke*, NuR 2007, 8/14; *Wegener*, Rechte des Einzelnen, S. 184 f.; *Winter*, NVwZ 1999, 467/470.

Vorschrift ist somit zunächst[536] darauf zu untersuchen, ob sie personenbezogene Güter oder Interessen schützt. Die die Rechte und Pflichten der Verantwortlichen und Behörden regelnden §§ 4 bis 7 USchadG müssten daher dem Schutz individueller Rechtsgüter und Interessen zu dienen bestimmt sein.

Dies ist im Rahmen von Bodenverunreinigungen der Fall.[537] Die Bodenverunreinigung muss nach der Regelung des § 2 Nr. 1 c) USchadG geeignet sein, eine Gefahr für die menschliche Gesundheit hervorzurufen. Der Schutz vor Bodenverunreinigungen dient somit auch dem Interesse des Menschen.

Die ausdrückliche Einbeziehung des Menschen oder seiner Rechtsgüter ist im Rahmen der Umweltmedien Wasser, Arten und natürliche Lebensräume unterblieben. Zwar dienen das Wasser und die natürlichen Lebensräume mittelbar dem Menschen,[538] hieraus kann jedoch nicht abgeleitet werden, dass auf die Belange Einzelner im Sinne der Schutznormtheorie in qualifizierter und individualisierter Weise Rücksicht zu nehmen ist.[539] Denn sowohl der Richtliniengeber als auch der Gesetzgeber gehen von einer Schädigung des Wassers und der Arten und natürlichen Lebensräume nur aus, wenn sich nachteilige Veränderungen des ökologischen und chemischen Zustandes des Gewässers[540] zeigen oder aber erhebliche nachteilige Auswirkungen auf die Erreichung oder Beibehaltung des günstigen Erhaltungszustands der Lebensräume oder Arten[541] festzustellen sind. Der Gesetzgeber bringt hiermit nach herrschender Meinung nur den allgemeinen Vorsorgegrundsatz zum Schutz der Bevölkerung zum Ausdruck.[542] Der Schutz von Gewässern, Arten und natürlichen Lebensräumen dient daher ausschließlich dem Allgemeininteresse.[543]

---

536 Kann dies bejaht werden, ist in jedem konkreten Einzelfall zu prüfen, ob der Kläger tatsächlich in seinen Rechten verletzt ist.

537 *Marty*, ZUR 2009, 115/121.

538 Vgl. hierzu § 1 WHG und § 1 BNatSchG.

539 BVerwG, Urteil vom 3. Juli 1987, 4 C 41/86, Rn. 12 zitiert nach Juris, BeckRS 1987, 31243814; VG Berlin, Beschluss vom 22. Juli 1999, 1 A 116/99, Rn. 11 zitiert nach Juris zu den im entscheidungserheblichen Zeitpunkt geltenden Fassungen des Wasserhaushaltsgesetzes.

540 § 90 Abs. 1 WHG; Art. 2 Nr. 1 b) Richtlinie 2004/35/EG.

541 § 19 Abs. 1 S. 1 BNatSchG; Art. 2 Nr. 1 a) Richtlinie 2004/35/EG.

542 So entschieden vom VG Schleswig, Beschluss vom 25. September 2001, 14 B 79/01, Rn. 26 zitiert nach Juris, NVwZ 2002, 754/756 zu dem bis zum 31. März 2010 geltenden Wasserhaushaltsgesetz. Ebenso: *Czychowski/Reinhardt*, WHG, § 6 Rn. 36/37; *Knopp*, WHG, § 1 Rn. 5.

543 *Marty*, ZUR 2009, 115/121.

Eine Betroffenheit der Rechte Einzelner kann somit nach dem Willen des Richtliniengebers und des Gesetzgebers nur bei Bodenschäden vorliegen. Die §§ 4 – 7 USchadG können daher nur in Bezug auf Bodenschäden drittschützende Wirkung entfalten.

bb) § 10 USchadG als drittschützende Norm

§ 10 USchadG ist drittschützend.[544] § 10 USchadG vermittelt von einem Umweltschaden im Sinne des USchadG betroffenen natürlichen und juristischen Personen sowie Vereinigungen, die sich für den Umweltschutz einsetzen, einen Anspruch auf Tätigwerden der Behörde in Bezug auf die Durchsetzung von Sanierungsmaßnahmen sowie die hiermit in Zusammenhang stehenden Informationspflichten.[545]

cc) Zwischenergebnis

Drittschützend sind somit die Vorschriften der §§ 4 – 7 USchadG betreffend die Bodenschäden und § 10 USchadG. Dies bedeutet: wird auf Grund der Verweisung des § 11 Abs. 2 USchadG in Verbindung mit § 2 Abs. 1 Nr. 1 2. Var. UmwRBG a.F. daran festgehalten, dass das Kriterium der Drittbezogenheit erfüllt sein muss, stünde den Umweltverbänden zwar in Bezug auf das in § 10 USchadG normierte Initiativrecht bezüglich der Sanierungsmaßnahmen und der insoweit bestehenden Informationsrechte ein Klagerecht zu. Darüber hinaus bestünden jedoch keine Klagerechte. Es ist in Anbetracht der bis zum 29. Januar 2013 geltenden Rechtslage fraglich gewesen, ob Umweltverbände berechtigt gewesen wären, Sanierungsverfügungen nach § 6 USchadG und Verfügungen nach § 5 USchadG zur Vermeidung der Entstehung von Umweltschäden im Wege einer Anfechtungsklage auf formelle und materielle Rechtmäßigkeit überprüfen zu lassen. Dies hing entscheidend davon ab, ob an dem Merkmal der Verletzung subjektiver Rechte festgehalten werden sollte. Es ist daher entscheidend, ob die Beschränkung der Klagebefugnis auf drittschützende Normen und somit die Verweisung auf § 2 Abs. 1 UmwRBG a.F. mit der Richtlinie 2004/35/EG vereinbar ist.

*e) Das Urteil des EuGH vom 12. Mai 2011 – C-115/09*

Die Vereinbarkeit des § 11 Abs. 2 USchadG i.V.m. § 2 Abs. 1 Nr. 1 UmwRBG a.F. mit der Umwelthaftungsrichtlinie wird auf Grund der großen Ähnlichkeit der Regelungen der Richtlinien 2003/35/EG und 2004/35/EG maßgeblich durch die

---

544 *Marty*, ZUR 2009, 115/122.
545 S.o. 5. Kapitel B) III. 1., 2. a), b); *Marty*, ZUR 2009, 115/122.

Entscheidung C-115/09 des EuGH vom 12. Mai 2011 beeinflusst.[546] Es ist deshalb im Folgenden näher auf diese Entscheidung einzugehen.

aa) Der Verfahrensgang

Dem Vorabentscheidungsverfahren gemäß Art. 267 AEUV lag ein Verfahren vor dem OVG Nordrhein-Westfalen zugrunde, in dessen Verlauf das zuständige Gericht die die Vereinbarkeit des § 2 Abs. 1 UmwRBG a.F. mit der Richtlinie 2003/35/EG angezweifelt und diese Frage deshalb dem EuGH vorgelegt hat.[547]

Das OVG Nordrhein-Westfalen hatte sich mit folgendem Sachverhalt zu befassen: Das Unternehmen Trianel plante die Errichtung und den Betrieb eines Steinkohlekraftwerks mit einer Feuerungswärmeleistung von bis zu 1.705 MW und einer elektrischen Nettoleistung von 750 MW. Von der zuständigen Genehmigungsbehörde wurde zugunsten von Trianel ein Vorbescheid und mit Datum vom 6. Mai 2008 eine erste Teilgenehmigung erlassen. Gegen diese Bescheide wandte sich der Bund für Umwelt und Naturschutz Deutschland, Landesverband Nordrhein-Westfalen e.V. mit seiner Anfechtungsklage.

Zur Begründung der Klagebefugnis setzte sich der Senat zunächst mit dem durch das Bundes-Naturschutzgesetz begründeten Klagerecht, § 61 BNatSchG in seiner bis zum 28. Februar 2010 geltenden Fassung, auseinander. Dessen Voraussetzungen waren jedoch nicht einschlägig. Das beantragte Vorhaben war zwar nach dem Bundes-Immissionsschutzgesetz genehmigungsbedürftig, nicht aber nach anderen Vorschriften planfeststellungsbedürftig. In Betracht kam die Anwendung der Vorschriften des UmwRBG. Denn für das Vorhaben war eine Umweltverträglichkeitsprüfung durchzuführen und es ist in Spalte 1 des Anhangs zur 4. BImSchV genannt.[548]

Das UmwRBG regelt in § 2 die Voraussetzungen einer Klage einer Umweltvereinigung gegen Entscheidungen oder Unterlassungen der Behörde im Rahmen des Anwendungsbereiches des Gesetzes. Im Rahmen der Klagebefugnis muss dargelegt werden, dass eine Vorschrift, die Rechte Einzelner begründen kann, verletzt wird, § 2 Abs. 1 Nr. 1 UmwRBG a.F.. Selbiges gilt gemäß § 2 Abs. 5 Nr. 1 UmwRBG a.F. für die Begründetheit.

Der Kläger rügte zahlreiche Verstöße gegen das Wasserrecht, den Artenschutz sowie gegen das in § 5 Abs. 1 Nr. 2 BImSchG normierte Vorsorgeprinzip. Sämtliche dieser Vorschriften bestehen jedoch nur im Interesse der Allgemeinheit. Die

546 S.u. 6. Kapitel C) II. 3.

547 OVG Münster, Vorabentscheidungsersuchen vom 5. März 2009, 8 D 58/08.

548 OVG Münster, Vorabentscheidungsersuchen vom 5. März 2009, 8 D 58/08.

Verletzung einer individualschützenden Norm konnte somit nicht geltend gemacht werden. Die Anwendung des UmwRBG durch das Gericht schien ausgeschlossen. Das Gericht hatte jedoch Zweifel, ob § 2 Abs. 1 Nr. 1, Abs. 5 Nr. 1 UmwRBG a.F. mit der zugrundeliegenden Richtlinie 2003/35/EG vereinbar ist. Es wurde die Frage der Vereinbarkeit des § 2 Abs. 1 Nr. 1, Abs. 5 Nr. 1 UmwRBG a.F. mit der Richtlinie 2003/35/EG dem EuGH im Rahmen des Vorabentscheidungsverfahrens vorgelegt.

In den Schlussanträgen wurde dafür plädiert, die Unvereinbarkeit des § 2 Abs. 1 Nr. 1, Abs. 5 Nr. 1 UmwRBG a.F. mit der Richtlinie 2003/35/EG festzustellen.

Der EuGH kam mit Urteil vom 12. Mai 2011 zu dem Ergebnis, mit der Richtlinie 2003/35/EG sei eine nationale Regelung nicht zu vereinbaren, deren Anwendung zur Folge habe, dass ein Umweltverband die Verletzung einer Vorschrift nicht geltend machen könne, „die aus dem Unionsrecht hervorgegangen ist und den Umweltschutz bezweckt, weil diese Vorschrift nur die Interessen der Allgemeinheit und nicht die Rechtsgüter Einzelner schützt“[549].

§ 2 Abs. 1 Nr. 1, Abs. 5 Nr. 1 UmwRBG a.F. erweist sich daher auf Grund des Erfordernisses, dass die als verletzt gerügte Vorschrift Rechte Einzelner begründen können muss, als mit dem zugrundeliegenden Europarecht unvereinbar. Denn die Geltendmachung der Verletzung alleine dem Umweltschutz dienender Vorschriften ist danach ausgeschlossen.

bb) Die Rechtsfolgen des Urteils des EuGH für das deutsche Recht

Ungeachtet der festgestellten Europarechtswidrigkeit bleibt die Vorschrift rechtswirksam. Die Normverwerfungskompetenz für formelles deutsches Recht liegt gemäß Art. 100 Abs. 1 GG ausschließlich beim Bundesverfassungsgericht.[550] Die jeweilige Vorschrift ist jedoch in Folge der vom EuGH festgestellten Europarechtswidrigkeit von den nationalen Gerichten entweder europarechtskonform auszulegen[551] oder aber, soweit eine solche Auslegung aus rechtlichen Gründen nicht möglich ist, unangewendet zu lassen.[552]

Die Norm hat mangels Nichtigkeitsfeststellung durch das Bundesverfassungsgericht[553] und Änderung durch den Gesetzgeber weiterhin Bestand und kann daher

---

549 Tenor 1 des Urteils des EuGH in der Rechtssache C-115/09 vom 12. Mai 2011.

550 *Hirsch*, NJW 2000, 1817/1819; *Hummel*, NVwZ 2008, 36/38, 39.

551 Zur europarechtskonformen Auslegung nationalen Rechts, s.u. 6. Kapitel C) II. 3. h) aa).

552 *Hirsch*, NJW 2000, 1817/1819.

553 Art. 100 Abs. 1 GG.

grundsätzlich angewendet werden, es sei denn, dies verstößt gegen höherrangiges Recht, insbesondere Europarecht.

cc) Die Urteilsgründe

Der Gerichtshof begründet sein Urteil im Wesentlichen mit dem Argument, dass die Bestimmungen der Richtlinie 2003/35/EG „unter Berücksichtigung der Ziele des Übereinkommens von Aarhus auszulegen“[554] seien, „an das, wie dem fünften Erwägungsgrund der Richtlinie 2003/35 zu entnehmen ist, das Unionsrecht ordnungsgemäß angeglichen werden soll“[555]. Aus dieser Zielsetzung folge, dass die „Umweltverbände unabhängig davon, welches Kriterium[556] für die Zulässigkeit von Rechtsbehelfen ein Mitgliedsstaat wählt, nach Art. 10a der Richtlinie 85/337 ein Recht auf Zugang zu einem Überprüfungsverfahren vor einem Gericht oder einer anderen auf gesetzlicher Grundlage geschaffenen unabhängigen und unparteiischen Stelle haben, um die materiell-rechtliche und verfahrensrechtliche Rechtmäßigkeit von Entscheidungen, Handlungen oder Unterlassungen im Sinne dieses Artikels anzufechten“.[557] Den Umweltverbänden sei vor diesem Hintergrund ein „weiter Zugang zu den Gerichten“ zu gewähren.[558] Die europarechtlich eingeräumten Rechte dürften nicht praktisch unmöglich oder übermäßig erschwert werden.[559]

*f) Übertragbarkeit der Argumentation des EuGH auf das USchadG*

Zu prüfen ist, ob die Argumente des EuGH auf § 11 Abs. 2 USchadG i.V.m. § 2 Abs. 1 Nr. 1 UmwRBG a.F. übertragbar sind. Dies hätte zur Folge, dass deutsche Gerichte die Vorschrift europarechtskonform auslegen müssten und der EuGH im Rahmen eines Vorabentscheidungsverfahrens ebenfalls aller Voraussicht nach die Unvereinbarkeit der deutschen Regelung mit europäischem Recht feststellen würde. Wäre dies der Fall, ist zu prüfen, welche rechtlichen Konsequenzen dies für einen klagewilligen Umweltverband hätte.

Ausgangspunkt der Frage, ob die Ausführungen des EuGH auf das USchadG übertragbar sein können, ist ein Vergleich der dem UmwRBG und dem USchadG zugrundeliegenden Richtlinien.

554 EuGH, Urteil vom 12. Mai 2011, C-115/09, Rn. 41.
555 EuGH, Urteil vom 12. Mai 2011, C-115/09, Rn. 41.
556 Gemeint ist die von dem umsetzenden Mitgliedsstaat zu treffende Entscheidung zwischen der Interessentenklage und der Verletztenklage, Einfügung durch die Verfasserin.
557 EuGH, Urteil vom 12. Mai 2011, C-115/09, Rn. 42.
558 EuGH, Urteil vom 12. Mai 2011, C-115/09, Rn. 46.
559 EuGH, Urteil vom 12. Mai 2011, C-115/09, Rn. 43.

aa) Die rechtlichen Grundlagen des UmwRBG und des USchadG

Ausweislich der Richtlinie 2003/35/EG soll zugunsten der „Mitglieder der betroffenen Öffentlichkeit, die a) ein ausreichendes Interesse haben oder alternativ b) eine Rechtsverletzung geltend machen, sofern das Verwaltungsverfahrensrecht bzw. Verwaltungsprozessrecht eines Mitgliedstaats dies als Voraussetzung erfordert"[560], „im Einklang mit dem Ziel, der betroffenen Öffentlichkeit einen weiten Zugang zu Gerichten zu gewähren"[561] der „Zugang zu einem Überprüfungsverfahren vor einem Gericht oder einer anderen auf gesetzlicher Grundlage geschaffenen unabhängigen und unparteiischen Stelle"[562] ermöglicht werden. In diesem soll „die materiellrechtliche und verfahrensrechtliche Rechtmäßigkeit von Entscheidungen, Handlungen oder Unterlassungen" [563] angefochten werden können.

Die Umwelthaftungsrichtlinie enthält eine ähnliche Regelung. Art. 13 Abs. 1 der Richtlinie 2004/35/EG bestimmt, dass zur Überprüfung der Entscheidungen, Handlungen und Unterlassungen der Behörde ein unabhängiges und unparteiisches Überprüfungsverfahren zu schaffen ist. Hinsichtlich des zur Einleitung eines solchen Überprüfungsverfahrens berechtigten Personenkreises verweist Art. 13 Abs. 1 der Richtlinie 2004/35/EG auf Art. 12 Abs. 1 der Richtlinie. Danach erhalten „natürliche oder juristische Personen, die a) von einem Umweltschaden betroffen oder wahrscheinlich betroffen sind oder b) ein ausreichendes Interesse an einem umweltbezogenen Entscheidungsverfahren bezüglich des Schadens haben oder alternativ c) eine Rechtsverletzung geltend machen, sofern das Verwaltungsverfahrensrecht bzw. Verwaltungsprozessrecht eines Mitgliedstaats dies als Voraussetzung erfordert" das Recht, „die zuständige Behörde aufzufordern, gemäß dieser Richtlinie tätig zu werden."

bb) Die Gemeinsamkeiten der Richtlinien 2003/35/EG und 2004/35/EG

Die beiden Richtlinien weisen erhebliche Gemeinsamkeiten auf. Die Adressaten der Regelungen sind identisch. Erfasst werden die durch ein Vorhaben[564] bzw. einen Umweltschaden[565] betroffenen natürlichen und juristischen Personen sowie Umweltverbände. Sprachlich werden die Adressaten der jeweiligen Pflichten in

560 Art. 3 Nr. 7 sowie Art. 4 Nr. 4 der Richtlinie 2003/35/EG.
561 Art. 3 Nr. 7 sowie Art. 4 Nr. 4 der Richtlinie 2003/35/EG.
562 Art. 3 Nr. 7 sowie Art. 4 Nr. 4 der Richtlinie 2003/35/EG.
563 Art. 3 Nr. 7 sowie Art. 4 Nr. 4 der Richtlinie 2003/35/EG.
564 Richtlinie 2003/35/EG.
565 Richtlinie 2004/35/EG.

den Richtlinien zwar unterschiedlich bezeichnet, dies bedeutet jedoch nicht, dass hiermit inhaltliche Differenzierungen einhergingen.[566] Im Einzelnen:

Die Richtlinie 2003/35/EG räumt den „Mitgliedern der betroffenen Öffentlichkeit“ Rechte ein, wohingegen die Richtlinie 2004/35/EG den berechtigten Personenkreis näher bestimmt, indem zugunsten der natürlichen und juristischen Person ein Anspruch auf gerichtliche Überprüfung der behördlichen Tätigkeiten begründet wird, die von einem Umweltschaden betroffen sind oder die ein Interesse an einem Entscheidungsverfahren haben oder die eine Rechtsverletzung geltend machen können, wenn die nationale Rechtsordnung dies verlangt, Art. 13 Abs. 1 i.V.m. Art. 12 Abs. 1 der Richtlinie 2004/35/EG.

Die in der Richtlinie 2003/35/EG verwendete weite Formulierung „Mitglieder der betroffenen Öffentlichkeit“ erfährt eine Präzisierung durch das der Richtlinie zugrundeliegende Übereinkommen von Aarhus.[567] [568] Art. 2 Nr. 5 der Aarhus-Konvention definiert den Begriff der „betroffenen Öffentlichkeit.“ Danach handelt es sich um „die von umweltbezogenen Entscheidungsverfahren betroffene oder wahrscheinlich betroffene Öffentlichkeit oder die Öffentlichkeit mit einem Interesse daran; im Sinne dieser Begriffsbestimmung haben nichtstaatliche Organisationen, die sich für den Umweltschutz einsetzen und alle nach innerstaatlichem Recht geltenden Voraussetzungen erfüllen, ein Interesse.“ Da die Aarhus-Konvention von einer Betroffenheit ausgeht, wenn ein Interesse an dem Entscheidungsverfahren geltend gemacht werden kann, gilt dies erst recht, wenn durch das Verfahren eine Rechtsverletzung hervorgerufen wird. Eine Betroffenheit im Sinne der Richtlinie 2003/35/EG liegt daher vor, wenn ein ausreichendes Interesse oder eine Rechtsverletzung geltend gemacht werden kann.

Die Umwelthaftungsrichtlinie verlangt ebenfalls das Vorliegen eines ausreichenden Interesses oder, in Abhängigkeit von der jeweiligen Rechtsordnung, einer

---

566 Die Amtliche Begründung zum Umweltschadensgesetz verweist ebenfalls auf die Parallelität und die deshalb mögliche Verweisung auf das Umwelt-Rechtsbehelfsgesetz und dessen Begründung, BT-Drs. 16/3806, S. 28.

567 Das Übereinkommen von Aarhus trägt die offizielle Bezeichnung „Übereinkommen über den Zugang zu Informationen, die Öffentlichkeitsbeteiligung an Entscheidungsverfahren und den Zugang zu Gerichten in Umweltangelegenheiten“ (im Folgenden: Aarhus-Konvention) und wurde am 25. Juni 1998 unterzeichnet und ist am 30. Oktober 2001 in Kraft getreten.

568 Erwägungsgründe 5 bis 12 der Richtlinie 2003/35/EG verweist auf die Konvention von Aarhus. Der EuGH betont die Anwendbarkeit der Konvention von Aarhus im Rahmen der Richtlinie 2003/35/EG in RN. 41 des Urteils C-115/09 vom 12. Mai 2011.

Rechtsverletzung. Soweit darüber hinaus die Betroffenheit der natürlichen oder juristischen Person durch den Umweltschaden als weitere, unabhängig daneben stehenden Variante genannt wird, ist dies überflüssig, da die durch einen Umweltschaden in ihren Rechten betroffene Person gleichzeitig ein Interesse bzw. eine Rechtsverletzung geltend machen kann.

cc) Die Unterschiede zwischen den Richtlinien 2003/35/EG und 2004/35/EG

Zwischen den Richtlinien bestehen jedoch bezüglich der Rechte der betroffenen Personen auch Unterschiede. Gemäß Art. 3 Nr. 7 und Art. 4 Nr. 4 der Richtlinie 2003/35/EG müssen die Mitgliedsstaaten eine Umsetzung der Richtlinie vornehmen, die im Einklang mit dem Ziel steht, „der betroffenen Öffentlichkeit einen weiten Zugang zu Gerichten zu gewähren." Ein solcher Passus ist in der Richtlinie 2004/35/EG nicht enthalten. Die Zielsetzung der Richtlinie 2003/35/EG ist zurückzuführen auf das zugrunde liegende Übereinkommen von Aarhus, welches das Ziel hat, die Rechte der Öffentlichkeit im Bereich des Umweltrechtes und die Teilhabe an staatlichen Verfahren zu stärken.[569]

Obgleich Art. 9 Abs. 3 der Aarhus-Konvention bestimmt, dass sicherzustellen ist, dass „Mitglieder der Öffentlichkeit, sofern sie etwaige in ihrem innerstaatlichen Recht festgelegte Kriterien erfüllen, Zugang zu verwaltungsbehördlichen oder gerichtlichen Verfahren haben, um die von Privatpersonen und Behörden vorgenommenen Handlungen und begangenen Unterlassungen anzufechten, die gegen umweltbezogene Bestimmungen ihres innerstaatlichen Rechts verstoßen", findet die Richtlinie 2004/35/EG ihren Ursprung nicht in der Aarhus-Konvention.[570] Zum einen wird an keiner Stelle der Richtlinie 2004/35/EG oder auch der Amtlichen Begründung zum USchadG die Aarhus-Konvention erwähnt. Zum anderen würde die Richtlinie 2004/35/EG den Anforderungen der Aarhus-Konvention nicht gerecht. Die Umwelthaftungsrichtlinie eröffnet den Zugang zu den Gerichten oder vergleichbaren unabhängigen und unparteiischen Überprüfungsverfahren nur für solche Umweltschäden, die durch die in der Richtlinie genannten Handlungen unter den dort näher bezeichneten Voraussetzungen[571] verursacht wurden. Die

569 Übereinkommen über den Zugang zu Informationen, die Öffentlichkeitsbeteiligung an Entscheidungsverfahren und den Zugang zu Gerichten in Umweltangelegenheiten, S. 2.

570 Die Aarhus-Konvention wurde umgesetzt durch das Umweltinformationsgesetz, das Öffentlichkeitsbeteiligungsgesetz und das Umweltrechtsbehelfsgesetz.

571 Bei diesen handelt es sich insbesondere um die beruflichen Tätigkeiten im Sinne der Anlage III zur Umwelthaftungsrichtlinie sowie den zeitlichen Rahmen der Schadensverursachung.

Aarhus-Konvention geht jedoch darüber hinaus: es soll umfassend in Angelegenheiten, die die Umwelt betreffen, zugunsten von Umweltverbänden die Möglichkeit zur Erlangung gerichtlichen Rechtsschutzes geschaffen werden. Die Europäische Kommission brachte am 24. Oktober 2003 zur Umsetzung des Art. 9 Abs. 3 der Aarhus-Konvention einen Vorschlag für eine Richtlinie mit der Bezeichnung „Proposal for a DIRECTIVE OF THE EUROPEAN PARLIAMENT AND OF THE COUNCIL on access to justice in environmental matters“[572] ein. Die Richtlinie wurde bisher jedoch nicht in Kraft gesetzt. Die Richtlinie bezweckt, den Zugang von Vereinigungen, die sich für den Umweltschutz einsetzen, zu Gerichten und Verwaltungsverfahren zu verbessern.[573] Der Richtlinienvorschlag findet seine Berechtigung darin, dass sein Regelungsgehalt – der Schaffung uneingeschränkten Zugangs zu den Gerichten – noch nicht von der Umwelthaftungsrichtlinie erfasst war.

Der maßgebliche Unterschied in Bezug auf den Zugang von Betroffenen und Umweltverbänden zu unabhängigen Überprüfungsverfahren besteht somit in „dem Ziel, einen weiten Zugang zu Gerichten zu gewähren.“ Diese Zielsetzung ist in der Richtlinie 2003/35/EG enthalten, nicht aber in der Richtlinie 2004/35/EG. Der Unterschied ist durch den unterschiedlichen Ursprung der Richtlinien 2003/35/EG und 2004/35/EG erklärbar.

#### dd) Zwischenergebnis

Obwohl die Richtlinien 2003/35/EG und 2004/35/EG strukturell in Bezug auf die Anforderungen an die klageberechtigten Personen ähnlich sind, unterscheiden sie sich wesentlich dadurch, dass ausweislich der Richtlinie 2003/35/EG die Gewährung eines weiten Zugangs zu den Gerichten sicherzustellen ist, den im Gegensatz hierzu die Richtlinie 2004/35/EG nicht fordert.

### *g) Die Bedeutung des Urteils des EuGH C-115/09 für das USchadG*

#### aa) Einführung

Dem Klagerecht für Einzelpersonen und Umweltverbände im USchadG liegt Art. 13 Abs. 1 i.V.m. Art. 12 Abs. 1 der Richtlinie 2004/35/EG zugrunde.[574] Gemäß

572 COM(2003) 624 final, 2003/0246 (COD). Der Richtlinienvorschlag liegt nur in der englischen Version vor. Frei übersetzt: „Vorschlag für eine Richtlinie des Europäischen Parlaments und des Rates über den Zugang zu Gerichten in Umweltangelegenheiten.“

573 Richtlinienvorschlag COM(2003) 624 final, 2003/0246, S. 3.

574 BT-Drs. 16/3806, S. 28.

Art. 12 Abs. 1 UA 1 c) der Umwelthaftungsrichtlinie sind klageberechtigt unter anderem natürliche und juristische Personen, die eine Rechtsverletzung geltend machen können, sofern das Verwaltungsverfahrensrecht bzw. das Verwaltungsprozessrecht des Mitgliedstaats dies als Voraussetzung fordert. Hierdurch scheint § 2 Abs. 1 UmwRBG a.F., der die Geltendmachung der Verletzung einer Vorschrift, die Rechte Dritter begründen kann, mit der Umwelthaftungsrichtlinie vereinbar zu sein. Die Umsetzung erwiese sich demnach als europarechtskonform. Allerdings enthält auch die Richtlinie 2003/35/EG in Art. 3 Nr. 7 sowie Art. 4 Nr. 4 die vorstehende Formulierung. Der EuGH hielt dies jedoch für unbeachtlich. § 2 Abs. 1 Nr. 1, Abs. 5 Nr. 1 UmwRBG a.F. seien mit der zugrundeliegenden Richtlinie nicht vereinbar.

Auch der wesentliche Unterschied zwischen den Richtlinien – die Richtlinie 2003/35/EG verfolgt ausdrücklich das Ziel, „einen weiten Zugang zu den Gerichten zu gewähren“ – lässt nicht zwangsläufig den Schluss zu, ein weiter Zugang zu den Gerichten sei im Rahmen der Anwendung des USchadG nicht zu gewährleisten, weshalb das Erfordernis einer drittschützenden Norm in diesem Zusammenhang im Gegensatz zum Umweltrechtsbehelfsgesetz europarechtskonform wäre.

bb) Weitere Argumente gegen die Europarechtskonformität des § 2 Abs. 1 Nr. 1 UmwRBG a.F.

Die Europarechtskonformität des § 2 Abs. 1 Nr. 1 UmwRBG a.F. wurde auch mit dem Argument angezweifelt, dass das Merkmal der Verletzung subjektiv-öffentlicher Rechte die europarechtlichen Vorgaben konterkarieren würde.[575] Die Geltendmachung subjektiver-öffentlicher Rechte sei im Rahmen der Klage Einzelner sinnvoll, nicht aber im Rahmen einer altruistischen Verbandsklage.[576] Der Einzelne soll nicht in die Lage versetzt werden, ohne Bezug zu seiner Person, allgemeinwohlorientierte Klagen zu erheben. Im Rahmen der vom europäischen Richtliniengeber gewünschten altruistischen Verbandsklage[577] erfordere der zukunftsbezogene Schutz der Umwelt und der natürlichen Lebensgrundlagen des Menschen eine objektivrechtliche Kontrolle, keine Kontrolle nur der Verletzung subjektiver Rechte.[578]

Auch der Wortlaut der Art. 3 Nr. 7 und Art. 4 Nr. 4 der Richtlinie 2003/35/EG wurde gegen die Europarechtskonformität herangezogen. Sie enthielten keine

575 *Gassner*, NuR 2007, 143/147; *Ziekow*, NVwZ 2007, 259/260.
576 *Gassner*, NuR 2007, 143/147.
577 *Ziekow*, NVwZ 2007, 259/260.
578 *Koch*, NVwZ 2007, 369/376.

Einschränkungen des Rechts, in einem gerichtlichen oder vergleichbaren Verfahren die Einhaltung der formellen wie auch materiellen Rechtmäßigkeitsvoraussetzungen des behördlichen Handelns überprüfen zu lassen, weshalb diese auch nicht durch die Mitgliedsstaaten eingeführt werden dürften.[579]

Das Abstellen auf das Erfordernis einer Rechtsverletzung zugunsten der Mitgliedsstaaten, die in ihren Prozessordnungen die Verletztenklage vorsehen, würde diesen ferner die Möglichkeit einräumen, das Klagerecht der Umweltverbände zu beschränken, wohingegen den Mitgliedsstaaten, in denen das Modell der Interessentenklage gilt, diese Möglichkeit nicht eröffnet wäre.[580] Einen eher praktischen Nutzen der Verbandsklage führt *Koch* ins Feld, wenn er argumentiert, dass die Verbandsklage erforderlich sei, um eine Kontrolle der Verwaltungen gewährleisten zu können. Die Verwaltungen stünden wegen der Globalisierung oft unter dem Druck von Politik und Wirtschaft[581] und bedürften daher unabhängiger Kontrolle. Erfahrungen in der Praxis zeigten auch, dass bereits die Möglichkeit einer Verbandsklage dazu führe, dass Entscheidungen sorgfältiger vorbereitet und begründet würden.[582] Dies setzt jedoch voraus, dass die Verbände in einer möglichst umfassenden Weise klageberechtigt sind. Ferner wies die Generalanwältin in ihren Schlussanträgen in dem Trianel-Verfahren darauf hin, dass es nach der deutschen Rechtslage vom Zufall abhängen könne, ob ein Umweltverband klagebefugt sei. Entscheidend sei, ob in der Umgebung der zu schützenden Natur Menschen lebten, die eine (mögliche) Verletzung in eigenen Rechten geltend machen könnten.[583] Die Rechte von Umweltverbänden dürften jedoch – zum Schutze der Natur – nicht von Zufällen abhängen.

#### cc) Die Bedeutung der Erwägungsgründe 25 und 26 der Umwelthaftungsrichtlinie für das USchadG

Die spezifischen Voraussetzungen der Richtlinie 2004/35/EG dürfen trotz des Ziels, im Sinne des Umweltschutzes den Umweltverbänden möglichst weitreichende

---

579 *Kment*, NVwZ 2007, 274/278.

580 *Gellermann*, NVwZ 2006, 7/9.

581 *Koch*, NVwZ 2007, 369/370.

582 *Schrödter*, NVwZ 2009, 157/160 unter Verweis auf die Gesetzesbegründung zur Verbandsklage nach den §§ 61, 62 BNatSchG 2002; BT-Drs. 14/6378, S. 61; in diesem Sinne wohl auch die Begründung zu den Schlussanträgen der Generalanwältin Sharpston in dem Verfahren C-115/09 vom 16. Dezember 2010, Rn. 52.

583 Begründung zu den Schlussanträgen der Generalanwältin Sharpston in dem Verfahren C-115/09 vom 16. Dezember 2010, Rn. 72.

Klagerechte einzuräumen, nicht außer Acht gelassen werden. Dies bedeutet, dass betreffend das Klagerecht der Vereinigungen die Erwägungsgründe 25 und 26 der Richtlinie 2004/35/EG einer genauen Betrachtung zu unterziehen sind.

Nach Erwägungsgrund 25 S. 3 der Richtlinie 2004/35/EG haben die Mitgliedsstaaten dafür Sorge zu tragen, dass die betroffenen natürlichen und juristischen Personen sowie die Vereinigungen, die sich für den Umweltschutz einsetzen, „angemessen zur wirksamen Umsetzung" der Richtlinie beitragen können. Die Beschränkung auf eine *angemessene* Beteiligung bringt zum Ausdruck, dass den Verbänden keine uneingeschränkte Beteiligung einzuräumen ist. Erwägungsgrund 25 bezieht sich allerdings nur auf die Rechte im behördlichen Verfahren. Mit dem gerichtlichen Verfahren befasst sich Erwägungsgrund 26. Danach soll den „betroffenen natürlichen und juristischen Personen" Zugang zu Verfahren ermöglicht werden, in denen die Rechtmäßigkeit der Entscheidungen, Handlungen oder die Untätigkeit der Behörden überprüft werden können. Die Rechte von Nichtregierungsorganisationen werden in Erwägungsgrund 26 nicht erwähnt. Hieraus könnte geschlossen werden, dass der Richtliniengeber den Nichtregierungsorganisationen keinen Zugang zu den gerichtlichen Überprüfungsverfahren einräumen wollte. Diese Ansicht wäre jedoch mit den übrigen Regelungen der Umwelthaftungsrichtlinie nicht vereinbar. Die Differenzierung in Erwägungsgrund 25 zwischen betroffenen natürlichen und juristischen Personen und Umweltverbänden macht zwar deutlich, dass nach dem Willen des europäischen Richtliniengebers die Umweltverbände nicht als durch einen Umweltschaden Betroffene anzusehen sind. Das Unterbleiben der ausdrücklichen Benennung der Umweltverbände im Zusammenhang mit Erwägungsgrund 26 ist jedoch als ausschließlich redaktionelles Versehen anzusehen. Satz 3 von Erwägungsgrund 25 bringt zum Ausdruck, dass Umweltverbände grundsätzlich in Umweltangelegenheiten zu beteiligen sind. Die Aussage des Satzes 2 des Erwägungsgrundes 25, dass der Umweltschutz in einer Vielzahl der Fälle kein klar abgrenzbares Interesse darstellt, weshalb die Rechtsverfolgung durch Einzelne entweder nicht erfolgt oder auch nicht erfolgen kann, gilt nicht nur für das verwaltungsbehördliche Verfahren, sondern gleichfalls für das gerichtliche Verfahren. Da in aller Regel dem gerichtlichen Verfahren ein behördliches Verfahren vorausgeht, ist Satz 3 des Erwägungsgrundes 25 auf Erwägungsgrund 26 übertragbar. Auch im gerichtlichen Verfahren sind die Umweltverbände demnach angemessen zu beteiligen.

dd) Übertragbarkeit der Rechtsprechung des EuGH auf das USchadG?

Das Urteil des EuGH vom 12. Mai 2011 kann nicht unbesehen auf § 11 Abs. 2 USchadG i.V.m. § 2 Abs. 1 Nr. 1 UmwRBG a.F. übertragen werden. Denn neben den Gemeinsamkeiten[584] zwischen dem UmwRBG und der Richtlinie 2003/35/EG und dem USchadG und der Richtlinie 2004/35/EG weisen beide auch erhebliche Unterschiede[585] auf.

Es droht durch die deutsche Regelung eine Einschränkung des Klagerechtes der Umweltverbände, die mit der Richtlinie nicht vereinbar ist.

Zwar ist den Umweltverbänden nicht ausdrücklich ein „weiter Zugang zu den Gerichten" zu gewähren. Sie sind jedoch „angemessen" an den Verfahren zur Überprüfung der Tätigkeiten der Behörden zu beteiligen.[586] Die Angemessenheit ist unter Berücksichtigung der Ziele der Union im Bereich des Umweltschutzes zu bestimmen. Der Vertrag über die Arbeitsweise der Europäischen Union[587] verfolgt unter anderem das Ziel, ein möglichst hohes Schutzniveau für die Umwelt zu schaffen, Art. 191 Abs. 2 S. 1 AEUV. Hierauf und auch darauf, dass die Rahmenbedingungen für die Verbesserung des Umweltschutzes im gesamten europäischen Rechtsraum vergleichbar sein müssen, hat der EuGH in seinem Urteil vom 12. Mai 2011 hingewiesen.[588] Besondere Bedeutung komme in diesem Zusammenhang dem Effektivitätsgrundsatz zu.[589] Vor diesem Hintergrund sowie dem Subsidiaritätsprinzip des Art. 5 Abs. 2 EUV bestimmt Erwägungsgrund 3 der Umwelthaftungsrichtlinie, dass das Ziel der Richtlinie 2004/35/EG – die Schaffung eines gemeinsamen Ordnungsrahmens zur Vermeidung und Sanierung von Umweltschäden – auf der Ebene der einzelnen Mitgliedsstaaten ohne eine europäische Mitwirkung nicht erreicht werden könne. Ein gemeinschaftsrechtliches Handeln sei daher unerlässlich. Wenn im Sinne des Art. 5 EUV Voraussetzung für ein Handeln der Gemeinschaft durch Einführung einer Richtlinie ist, dass europaweit vergleichbare Standards geschaffen werden, dann muss auch in den einzelstaatlichen Umsetzungen ein vergleichbares Schutzniveau erreicht werden. Beschränkungen des Klagerechts, die den Umweltverbänden in einer Vielzahl von Fällen die Klagebefugnis entzögen, wie dies in Deutschland durch das Erfordernis der Verletzung einer drittschützenden Norm geschieht, wären nicht zulässig.[590]

---

584 S.o. 6. Kapitel C) II. 3. f) bb).

585 S.o. 6. Kapitel C) II. 3. f) cc).

586 Erwägungsgrund 25 der Richtlinie 2004/35/EG.

587 Im Folgenden: AEUV.

588 EuGH, Urteil vom 12. Mai 2011, C-115/09, Rn. 46.

589 EuGH, Urteil vom 12. Mai 2011, C-115/09, Rn. 46.

590 Auch der Rat von Sachverständigen für Umweltfragen vertritt die Auffassung, dass das europäische Recht die Einführung einer altruistischen Verbandsklage in Deutschland erforderlich macht (Stellungnahme des Rates von Sachverständigen für Umweltfragen, SRU Nr. 05, S. 17, 18).

Die Argumente für die Europarechtswidrigkeit des § 2 Abs. 1 Nr. 1 UmwRBG a.F. sind daher auf das USchadG übertragbar.

ee) Rechtsfolgen für die Anwendung des USchadG

Die Feststellung der Übertragbarkeit der Zweifel an der Europarechtskonformität des § 2 Abs. 1 Nr. 1 UmwRBG a.F. auf das USchadG zwingt zu der Überlegung, inwieweit sich § 11 Abs. 2 USchadG i.V.m. § 2 Abs. 1 Nr. 1 2. Var. UmwRBG a.F. als mit der Umwelthaftungsrichtlinie vereinbar erwies.

Vor dem Hintergrund, dass § 10 USchadG einen Anspruch auf Tätigwerden vermittelt und daher drittschützend ist, wird im Folgenden differenziert zwischen der Verpflichtungsklage und der Anfechtungsklage.

(1) Verpflichtungsklagen

Begehrt der Kläger das Tätigwerden der Behörde, muss er im Rahmen der Verpflichtungsklage die Möglichkeit des Bestehens eines Anspruches darlegen.

Gemäß § 10 USchadG wird die zuständige Behörde zur Durchsetzung der Sanierungspflichten tätig, wenn ein Betroffener oder eine Vereinigung dies beantragt. § 10 USchadG begründet somit einen Anspruch des Umweltverbandes gegen die Behörde auf das Ergreifen von Sanierungsmaßnahmen.[591] Er ist drittschützend, soweit das Ergreifen von Sanierungsmaßnahmen beantragt wurde.[592] Er vermittelt jedoch keine Ansprüche in Bezug auf die Vornahme von Gefahrenabwehrmaßnahmen gemäß § 5 USchadG.[593] Diese Einschränkung erweist sich als europarechtskonform, da Art. 12 Abs. 5 der Umwelthaftungsrichtlinie die Mitgliedsstaaten berechtigt, das Recht von natürlichen und juristischen Personen und Umweltverbänden, die zuständige Behörde wegen der unmittelbaren Gefahr eines Umweltschadens zu einem Handeln auffordern zu können, auszuschließen. § 10 USchadG regelt zwar nur das Initiativrecht gegenüber der Behörde. Es erschiene jedoch systemwidrig, wenn ein Mitgliedsstaat zwar die Möglichkeit behördlicher Interessenwahrnehmung ausschließen könnte, die gerichtliche Rechtsverfolgung jedoch möglich bliebe. Dies gilt insbesondere vor dem Hintergrund, dass eine vor deutschen Gerichten erhobene Klage nur dann zulässig ist, wenn der Kläger ein Rechtsschutzinteresse darlegen kann. Dieses

591 S.o. 5. Kapitel B) I.

592 S.o. 5. Kapitel B) IV.

593 BT-Drs. 16/3806, S. 27 und Wortlaut des § 10 USchadG, der ausdrücklich nur auf die Durchsetzung der Sanierungspflichten abstellt.

hat er – von Ausnahmen[594] abgesehen – nur dann, wenn er vorher einen Antrag bei der Behörde auf ein Einschreiten gestellt hat.[595] Ferner sieht das deutsche Verwaltungsprozessrecht die Durchführung des Widerspruchsverfahrens gemäß §§ 68 ff. VwGO vor. Diesbezüglich bestimmt Art. 13 Abs. 2 der Richtlinie 2004/35/EG ausdrücklich, dass nationale Vorschriften, die Regelungen über die Erschöpfung des Verwaltungsverfahrens vor Einleitung eines Gerichtsverfahrens enthalten, unberührt bleiben. Das Gemeinschaftsrecht respektiert die diesbezüglichen nationalstaatlichen Regelungen. Die Regelungen über das Widerspruchsverfahren sowie die Grundsätze des Rechtsschutzbedürfnisses sind daher auch im Rahmen von Klagen nach dem USchadG / der Umwelthaftungsrichtlinie anwendbar.

§ 11 Abs. 2 USchadG i.V.m. § 2 Abs. 1 Nr. 1 UmwRBG a.F. erweist sich sowohl in Bezug auf die Sanierungsmaßnahmen als auch in Bezug auf die Gefahrenabwehrmaßnahmen als europarechtskonform, soweit es um die auf ein Tätigwerden der Behörden gerichteten Klagen von Umweltverbänden und natürlichen und juristischen Personen geht.

(2) Anfechtungsklagen

Als problematischer erweist sich die Fallkonstellation, in der die Überprüfung der formellen bzw. materiellen Rechtmäßigkeit des behördlichen Handelns begehrt wird. Der Kläger musste in diesem Fall auf Grund der Regelung des § 11 Abs. 2 USchadG i.V.m. § 2 Abs. 1 Nr. 1 UmwRBG a.F. die Möglichkeit der Verletzung einer drittschützenden Norm darlegen.

Für die klagende natürliche oder juristische Person ist dies unproblematisch, wenn durch die angeordnete Maßnahme Auswirkungen auf subjektive Rechte wie das Eigentum oder die Gesundheit einzutreten drohen.[596] Diese Möglichkeit scheidet für Umweltverbände mangels Bestehens subjektiver Rechte jedoch aus.[597]

---

594 BVerwG, Urteil vom 28. November 2007, 6 C 42/06, Rn. 24 zitiert nach Juris, NVwZ 2008, 575/577; BVerwG, Urteil vom 31. August 1995, 5 C 11/94, Rn. 14 zitiert nach Juris, NJW 1996, 1977/1978; *Pietzcker,* in Schoch/Schmidt-Aßmann/Pietzner, VwGO, § 42 Abs. 1 Rn. 96.

595 BVerwG, Urteil vom 28. November 2007, 6 C 42/06, Rn. 24 zitiert nach Juris, NVwZ 2008, 575/577; *Pietzcker,* in Schoch/Schmidt-Aßmann/Pietzner, VwGO, § 42 Abs. 1 Rn. 96.

596 In diesem Fall sind subjektive Rechte im Sinne des § 42 Abs. 2 VwGO verletzt und die Klagebefugnis daher zu bejahen.

597 S.o. 2. Kapitel B) II. 2. b).

Verbände können auch nicht die Verletzung formellen Rechts rügen, so im Falle der Verletzung von Verfahrensvorschriften, wenn diese nicht unmittelbar mit der Verwirklichung der materiellen Rechtspositionen in Zusammenhang stehen.[598] Ferner kann die Verletzung materiellen Rechts – mit Ausnahme der Betroffenheit in eigenen Rechten durch die Maßnahmen – nicht geltend gemacht werden. Eine Verfügung, durch die die Sanierungsziele nach der Umwelthaftungsrichtlinie und dem USchadG nicht erreicht werden können, kann daher nicht angegriffen werden. Dies ist unschädlich, soweit natürliche oder juristische Personen als Kläger in Betracht kommen. Die Umwelthaftungsrichtlinie geht in Art. 12 und das USchadG in § 10 USchadG davon aus, dass Einzelpersonen nur unter der Voraussetzung einer Betroffenheit in eigenen Rechten klageberechtigt sein müssen.

Die Zielsetzung der Umwelthaftungsrichtlinie, eine umfassende Rechtmäßigkeitskontrolle des behördlichen Handelns zu ermöglichen, wird durch das Erfordernis der Geltendmachung der Verletzung drittschützender Vorschriften unterlaufen. Umweltverbände können behördliche Entscheidungen nicht auf Rechtmäßigkeit überprüfen lassen. Ein Gestaltungsspielraum stand dem nationalen Gesetzgeber bei der Richtlinienumsetzung jedoch nicht zu. § 11 Abs. 2 USchadG i.V.m. § 2 Abs. 1 Nr. 1 UmwRBG a.F. war somit in Bezug auf die Anforderungen bei der Klagebefugnis von Umweltverbänden bei der Anfechtungsklage mit der Richtlinie 2004/35/EG unvereinbar.

ff) Zwischenergebnis

§ 11 Abs. 2 USchadG i.V.m. § 2 Abs. 1 Nr. 1 UmwRBG a.F. erweist sich als europarechtskonform, soweit § 10 USchadG Betroffene und Umweltverbände berechtigt, die Behörde zum Ergreifen von Sanierungsmaßnahmen aufzufordern. Soweit Umweltverbände nicht berechtigt sind, bei Vorliegen eines Gefahrenverdachtes ein Handeln der Behörde zu verlangen, ist auch dies mit der Umwelthaftungsrichtlinie vereinbar.

Soweit die Überprüfung der formellen und materiellen Rechtmäßigkeit einer Entscheidung oder sonstigen Handlung der Behörde davon abhängig gemacht wird, dass die Verletzung einer drittschützenden Norm dargelegt werden kann, ist § 11 Abs. 2 USchadG i.V.m. § 2 Abs. 1 Nr. 1 UmwRBG a.F. europarechtswidrig. Das Klagerecht wird in einer von der Richtlinie 2004/35/EG nicht gedeckten Weise eingeschränkt.

598 BVerwG, Urteil vom 5. Oktober 1990, 7 C 55/89 und 7 C 56/89, Rn. 21 zitiert nach Juris, NVwZ 1991, 369/371.

### *h) Rechtsfolgen der teilweisen Europarechtswidrigkeit des § 11 Abs. 2 USchadG i.V.m. § 2 Nr. 1 UmwRBG a.F.*

In Folge der partiellen Europarechtswidrigkeit ist die Möglichkeit einer europarechtskonformen Auslegung der Richtlinie 2004/35/EG sowie, sollte eine solche nicht möglich sein, der unmittelbaren Anwendung der Richtlinie zu prüfen.

#### aa) Europarechtskonforme Auslegung des § 11 Abs. 2 USchadG

Fraglich ist, ob § 11 Abs. 2 USchadG europarechtskonform ausgelegt werden kann. Die Geltendmachung der Verletzung einer drittschützenden Norm wäre dann nicht erforderlich. Die europarechtskonforme Auslegung ist jedoch ausgeschlossen. Ihr steht der Wortlaut des § 11 Abs. 2 USchadG i.V.m. § 2 Abs. 1 Nr. 1 UmwRBG a.F. entgegen. Denn die gemeinschaftsrechtskonforme Auslegung findet ihre Grenzen in den nationalen Auslegungsregeln.[599] Zwar müssen die nationalen staatlichen Stellen mit Hilfe aller nach dem nationalen Recht anerkannten Auslegungsmethoden[600] versuchen, eine einen Auslegungsspielraum belassende Norm[601] in der Weise auszulegen, dass der Richtlinie zur Wirkung verholfen wird. Die Weite der möglichen Auslegung einer Vorschrift wird jedoch begrenzt durch den Wortlaut der Norm.[602] Eine Auslegung gegen den erkennbaren Willen[603] des Gesetzgebers ist unzulässig.[604]

Eine solche Auslegung entgegen des gesetzgeberischen Willens läge jedoch vor, würde auf das Merkmal der Drittschutzgerichtetheit der Norm verzichtet. Denn der deutsche Gesetzgeber hat die Klagebefugnis ausdrücklich an das Erfordernis der Verletzung einer drittschützenden Norm geknüpft.

Dem erkennbar entgegenstehenden Willen des Gesetzgebers ist auch geschuldet, dass die Umweltverbände nicht unter den Begriff des Betroffenen subsumiert werden können.[605] Sowohl die Umwelthaftungsrichtlinie als auch das USchadG

---

599 Dörr/Lenz, Europäischer Verwaltungsrechtsschutz, Rn. 385.

600 EuGH, Urteil vom 5. Oktober 2004, C-397/01 bis C-403/01, Rn. 116; *Mörsdorf*, EuR 2009, 219/223.

601 *Fisahn/Mushoff*, EuR 2005, 222/223.

602 *Larenz,* Methodenlehre der Rechtswissenschaft, S. 231.

603 *Larenz,* Methodenlehre der Rechtswissenschaft, S. 231.

604 EuGH, *Urteil* vom 4. 7. 2006, C-212/04 (Konstantinos Adeneler u.a./Ellinikos Organismos Galaktos [ELOG]), Rn. 108 zitiert nach Juris; *Auer*, NJW 2007, 1106/1108; *Schürnbrand*, JZ 2007, 910/916.

605 So aber: *Schrader/Hellenbroich*, ZUR 2007, 289/293.

differenzieren eindeutig zwischen den „Betroffenen" und den „Vereinigungen, die sich für den Umweltschutz einsetzen".[606]

Auf die Anwendung des § 2 Abs. 1 Nr. 1 2. Var. UmwRBG a.F. konnte auch nicht verzichtet werden. Hierdurch wäre der Willen des Gesetzgebers ebenfalls missachtet worden.[607]

bb) Die unmittelbare Anwendung der Richtlinie 2004/35/EG

§ 11 Abs. 2 USchadG i.V.m. § 2 Abs. 1 Nr. 1 UmwRBG a.F. erweist sich als europarechtswidrig, soweit ein Umweltverband von der Geltendmachung der Überprüfung der formellen bzw. materiellen Rechtmäßigkeit einer Gefahrenabwehr- oder Sanierungsanordnung ausgeschlossen ist.[608] Es ist daher zu prüfen, ob die Richtlinie 2004/35/EG von den Behörden und Gerichten unmittelbar angewendet werden kann.

(1) Die Voraussetzungen der unmittelbaren Anwendung

Die unmittelbare Anwendung einer Richtlinie setzt voraus, dass die inhaltlich unbedingte und hinreichend bestimmte Richtlinie innerhalb der Umsetzungsfrist nicht oder nicht hinreichend umgesetzt wurde.[609]

(2) Zum Fehlen der fristgerechten Umsetzung der Richtlinie

Der nationale Gesetzgeber müsste es versäumt haben, die Richtlinie innerhalb der Umsetzungsfrist vollständig und inhaltlich der Richtlinie entsprechend umzusetzen.

Die Richtlinie 2004/35/EG wurde in diesem Sinne durch das USchadG nicht in einer der Richtlinie entsprechenden Weise umgesetzt. Die Rechte der Umweltverbände werden eingeschränkt.[610] Während Art. 13 Abs. 1 der Umwelthaftungsrichtlinie den Umweltverbänden das Recht einräumt, sämtliche behördlichen Maßnahmen einer gerichtlichen oder vergleichbaren unabhängigen Rechtmäßigkeitskontrolle zu unterziehen, ist die gerichtliche Überprüfung auf Grund der Verweisung von § 11

606 *Marty*, ZUR 2009, 115/121; *Gellermann*, NVwZ 2006, 7/12.

607 OVG Schleswig, Urteil vom 12. März 2009, 1 KN 12/08, Rn. 62 zitiert nach Juris, ZUR 2009, 432/437.

608 S.o. 6. Kapitel C) II. 3. g).

609 *Endler*, in Kuhla/Hüttenbrink, Verwaltungsprozess, L Rn. 30; *Gellermann*, in Rengeling/Middeke/Gellermann, Rechtsschutz in der EU, § 33 Rn. 26; *Ruffert*, in Calliess/Ruffert, EUV/AEUV, Art. 288 Rn. 51 ff.; *Durner*, ZUR 2005, 285/288; EuGH, Urteil vom 19. Januar 1982, C-8/81, Rn. 20.

610 S.o. 6. Kapitel C) II. 3. g).

Abs. 2 USchadG i.V.m. § 2 Abs. 1 Nr. 1 UmwRBG a.F. von der Geltendmachung einer Verletzung einer drittschützenden Norm abhängig.

Da die Frist zur Umsetzung der Richtlinie gemäß Art. 19 Abs. 1 Richtlinie 2004/35/EG am 30. April 2007 endete, wurde die Richtlinie in Deutschland nicht fristgerecht in europarechtskonformer Weise umgesetzt.

(3) Zur inhaltlichen Bestimmtheit der Richtlinie

Voraussetzung der unmittelbaren Anwendung der Richtlinie ist ferner die hinreichende inhaltliche Bestimmtheit der Richtlinie.

Eine Richtlinie ist hinreichend bestimmt, wenn sich ihr der sachliche Regelungsgegenstand wie auch der von der Regelung erfasste Personenkreis eindeutig entnehmen lässt.[611] Dies ist vorliegend der Fall. Die Richtlinie 2004/35/EG benennt die von einem Umweltschaden oder der Gefahr eines solchen Schadens Betroffenen sowie Vereinigungen, die sich für den Umweltschutz einsetzen und bestimmte nationale Voraussetzungen erfüllen, als von der Richtlinie begünstigten Personenkreis.[612] Dem Richtlinienwortlaut ist auch zu entnehmen, dass Umweltschäden und die Gefahr des Entstehens von Umweltschäden zu vermeiden und entstandene Schäden zu sanieren sind.[613]

Da es in der hier vorliegenden Konstellation nicht um die unmittelbare Anwendung der gesamten Richtlinie geht, sondern ausschließlich um die unmittelbare Anwendung der Regelung betreffend das Recht der Umweltverbände, die Rechtmäßigkeit behördlicher Entscheidungen und Handlungen gerichtlich überprüfen zu lassen, ist die inhaltliche Bestimmtheit der Art. 13 Abs. 1, 12 Abs. 1 der Richtlinie 2004/35/EG festzustellen. Art. 13 Abs. 1 der Umwelthaftungsrichtlinie ist insoweit eindeutig und einer abweichenden Auslegung nicht zugänglich:

> „Die in Artikel 12 Absatz 1 genannten Personen können ein Gericht oder eine andere unabhängige und unparteiische öffentliche Stelle anrufen, um Entscheidungen, Handlungen oder die Untätigkeit der nach dieser Richtlinie zuständigen Behörde auf formelle und materielle Rechtmäßigkeit überprüfen zu lassen."

Die Richtlinie vermittelt den Umweltverbänden ein Recht. Ausnahmen hiervon werden nicht zugelassen. Die Richtlinie ist in Bezug auf das Klagerecht der Umweltverbände hinreichend bestimmt.

---

611 *Endler,* in Kuhla/Hüttenbrink, Verwaltungsprozess, L Rn. 30; *Gellermann,* in Rengeling/Middeke/Gellermann, Rechtsschutz in der EU, § 33 Rn. 29.

612 Art. 12 Abs. 1 UA 1 der Richtlinie 2004/35/EG.

613 Art. 1 der Richtlinie 2004/35/EG.

### (4) Zur inhaltlichen Unbedingtheit der Richtlinie

#### (a) Allgemeines

Die Richtlinie müsste inhaltlich „unbedingt" sein.

Unbedingt ist eine Richtlinie, wenn sie „weder mit einem Vorbehalt noch mit einer Bedingung versehen ist und ihrem Wesen nach keiner weiteren Maßnahmen der Gemeinschaftsorgane oder der Mitgliedstaaten bedarf"[614]. Der EuGH stellt bei der Bestimmung der inhaltlichen Unbedingtheit entscheidend darauf ab, ob den Mitgliedsstaaten bei der Umsetzung der Richtlinie ein Gestaltungsspielraum verbleibt.[615] Ein Gestaltungsspielraum liegt vor, wenn der Mitgliedsstaat bei der Umsetzung der Richtlinie zwischen verschiedenen „Befugnissen und Optionen"[616] wählen kann.[617]

#### (b) Wahlrecht der Mitgliedsstaaten

Art. 13 Abs. 1 i.V.m. Art. 12 Abs. 1 der Richtlinie 2004/35/EG räumt den umsetzenden Mitgliedsstaaten in zweifacher Hinsicht ein Wahlrecht ein. Zum einen kann der Mitgliedsstaat zwischen der Interessentenklage und – wenn das jeweilige Prozessrecht dies vorsieht – der Verletztenklage wählen. Zum anderen ist der umsetzende Staat berechtigt, das Überprüfungsverfahren einem Gericht oder einer anderen unabhängigen und unparteiischen öffentlichen Stelle zu übertragen.

Diese den Mitgliedsstaaten eingeräumten Gestaltungsspielräume könnten der unmittelbaren Anwendbarkeit der Richtlinie 2004/35/EG entgegenstehen.

Unstreitig ist, dass nicht jeder Spielraum der Mitgliedsstaaten bei der Umsetzung einer Richtlinie deren unmittelbare Anwendbarkeit ausschließt. Denn Charakteristikum der Richtlinie ist gerade, dass den Mitgliedsstaaten ein Spielraum für eigene Entscheidungen im Rahmen der Umsetzung verbleibt.[618] Art. 288 Abs. 3 AEUV bestimmt für die Richtlinie, dass den Mitgliedsstaaten die Wahl der Art und Weise zur Verwirklichung der Ziele der Richtlinie überlassen

614 Zuletzt EuGH, Urteile vom 26. Mai 2011, C-165/09 bis C-167/09, C-165/09, C-166/09, C-167/09, Rn. 95.

615 EuGH, Urteil vom 17. März 2011, C-95/10, Rn. 21; *Gellermann,* in Rengeling/Middeke/Gellermann, Rechtsschutz in der EU, § 33 Rn. 29.

616 EuGH, Urteil vom 19. Januar 1982, C-8/81, Rn. 14.

617 EuGH, Urteil vom 19. Januar 1982, C-8/81, Rn. 14.

618 *Dörr/Lenz*, Europäischer Verwaltungsrechtsschutz, Rn. 373.

bleibt.[619] Ein gewisser Entscheidungsspielraum der Mitgliedsstaaten bei der Umsetzung der Richtlinie steht einer unmittelbaren Anwendung daher nicht entgegen.[620]

Vor diesem Hintergrund gilt es zu prüfen, ob sich der den Mitgliedsstaaten durch die Umwelthaftungsrichtlinie eingeräumte Spielraum noch innerhalb dessen bewegt, was als zulässiger Gestaltungsspielraum einer unmittelbaren Anwendung der Richtlinie nicht entgegensteht.

Hinsichtlich des Umfangs des noch zulässigen Gestaltungsspielraumes wurde vereinzelt[621] ausgeführt, dass bei hinreichender Bestimmtheit des Ziels einer Richtlinie trotz bestehenden Ermessens bei der Wahl der Mittel zur Umsetzung der Richtlinie, die Richtlinie hinsichtlich des Ziels unmittelbar wirksam sei.[622] Infolgedessen müssten alle das Ziel vereitelnden innerstaatlichen Vorschriften unangewendet bleiben.[623] Dies könnte so verstanden werden, dass Gestaltungsspielräume jedweder Art bei hinreichend konkreter Benennung des Ziels der Richtlinie deren Unbedingtheit und somit deren unmittelbarer Anwendbarkeit nicht entgegenstünden. Dies zugrundegelegt, könnte Art. 13 Abs. 1 der Richtlinie 2004/35/EG unmittelbar angewendet werden. Das Ziel der Richtlinie, Umweltverbänden eine unabhängige Überprüfungsmöglichkeit hinsichtlich der formellen und materiellen Rechtmäßigkeit des Handelns der Behörden einzuräumen, ist unmissverständliches Ziel der Umwelthaftungsrichtlinie.[624]

Dem ist jedoch entgegenzutreten. Das vom EuGH entwickelte Kriterium der Unbedingtheit wäre entbehrlich, würde der vorstehenden Ansicht gefolgt. Gemäß Art. 288 AEUV benennen Richtlinien stets das mit ihnen angestrebte Ziel; alleine die Wahl der Umsetzung der Richtlinie zur Erreichung des definierten Ziels obliegt den Mitgliedsstaaten. Würde die Benennung eines bestimmten Ziels einer Richtlinie als ausreichend erachtet, um eine Richtlinie als unbedingt anzusehen, könnte die unmittelbaren Anwendung einer Richtlinien nicht mehr mit dem Argument der fehlenden Unbedingtheit abgelehnt werden.

---

619 Ist die Einführung einer einheitlich in sämtlichen Mitgliedsstaaten der Europäischen Union geltenden Regelung beabsichtigt, stellt die gemäß Art. 288 Abs. 2 AEUV unmittelbar geltende Rechtsverordnung das geeignete Regelungsinstrument dar. Mangels erforderlicher Umsetzung bestehen keine Ausgestaltungsmöglichkeiten der Mitgliedsstaaten.

620 EuGH, Urteil vom 19. November 1991, C-6/90 und 9/90, Rn. 18; *Endler*, in Kuhla/Hüttenbrink, Verwaltungsprozess, L Rn. 30.

621 *Fischer*, NVwZ 1992, 635/637.

622 *Fischer*, NVwZ 1992, 635/637.

623 *Fischer*, NVwZ 1992, 635/637.

624 Vgl. Art. 13 Abs. 1 sowie Erwägungsgründe (25), (26) der Richtlinie 2004/35/EG.

Gegen das Verständnis dieser Ansicht in der vorgenannten Weise spricht auch der Kontext, in welchem sie geäußert wurde. Ihr liegt eine Entscheidung des EuGH zugrunde.[625] Der EuGH führt in dieser Entscheidung aus, dass im Rahmen eines eindeutig bestimmten Ziels einer Richtlinie zwischen den einzelnen Bestimmungen einer Richtlinie hinsichtlich deren jeweiliger unmittelbarer Anwendbarkeit zu differenzieren ist.[626] Der EuGH hat demnach keine die Richtlinie insgesamt betreffende Aussage getroffen.

Verengt sich das von den Mitgliedsstaaten auszuübende Wahlrecht auf zwei Varianten, denen durch den Richtliniengeber enge Grenzen gesetzt sind, wird vertreten, dass die Richtlinie nicht unbedingt ist.[627] Die Rechtsprechung des EuGH bietet für eine solche Ansicht[628] keine Anhaltspunkte. Der EuGH hat bisher uneingeschränkt an seiner Rechtsprechung festgehalten, dass eine Richtlinienbestimmung den Mitgliedsstaaten nur einen geringen Gestaltungsspielraum belassen darf, sie anderenfalls nicht unmittelbar anwendbar ist.[629] Es ist nicht ersichtlich, dass der EuGH von dieser Rechtsprechung in näherer Zukunft abrücken könnte.

Ein den Mitgliedsstaaten durch die Richtlinie eingeräumtes Gestaltungsrecht in Bezug auf zentrale Regelungen der Richtlinie hat zur Folge, dass sie als bedingt im Sinne der Rechtsprechung des EuGH anzusehen ist und daher eine unmittelbare Anwendbarkeit ausgeschlossen ist.

Zusammenfassend bedeutet dies, dass ein Entscheidungsspielraum der Mitgliedsstaaten bei der Umsetzung der Richtlinie einer unmittelbaren Anwendung der Richtlinie nur dann nicht entgegensteht, wenn dieser sich in engen Grenzen hält und er andere, nicht unmittelbar anzuwendende Bestimmungen der Richtlinie betrifft.[630] Ein weiter Gestaltungsspielraum der Mitgliedsstaaten lässt die Unbedingtheit der Richtlinie auf jeden Fall entfallen.[631]

---

625 EuGH, Urteil vom 19. Januar 1982, C-8/81; ebenso: EuGH, Urteil vom 4. Dezember 1986, C-71/85.

626 EuGH, Urteil vom 19. Januar 1982, C-8/81, Rn. 25; ebenso: EuGH, Urteil vom 4. Dezember 1986, C-71/85, Rn. 13.

627 *Gellermann,* in Rengeling/Middeke/Gellermann, Rechtsschutz in der EU, § 33 Rn. 29; *Müggenborg/Duikers*, NVwZ 2007, 623/625.

628 *Gellermann,* in Rengeling/Middeke/Gellermann, Rechtsschutz in der EU, § 33 Rn. 29; *Müggenborg/Duikers*, NVwZ 2007, 623/625.

629 Zuletzt EuGH, Urteile vom 26. Mai 2011, C-165/09 bis C-167/09, C-165/09, C-166/09, C-167/0, Rn. 95.

630 EuGH, Urteil vom 19. Januar 1982, C-8/81, Rn. 29, LS 2; EuGH, Urteil vom 4. Dezember 1986, C-71/85, Rn. 18, 24; *Ruffert,* in Calliess/Ruffert, EUV/AEUV, Art. 288 Rn. 54.

631 *Endler,* in Kuhla/Hüttenbrink, Verwaltungsprozess, L Rn. 30.

(c) Wahlrecht der Mitgliedsstaaten bezüglich der Verfahrensart

In Bezug auf die Vorschrift des § 2 Abs. 1 Nr. 1 UmwRBG a.F. zeigt sich die nationale Rechtsprechung in Bezug auf die Subsumtion unter das Merkmal der Unbedingtheit uneinheitlich.

Der VGH Kassel[632] hat eine auf das UmwRBG gestützte Klage eines Umweltverbandes mangels Klagebefugnis mit der Begründung abgewiesen, dass die Richtlinie nicht „unbedingt, klar und präzise sowie ihrem Wesen nach geeignet ist, unmittelbare Rechtswirkungen zu entfalten"[633]. Der Richtlinie sei eine „klare und präzise Vorgabe des Inhalts, dass der nationale Gesetzgeber gezwungen wäre, eine umfassende altruistische Verbandsklage im Sinne einer sog. Totalprüfung des Umweltrechts zu schaffen"[634], nicht zu entnehmen. Auf Grund der Wortlautidentität zwischen den Richtlinien 2003/35/EG und 2004/35/EG ist dieser Gedanke auf die hiesigen Überlegungen betreffend das USchadG übertragbar. Demnach stünde die Bedingtheit der Richtlinie 2004/35/EG der unmittelbaren Anwendung entgegen. Das OVG Lüneburg[635] musste die Europarechtskonformität des § 2 Abs. 1 Nr. 1 UmwRBG a.F. im Rahmen der Interessenabwägung eines einstweiligen Rechtsschutzverfahrens nach § 80 Abs. 5 VwGO prüfen. Da in dem Verfahren des einstweiligen Rechtsschutzes nur eine summarische Prüfung der Erfolgsaussichten[636] zu erfolgen hat, konnte das Gericht die Entscheidung offenlassen. Es hat sich jedoch auch mit den Voraussetzungen der unmittelbaren Anwendbarkeit der Richtlinie 2003/35/EG befasst. Das Gericht scheint die unmittelbare Anwendbarkeit der Richtlinie für nicht ausgeschlossen zu halten. Es führt aus, dass einer unmittelbaren Anwendung der Richtlinie 2003/35/EG wohl nicht entgegengehalten werden könne, diese sei nicht unbedingt. Unter Hinweis auf die Rechtsprechung des VGH Kassel [637] argumentiert das Gericht, durch die Fiktion einer Interessen- bzw. Rechtsverletzung der Verbände, die sich für den Umweltschutz einsetzen, werde

632 VGH Kassel, Urteil vom 16. September 2009, 6 C 1005/08.T.

633 VGH Kassel, Urteil vom 16. September 2009, 6 C 1005/08.T, Rn. 70 zitiert nach Juris, ZUR 2010, 46/48.

634 VGH Kassel, Urteil vom 16. September 2009, 6 C 1005/08.T, Rn. 70 zitiert nach Juris, ZUR 2010, 46/48.

635 OVG Lüneburg, Beschluss vom 10. März 2010, 12 ME 176/09, Rn. 16 zitiert nach Juris, NVwZ-RR 2010, 431.

636 Vgl. nur BVerwG, Beschluss vom 26. August 1998, 11 VR 4/98, Rn. 3 zitiert nach Juris, NVwZ 1999, 535; *Schoch,* in Schoch/Schmidt-Aßmann/Pietzner, VwGO, § 80 Rn. 399, 400.

637 VGH Kassel, Urteil vom 16. September 2009, 6 C 1005/08.T, Rn. 70 zitiert nach Juris, ZUR 2010, 46/48.

„ein Mindeststandard gerichtlicher Nachprüfung vorgeschrieben, der unabhängig von dem jeweiligen Rechtsschutzsystem des Mitgliedstaats zu gewährleisten ist und der Gegenstand der unmittelbaren Anwendbarkeit der Richtlinie sein kann."[638]

Im Ergebnis hat sich der EuGH in seinem Urteil vom 12. Mai 2011 dieser Ansicht angeschlossen. Er nimmt hierzu Bezug auf Art. 10a Abs. 3 der Richtlinie 85/337.[639] Dieser lautet:

> „Was als ausreichendes Interesse und als Rechtsverletzung gilt, bestimmen die Mitgliedstaaten im Einklang mit dem Ziel, der betroffenen Öffentlichkeit einen weiten Zugang zu Gerichten zu gewähren. Zu diesem Zweck gilt das Interesse jeder Nichtregierungsorganisation, welche die in Artikel 1 Absatz 2 genannten Voraussetzungen erfüllt, als ausreichend im Sinne von Absatz 1 Buchstabe a) dieses Artikels. Derartige Organisationen gelten auch als Träger von Rechten, die im Sinne von Absatz 1 Buchstabe b) dieses Artikels verletzt werden können."

Die Sätze 2 und 3 diesen Absatzes seien unbedingt und inhaltlich hinreichend bestimmt, weshalb einer unmittelbaren Anwendung keine Hindernisse im Wege stünden: „Indem diese Sätze zum einen bestimmen, dass das Interesse jeder Nichtregierungsorganisation, die die in Art. 1 Abs. 2 der Richtlinie 85/337 genannten Voraussetzungen erfüllt, als ausreichend gilt, und zum anderen, dass derartige Organisationen auch als Träger von Rechten gelten, die verletzt werden können, treffen sie genaue Regelungen, die keinen weiteren Bedingungen unterliegen."[640]

Diese Argumentation angewendet, unterlägen die Regelungen der Umwelthaftungsrichtlinie ebenfalls der unmittelbaren Anwendung. Denn die Richtlinie 2004/35/EG enthält in Art. 12 Abs. 2 eine mit Art. 10a Abs. 3 S. 1 und in Art. 12 Abs. 3 eine mit Art. 10a Abs. 3 S. 2, 3 der Richtlinie 85/337 wortlautidentische Regelung.

„Zu diesem Zweck gilt das Interesse jeder Nichtregierungsorganisation, welche die in Artikel 1 Absatz 2 genannten Voraussetzungen erfüllt, als ausreichend im Sinne von Absatz 1 Buchstabe a) dieses Artikels. Derartige Organisationen gelten auch als Träger von Rechten, die im Sinne von Absatz 1 Buchstabe b) dieses Artikels verletzt werden können." versteht der EuGH als Fiktion. Jede Vereinigung, die sich für den Umweltschutz einsetzt und die die weiteren Voraussetzungen der Richtlinie erfüllt, verfüge danach über ein ausreichendes Interesse im Sinne der Richtlinie und gelte als Träger von Rechten, die im Sinne der Richtlinie verletzt werden können.[641]

638 OVG Lüneburg, Beschluss vom 10. März 2010, 12 ME 176/09, Rn. 15 zitiert nach Juris, BeckRS 2010, 47410.

639 EuGH, Urteil vom 12. Mai 2011, C-115/09, Rn. 37 ff.

640 EuGH, Urteil vom 12. Mai 2011, C-115/09, Rn. 37 ff.

641 EuGH, Urteil vom 12. Mai 2011, C-115/09, Rn. 37 ff.

Neben Art. 10a Abs. 3 S. 2, 3 der Richtlinie 85/337 und Art. 12 Abs. 3 der Umwelthaftungsrichtlinie gilt es Art. 10a Abs. 1, 3 S. 1 der Richtlinie 85/337 und Art. 12 Abs. 1, 2 der Richtlinie 2004/35/EG zu beachten, wonach die Mitgliedsstaaten bestimmen, wann eine Rechtsverletzung bzw. eine Interessenverletzung vorliegt. Dieses Recht zur Konkretisierung der Rechts- bzw. Interessenverletzung wird den Mitgliedsstaaten durch die Rechtsprechung des EuGH genommen. Dies erscheint kritisch. Denn der EuGH erwähnt mit keinem Wort, über welche Rechte die Mitgliedsstaaten in diesem Falle noch entscheiden können und dürfen. Er nimmt ihnen durch diese Auslegung der Richtlinie jeglichen Gestaltungsspielraum. Zu prüfen ist, ob diese Rechtsprechung zu Art. 10a Abs. 3 der Richtlinie 85/337 mit der Richtlinie 2004/35/EG vereinbar ist.

Zu untersuchen ist daher, welche Bedeutung der Richtliniengeber Art. 10a Abs. 3 S. 1 der Richtlinie 85/337 und Art. 12 Abs. 2 der Richtlinie 2004/35/EG beimessen wollte. Dies ist vor dem Urteil des EuGH Gegenstand lebhafter Diskussionen in der Literatur gewesen. Nach einer Ansicht sei zwingend davon auszugehen, dass der Richtliniengeber sicherstellen wollte, dass alle Umweltverbände unabhängig vom jeweiligen Rechtsschutzsystem der Mitgliedsstaaten in die Lage versetzt werden, im Interesse der Allgemeinheit liegende Angelegenheiten des Umweltschutzes gerichtlich wahrnehmen zu können.[642] Nach der gegenteiligen Ansicht hat der Richtliniengeber den Mitgliedsstaaten die Wahl zwischen der Interessenten- und der Verletztenklage überlassen; infolgedessen könnten die Mitgliedsstaaten alle erforderlichen Entscheidungen treffen.[643] Hierbei sei aber zu berücksichtigen, dass die Ausübung des Gestaltungsspielraums stets unter dem Blickwinkel der Konvention von Aarhus und der Richtlinie 2003/35/EG geschehen müsse, wonach den Vereinigungen ein weiter Zugang zu den Gerichten einzuräumen sei.[644] Die Vertreter der erstgenannten Ansicht berufen sich darauf, dass das Ziel der Konvention von Aarhus wie auch der Richtlinie 2003/35/EG, „einen

642 *Alleweldt*, DÖV 2006, 621/625, 626; *v. Danwitz*, NVwZ 2004, 279; *Ewer*, NVwZ 2007, 267/272; *Gassner*, NuR 2007, 143/147; *Keller*, ZUR 2005, 184/191; *Kment*, NVwZ 2007, 274/277; *Koch*, NVwZ 2007, 369/376; *Louis*, NuR 2004, 287/291; *Schumacher*, UPR 2008, 13/18; *Wegener*, ZUR 2009, 459/462.

643 OVG Lüneburg, Beschluss vom 7. Juli 2008, 1 ME 131/08, Rn. 13 zitiert nach Juris, ZUR 2008, 487, 488; OVG Schleswig, Urteil vom 12. März 2009, 1 KN 12/08, Rn. 52 zitiert nach Juris, ZUR 2009, 432/433, 434; *Alleweldt*, DÖV 2006, 621/625, 626; *Schmidt-Preuß*, NVwZ 2005, 489/485; *Schrödter*, NVwZ 2009, 157/158;

644 OVG Lüneburg, Beschluss vom 7. Juli 2008, 1 ME 131/08, Rn. 13 zitiert nach Juris, ZUR 2008, 487, 488; Schmidt-Preuß, NVwZ 2005, 489/485; *von Danwitz*, NVwZ 2004, 272/276.

weiten Zugang zu den Gerichten"[645] zu gewähren, nur sichergestellt werden könne, wenn die Rechtsverletzungen der Umweltverbände fingiert würden.[646]

Der Umwelthaftungsrichtlinie ist hingegen keine Aussage zu entnehmen, dass ein weiter Zugang zu den Gerichten zu gewähren ist. Zwar kann aus dem Effektivitätsgebot[647] ebenfalls abgeleitet werden, dass dem europäischen Recht zur bestmöglichen Geltung verholfen werden muss. Dieses Prinzip darf jedoch nicht die Bestimmungen der Richtlinie unterlaufen. Da eine ausdrückliche Aussage über eine Verpflichtung zur Schaffung der Voraussetzungen für einen weiten Zugang zu den Gerichten der Richtlinie nicht zu entnehmen ist, ist der Wortlaut der Richtlinie 2004/35/EG im Übrigen zu betrachten. In Bezug auf die Mitgliedsstaaten, die die Klagebefugnis von der Geltendmachung einer Rechtsverletzung abhängig machen, besagt die Umwelthaftungsrichtlinie nur, dass die Umweltverbände in diesem Zusammenhang als „Träger von Rechten" gelten, die verletzt werden können. Es wird nicht fingiert, dass die Vereinigungen auch tatsächlich als Träger aller dieser Rechte anzusehen sind. Der Richtliniengeber hat lediglich klargestellt, dass Umweltverbände bei Vorliegen einer Rechtsverletzung auch dann zur gerichtlichen Geltendmachung in der Lage sein müssen, wenn sie nach dem jeweiligen nationalen Verfahrensrecht nicht beteiligtenfähig sind. Hätte der Richtliniengeber ausdrücken wollen, dass die Umweltverbände stets und ohne Nachweis des Vorliegens weiterer Voraussetzungen zur Klageerhebung befugt sein sollen, hätte er dies unmissverständlich zum Ausdruck bringen können und müssen. Die Passage hätte in diesem Fall zum Beispiel wie folgt formuliert werden können: „Derartige Organisationen gelten auch als Träger *aller* Rechte, die im Sinne des Buchstabens c) verletzt werden können." Auf Art. 12 Abs. 2 der Richtlinie 2004/35/EG hätte in diesem Fall verzichtet werden müssen. Denn ein Ausgestaltungsrecht stünde den Mitgliedsstaaten nicht zu. Die gegenteilige Ansicht lässt sich auch nicht damit begründen, dass es in Art. 12 Abs. 3 der Umwelthaftungsrichtlinie heißt, dass das Interesse eines Umweltverbandes als ausreichend im Sinne der Richtlinie anzusehen ist. Insoweit handelt es sich um eine Klarstellung. Eine Vereinigung, die sich für den Umweltschutz

645 OVG Lüneburg, Beschluss vom 10. März 2010, 12 ME 176/09, Rn. 12–15 zitiert nach Juris, NuR 2010, 290/292.

646 *Alleweldt*, DÖV 2006, 621/625, 626; *v. Danwitz*, NVwZ 2004, 279; *Ewer*, NVwZ 2007, 267/272; *Gassner*, NuR 2007, 143/147; *Keller*, ZUR 2005, 184/191; *Kment*, NVwZ 2007, 274/277; *Koch*, NVwZ 2007, 369/376; *Louis*, NuR 2004, 287/291; *Schumacher*, UPR 2008, 13/18; *Wegener*, ZUR 2009, 459/462.

647 *Classen*, Das Recht der Europäischen Union, Art. 197 Rn. 25.

einsetzt, hat an Entscheidungsverfahren, denen umweltbezogene Themen zentral zugrundeliegen, stets und ohne Einschränkung ein Interesse.

Zusammenfassend bedeutet dies: der Wortlaut der Richtlinie 2004/35/EG und das in dieser Richtlinie nicht manifestierte Ziel der Einführung einer Verpflichtung, zugunsten von Umweltverbänden einen weiten Zugang zu den Gerichten zu gewähren, verbieten eine Übertragung der Rechtsprechung des EuGH zur Vereinbarkeit des § 2 Abs. 1 UmwRBG a.F. mit der Richtlinie 2003/35/EG auf § 11 Abs. 2 USchadG i.V.m. § 2 Abs. 1 UmwRBG a.F. i.V.m. der Richtlinie 2004/35/EG. Die Umwelthaftungsrichtlinie ist in diesem Sinne nicht unbedingt. Auf Grund der Rechtsprechung des EuGH, wonach ein weiter Gestaltungsspielraum die unmittelbare Anwendbarkeit einer Richtlinie ausschließt, ist eine unmittelbare Anwendung der Richtlinie 2004/35/EG abzulehnen. Der durch die Richtlinie eröffnete Gestaltungsspielraum ist zu weit, als dass die Richtlinie als unbedingt angesehen werden könnte. Das von den Mitgliedsstaaten auszuübende Wahlrecht zwischen der Interessenten- und der Verletztenklage überantwortet den Mitgliedsstaaten einen weitreichenden Entscheidungsspielraum.[648] Es ist eine grundlegende Entscheidung, ob eine ausschließlich vom Interesse an dem Schutz der Umwelt getragene Klage zulässig sein soll oder ob das Erfordernis einer Verletzung individueller Rechte aufgestellt wird. Dieses Wahlrecht steht zwar nur den Mitgliedsstaaten zu, die im Zeitpunkt des Inkrafttretens der Richtlinie bereits über ein Prozessrecht verfügten, das die Zulässigkeit der Klage von einer individuellen Rechtsverletzung abhängig macht. Die Richtlinie 2004/35/EG verpflichtet diese Mitgliedsstaaten jedoch nicht, an diesem Grundsatz auch für die Verbandsklage festzuhalten. Der jeweilige Mitgliedsstaat kann sich im Rahmen der Umsetzung der Umwelthaftungsrichtlinie auch dazu entschließen, für den nach diesem Gesetz zu gewährenden Rechtsschutz die Interessentenklage einzuführen. Der Mitgliedsstaat muss daher im Rahmen der Umsetzung der Richtlinie 2004/35/EG neu entscheiden, für welches Klagemodell er sich entscheidet.

(d) Wahlrecht der Mitgliedsstaaten bezüglich des Verfahrens

Der unmittelbaren Anwendbarkeit des Art. 13 Abs. 1 der Umwelthaftungsrichtlinie steht auch entgegen, dass die Mitgliedsstaaten zur Überprüfung der Rechtmäßigkeit des Handelns bzw. Untätigbleibens der Behörde zwischen einem gerichtlichen und einem gerichtsähnlichen unabhängigen und unparteiischen öffentlichen Überprüfungsverfahren wählen können. Im deutschen Recht überwiegen zwar

---

648 VG Karlsruhe, Beschluss vom 15. Januar 2007, 8 K 1935/06, Rn. 27 zitiert nach Juris, ZUR 2007, 264/265.

die gerichtlichen Verfahren zur Herbeiführung von verbindlichen Entscheidungen, es existieren jedoch auch außergerichtliche Verfahren zur Streitbeilegung.[649] Beiden Verfahrensvarianten stehen daher selbstständig nebeneinander und hätten vom Gesetzgeber alternativ gewählt werden können. Zwar geht auch die Richtlinie 2004/35/EG primär von der Durchführung eines gerichtlichen Verfahrens aus, denn Art. 13 Abs. 2 der Umwelthaftungsrichtlinie spricht von „Rechtsvorschriften über den Zugang zu den Gerichten“ und von nationalen Regelungen, die vor dem Beschreiten des Rechtsweges „die Erschöpfung des Verwaltungsverfahrens“ vorschreiben. Hieraus kann jedoch nicht abgeleitet werden, dass den nach dem USchadG zur Geltendmachung von Rechten berechtigten Umweltverbänden „jedenfalls der Rechtsweg zu eröffnen“[650] ist.[651] Das Wahlrecht zwischen den verschiedenen Arten des Überprüfungsverfahrens wurde vom Richtliniengeber eingeräumt und ist von dem umsetzenden Mitgliedsstaat auszuüben.[652] Soweit argumentiert wird, es sei in der Regel von einem gerichtlichen Überprüfungsverfahren auszugehen,[653] bedeutet dies nicht, dass sich der umsetzende Mitgliedsstaat nicht für das außergerichtliche Verfahren entscheiden könnte. Das eingeräumte Wahlrecht lässt eine freie Entscheidung des nationalen Gesetzgebers über das zu schaffende Verfahren zu. Ferner kann nicht überzeugen, dass es sich bei der Einführung eines außergerichtlichen unparteiischen und unabhängigen Überprüfungsverfahrens um eine Option des nationalen Gesetzgebers handele, von der kein Gebrauch gemacht werden müsse, weshalb von der Unbedingtheit auszugehen sei.[654] Gerade die Einräumung einer Option zugunsten der Mitgliedsstaaten ist Ausdruck eines die Bedingtheit der Richtlinienbestimmung kennzeichnenden Gestaltungsspielraumes.[655] Ebenso wenig überzeugt das Argument, der Richtliniengeber habe durch das Abstellen auf das Erfordernis der Schaffung eines unabhängigen und unparteiischen Überprüfungsverfahrens einen „Mindeststandard“[656] geschaffen, der nicht zur Disposition der Mitgliedsstaaten stehe.[657] Denn es wird durch die Beschreibung des zu gewährleistenden Mindeststandards keine Aussage darüber getroffen, wie dieser Mindeststandard in der Praxis gewahrt wird. Folgte man

649 Z.B. § 21 BGleiG.
650 *Epiney*, Umweltrecht, S. 252.
651 *Epiney*, Umweltrecht, S. 252.
652 Ebenso: *Durner*, ZUR 2005, 285/289.
653 *Berkemann*, DVBl. 2010, 1403/1412.
654 *Berkemann*, DVBl. 2010, 1403/1412.
655 EuGH, Urteil vom 19. Januar 1982, C-8/81, Rn. 28, 29.
656 *Gellermann*, NVwZ 2006, 7/13.
657 *Gellermann*, NVwZ 2006, 7/13.

dieser Argumentation, könnte sich ein von einem Umweltverband angerufenes Gericht einer Entscheidung nicht unter Berufung auf den Gestaltungsspielraum des Mitgliedsstaates entziehen.[658] Der EuGH hat sich mit der Frage der Unbedingtheit der Richtlinie im Rahmen des Trianel-Urteils[659] ebenfalls befasst: „Betrachtet man Art. 10a der Richtlinie 85/337 als Ganzen, lässt er den Mitgliedstaaten einen beträchtlichen Spielraum sowohl hinsichtlich der Bestimmung dessen, was eine Rechtsverletzung darstellt, als auch hinsichtlich der Festlegung insbesondere der Voraussetzungen für die Zulässigkeit von Rechtsbehelfen und der Stellen, bei denen diese einzulegen sind.“[660] Die Richtlinie ist auch insoweit als nicht unbedingt anzusehen.

(e) Zwischenergebnis

Auch wenn dies zur Erweiterung der Handlungsmöglichkeiten der Verbände, die sich für den Umweltschutz einsetzen, und somit auch zur Verbesserung des Umweltschutzes zu präferieren wäre, ändert dies nicht die Tatsache, dass die vom EuGH aufgestellten Voraussetzungen für die unmittelbare Anwendung einer Richtlinienbestimmung nicht vorliegen. Der EuGH hat an seiner Rechtsprechung ungeachtet der Tatsache festgehalten, dass dies im Einzelfall dazu führt, dass die Bürger eines Mitgliedsstaates gegen den säumigen Staat keine Ansprüche geltend machen können.[661] Für diesen Fall ist ein besonderer europarechtlich beeinflusster Staatshaftungsanspruch geschaffen worden.[662]

Festzuhalten bleibt daher, dass der durch die Wahlmöglichkeiten in Bezug auf die Entscheidung zwischen der Interessenten- und der Verletztenklage sowie zwischen einem gerichtlichen Überprüfungsverfahren und einem vergleichbaren unparteiischen und unabhängigen Überprüfungsverfahren eröffnete Gestaltungsspielraum das Maß überschreitet, welches nach der Rechtsprechung des EuGH noch die Möglichkeit zur unmittelbaren Anwendbarkeit der Richtlinie einräumen würde.

(5) Zusammenfassung zur unmittelbaren Anwendung

Eine unmittelbare Anwendung der Richtlinie 2004/35EG zur Kontrolle der formellen und materiellen Rechtmäßigkeit der behördlichen Handlungen und Entscheidungen scheidet aus.

---

658 *Gellermann*, NVwZ 2006, 7/13.
659 EuGH, Urteil vom 12. Mai 2011, C-115/09.
660 EuGH, Urteil vom 12. Mai 2011, C-115/09, Rn. 55.
661 Vgl. hierzu: EuGH, Urteil vom 19. November 1991, C-6/90 und C-9/90, Rn. 26.
662 Vgl. hierzu: EuGH, Urteil vom 19. November 1991, C-6/90 und C-9/90, Rn. 34.

### *i) Ergebnis*

§ 11 Abs. 2 USchadG i.V.m. § 2 Abs. 1 Nr. 1 UmwRBG a.F. erwies sich in Bezug auf das Kriterium der Geltendmachung der Möglichkeit der Verletzung drittschützender Normen als europarechtswidrig, soweit die Überprüfung behördlicher Verwaltungsakte, die auf der Grundlage des USchadG erlassen wurden, angestrebt wurde. Eine unmittelbare Anwendung der Richtlinienbestimmung war mangels Unbedingtheit der Richtlinie ausgeschlossen. Folglich war eine gerichtliche Geltendmachung von Rechten durch Umweltverbände außerhalb des Regelungsbereiches des § 10 USchadG unter Geltung des § 2 Abs. 1 Nr. 1 UmwRBG in seiner bis zum 29. Januar 2013 geltenden Fassung ausgeschlossen.

Indem durch die Neufassung des § 2 Abs. 1 Nr. 1 UmwRBG auf das Merkmal der Drittschutzbezogenheit der als verletzt gerügten Norm verzichtet wird, bestehen die dargestellten Einschränkungen bei der Überprüfung erlassener behördlicher Verfügungen nicht mehr.

## 4. Zu den Voraussetzungen einer von einer Umweltvereinigung erhobenen Klage

Der Erfolg einer von einer Umweltvereinigung erhobenen Klage setzt nach § 10 USchadG voraus, dass § 11 Abs. 2 USchadG anwendbar ist und sodann die Voraussetzungen des § 11 Abs. 2 USchadG i.V.m. den Vorschriften des UmwRBG[663] erfüllt sind.[664]

---

663 Das USchadG in der Fassung, die das USchadG aufgrund des Gesetzes zur Änderung des Umwelt-Rechtsbehelfsgesetzes und anderer umweltrechtlicher Vorschriften vom 21.01.2013 (BGBl. I S. 95) m.W.v. 01.08.2013 gefunden hat.

664 Auf Grund des § 3 Abs. 1 USchadG über den sachlichen Anwendungsbereich des USchadG sind die zentralen Begrifflichkeiten des USchadG bereits in der Zulässigkeit eines Antrages oder einer Klage zu prüfen. Der Schwerpunkt der Prüfung und rechtlichen Auseinandersetzung müsste demzufolge unter dem Stichpunkt Anwendungsbereich erfolgen. Sämtliche der dortigen Begrifflichkeiten finden sich jedoch auch in den materiell-rechtlichen Normen §§ 4 bis 7 USchadG wieder.
Dies wird der Bedeutung der materiell-rechtlichen Normen nicht gerecht. Es wird daher empfohlen, im Rahmen der Praxisanwendung des USchadG den Anwendungsbereich und die materiell-rechtlichen Voraussetzungen der jeweils als einschlägig betrachteten Norm gemeinsam zu prüfen.

*a) Der Anwendungsbereich des § 11 Abs. 2 USchadG*

Es war bis zu der unter Geltung des § 2 Abs. 1 Nr. 1 UmwRBG in seiner bis zum 29. Januar 2013 geltenden Fassung in der Literatur umstritten, ob die Voraussetzungen des § 11 Abs. 2 USchadG bei jeder auf Normen des USchadG gestützten Klage eines Umweltverbandes erfüllt sein müssen. Es wurde vertreten, dass ein Rückgriff auf § 11 Abs. 2 USchadG nicht erforderlich ist, wenn die Vereinigung Adressat eines belastenden Verwaltungsaktes ist.[665] In diesem Falle könne die Vereinigung unmittelbar gegen den ergangenen Verwaltungsakt vorgehen, ohne die Voraussetzungen des § 11 Abs. 2 USchadG darlegen zu müssen.[666] Nach der gegenteiligen Auffassung war § 11 Abs. 2 USchadG stets anzuwenden, wenn ein Umweltverband den Rechtsweg beschreitet.[667]

aa) Die Frage der Entscheidungserheblichkeit bezüglich des Anwendungsbereiches

Die Frage nach der Reichweite des Anwendungsbereiches des § 11 Abs. 2 USchadG war unter Geltung des § 2 Abs. 1 Nr. 1 UmwRBG in seiner bis zum 29. Januar 2013 geltenden Fassung grundsätzlich entscheidungserheblich. Die unterschiedlichen Ansichten führten, wenn sich die Vereinigung gegen eine an sie gerichtete behördliche Verfügung wendete, zu unterschiedlichen Ergebnissen. Nach der von *Beckmann/Wittmann* und *Cosack/Enders* vertretenen Ansicht hätte die Vereinigung als Adressatin des belastenden Verwaltungsaktes ausschließlich die Verletzung der allgemeinen Handlungsfreiheit (Art. 19 Abs. 3, Art. 2 Abs. 1 GG) geltend machen können. Diese Betroffenheit in eigenen Rechten muss jedoch – anders als bei Anwendung des § 11 Abs. 2 USchadG i.V.m. § 2 Abs. 1 Nr. 1 UmwRBG in seiner bis zum 29. Januar 2013 geltenden Fassung – nicht auf die Verletzung einer drittschützenden Norm zurückzuführen sein. Die Verletzung einer Vorschrift des objektiven Rechts wäre demzufolge ausreichend gewesen. Die Anwendung des § 11 Abs. 2 USchadG i.V.m. § 2 Abs. 1 Nr. 1 UmwRBG a.F. erforderte hingegen die Geltendmachung der Verletzung einer drittschützenden Norm.

---

665 *Beckmann/Wittmann,* in Landmann/Rohmer, USchadG, § 11 Rn. 15/16; *dies.*, UPR 2008, 421/424; *Cosack/Enders*, DVBl. 2008, 405/414.

666 *Beckmann/Wittmann,* in Landmann/Rohmer, USchadG, § 11 Rn. 15/16; *dies.*, UPR 2008, 421/424; *Cosack/Enders*, DVBl. 2008, 405/414.

667 *Schrader/Hellenbroich*, ZUR 2007, 289/290.

bb) Die Auslegung des § 11 Abs. 2 USchadG

Die Umwelthaftungsrichtlinie verhält sich zu der Frage der Reichweite des Anwendungsbereiches des Art. 13 der Richtlinie nicht. Art. 13 Abs. 2 der Richtlinie besagt lediglich, dass natürliche oder juristische Personen berechtigt sind, ein Gericht anzurufen, „um Entscheidungen, Handlungen oder die Untätigkeit" der zuständigen Behörde auf „formelle und materielle Rechtmäßigkeit überprüfen zu lassen." Zwar könnte auf Grund der Tatsache, dass die Norm keine weitergehenden Präzisierungen enthält, gefolgert werden, dass sie für sämtliche Verfahren anzuwenden ist. Zwingend ist dies jedoch nicht. Die Richtlinie verpflichtet die Mitgliedsstaaten, die Ziele der Richtlinie zu verwirklichen,[668] wobei die Umsetzung im Einzelnen den Mitgliedsstaaten überlassen bleibt. Entscheidend ist, dass die Vereinigungen, die sich für den Umweltschutz einsetzen, die Möglichkeit zur Überprüfung der Entscheidungen der Behörde durch eine unabhängige und unparteiische Stelle haben.

Der Wortlaut des § 11 Abs. 2 USchadG sowie der in der Amtlichen Begründung geäußerte gesetzgeberische Wille machen jedoch deutlich, dass die Vorschrift bei jeder von einer Vereinigung erhobenen Klage, die sich auf Vorschriften des USchadG stützt, anzuwenden ist. Ausweislich des Wortlautes gilt § 11 Abs. 2 USchadG „für Rechtsbehelfe gegen eine Entscheidung oder das Unterlassen einer Entscheidung." Es erfolgt keine Einschränkung, wonach die Norm nicht anzuwenden ist, wenn sich die Vereinigung gegen einen sie belastenden Verwaltungsakt wendet. Die Amtliche Begründung indiziert ebenfalls die Geltung des § 11 Abs. 2 USchadG für alle von einem Umweltverband angestrengten gerichtlichen Verfahren. Nach dem Willen des Gesetzgebers bestimmt § 11 Abs. 2 USchadG „welchen Voraussetzungen die Vereinigungen genügen müssen" und legt fest, „unter welchen Voraussetzungen ein Rechtsbehelf begründet sein kann".[669] Hinweise darauf, dass diese Anforderungen nicht in allen Fällen einer zu erhebenden Klage gelten sollen, wurden nicht aufgenommen.

Es sprechen daher sowohl der Wortlaut als auch die Gesetzesbegründung dafür, § 11 Abs. 2 USchadG auf sämtliche von einer Vereinigung, die sich für den Umweltschutz einsetzt, angestrengten Klageverfahren anzuwenden. Ob die Vereinigung Adressatin eines Verwaltungsaktes ist, ist danach nicht entscheidend.

Es sind in der Praxis ferner schlichtweg keine Fälle denkbar, in denen die Vereinigung von der Darlegung der Voraussetzungen des § 11 Abs. 2 USchadG

---

668 *Müggenborg/Duikers*, NVwZ 2007, 623/624.

669 BT-Drs. 16/3806, S. 28.

absehen kann. Die Vereinigung ist nur dann Adressatin eines Verwaltungsaktes, wenn sie einen Antrag auf behördliches Tätigwerden nach § 10 USchadG gestellt hat und dieser Antrag negativ beschieden wurde.[670] Bei lebensnaher Betrachtung wird der Umweltverband im Interesse der Verfolgung des Verbandsziels, dem Umweltschutz zu dienen, den Antrag gerichtlich weiterverfolgen.[671] Er kann sich dann nicht auf eine Verletzung der allgemeinen Handlungsfreiheit berufen.[672] Er muss vielmehr im Rahmen der zu erhebenden Verpflichtungsklage gemäß § 42 Abs. 1 2. Var. VwGO darlegen, dass die Möglichkeit besteht, dass die Ablehnung des Antrages rechtswidrig war und den Verband in seinen Rechten verletzte.[673] Dies kann nur ausgeschlossen werden, wenn die vom Kläger behaupteten Rechte offensichtlich nicht bestehen oder ihm nicht zustehen können.[674] Es ist mithin zu prüfen, ob ein Anspruch auf das begehrte Tätigwerden besteht.[675] Dies ist im Rahmen einer auf das Tätigwerden nach dem USchadG gestützten Klage der Fall, wenn die Voraussetzungen des § 10 USchadG vorliegen. Im Rahmen des Zulässigkeitsmerkmals der Antragsbefugnis müssen daher die Voraussetzungen des § 2 Abs. 1 UmwRBG i.V.m. § 11 Abs. 2 USchadG dargelegt werden.[676] Eine Geltendmachung des Anspruches unabhängig von den Voraussetzungen des § 11 Abs. 2 USchadG i.V.m. § 2 UmwRBG ist somit ausgeschlossen.[677] Die Richtigkeit dieser Auslegung wird durch das Gesetz zur Änderung des Umwelt-Rechtsbehelfsgesetzes

---

670 Die Fallvariante, dass die Vereinigung als Verantwortliche für die Verursachung eines Umweltschadens durch behördliche Verfügung in Anspruch genommen wird, wird außer Betracht gelassen, da ein solcher Fall in der Praxis nicht vorkommen dürfte.

671 Vor diesem Hintergrund erscheint ausgeschlossen, dass eine Vereinigung die Ablehnung ihres Antrages auf Tätigwerden gemäß § 10 USchadG anficht, ohne das ursprüngliche Begehren weiterzuverfolgen (sog. isolierte Anfechtungsklage, *Kopp/Schenke*, VwGO, § 42 Rn. 30). In diesem Fall würden die unterschiedlichen Ansichten tatsächlich zu unterschiedlichen Anforderungen an die Klagebefugnis führen.

672 A.A.: *Beckmann/Wittmann,* in Landmann/Rohmer, USchadG, § 11 Rn. 15/16; *dies.*, UPR 2008, 421/424.

673 BVerwG, Urteil vom 30. März 1995, 3 C 8/94, Rn. 39 zitiert nach Juris, NVwZ 1995, 1200; *Wahl/Schütz,* in Schoch/Schmidt-Aßmann/Pietzner, VwGO, § 42 Abs. 2 Rn. 53.

674 BVerwG, Urteil vom 30. März 1995, 3 C 8/94, Rn. 39 zitiert nach Juris, NVwZ 1995, 1200; BVerwG, Urteil vom 26. Juli 1989, 4 C 35/88, Rn. 18 zitiert nach Juris, NVwZ 1990, 262.

675 BVerwG, Urteil vom 30. März 1995, 3 C 8/94, Rn. 39 zitiert nach Juris, NVwZ 1995, 1200; *Wahl/Schütz,* in Schoch/Schmidt-Aßmann/Pietzner, VwGO, § 42 Abs. 2 Rn. 71.

676 S.o. 5. Kapitel B) II. 1. c) bb) (2).

677 A.A.: *Beckmann/Wittmann,* in Landmann/Rohmer, USchadG, § 11 Rn. 15/16; *dies.*, UPR 2008, 421/424.

und anderer umweltrechtlicher Vorschriften vom 21. Januar 2013 deutlich: durch dieses Gesetz wurde auch § 11 Abs. 2 USchadG neu gefasst. Danach wird für die Rechtsbehelfe von Vereinigungen gegen eine Entscheidung oder das Unterlassen einer Entscheidung umfänglich auf die Geltung des Umwelt-Rechtsbehelfsgesetzes verwiesen.[678]

cc) Ergebnis

Eine Vereinigung, die die ihr durch das USchadG vermittelten Rechte mittels einer Klage durchzusetzen beabsichtigt, hat die Voraussetzungen des § 11 Abs. 2 USchadG zu erfüllen.

*b) Die Voraussetzungen einer zulässigen Klage*

aa) Der Rechtsweg zu den Verwaltungsgerichten

Der Rechtsweg zu den Verwaltungsgerichten ist auf Grund des öffentlich-rechtlichen Charakters des USchadG gemäß § 40 Abs. 1 S. 1 VwGO eröffnet. Obgleich der im USchadG und in der Umwelthaftungsrichtlinie verwendete Begriff „Umwelthaftung“[679] sowie die Differenzierung zwischen vorsätzlichem und fahrlässigem Handeln (Art. 3 Abs. 1 b) der Richtlinie 2004/35/EG, § 3 Abs. 1 Nr. 2 USchadG) auf einen zivilrechtlichen Charakter der Norm hinzudeuten scheinen,[680] ist das USchadG dem öffentlichen Recht zuzuordnen.[681] Es knüpft mit den Zielen der Vermeidung und Sanierung von Umweltschäden an bekannte Ordnungsstrukturen aus dem öffentlichen Recht an.[682] Für den öffentlich-rechtlichen Charakter des USchadG spricht auch, dass nur die Behörden zu einem Handeln gegenüber den jeweils Verantwortlichen berechtigt werden. Soweit Privaten in §§ 10, 11 Abs. 2 USchadG Initiativrechte zugesprochen werden,

678 Dieser Einschub wurde von der Verfasserin vor der Publikation der Arbeit auf Grund der zwischenzeitlich eingetretenen Gesetzesänderung eingefügt.

679 Im deutschen Recht wird unter dem Begriff der Haftung allgemein der (zivilrechtliche) Schadensausgleich zwischen einem Schädiger und einem Geschädigten verstanden, *Knopp*, UPR 2007, 414/416.

680 Der Ersatz von Schäden an Eigentum, Gesundheit und Körper erfolgt nach den Vorschriften des BGB, ergänzt durch das Umwelthaftungsgesetz, wenn die eingetretenen Schäden über den Umweltpfad verursacht wurden, *Knopp*, UPR 2005, 361.

681 *Cosack/Enders*, DVBl. 2008, 405/406; *Duikers*, Die Umwelthaftungsrichtlinie der EG, UTR 87, S. 53; *Führ/Lewin/Roller*, NuR 2006, 67; *Müggenborg*, NVwZ 2009, 12; *Scheidler*, NVwZ 2007, 1113/1114.

682 *Knopp*, UPR 2005, 361.

begründen diese ebenfalls ausschließlich gegenüber der jeweils zuständigen Behörde Ansprüche.[683] Darüber hinaus spricht für die Einordnung des USchadG als öffentlich-rechtliche Norm, dass dem Gesetz die dem öffentlich-rechtlichen Bereich zuzuordnenden Gesetzgebungskompetenzen aus Art. 74 Abs. 1 Nr. 11 (Recht der Wirtschaft), Nr. 18 (Bodenrecht), Nr. 29 (Naturschutz) und Nr. 32 (Wasserhaushalt) zugrunde liegen.[684]

bb) Die Klagebefugnis von Umweltverbänden

(1) Die Voraussetzungen des § 2 Abs. 1 UmwRBG

§ 2 Abs. 1 UmwRBG enthält in Bezug auf die Klagebefugnis von Umweltverbänden konkretisierende Regelungen. Er bestimmt, dass eine nach § 3 UmwRBG anerkannte inländische oder ausländische Vereinigung, ohne eine Verletzung in eigenen Rechten geltend machen zu müssen, Rechtsbehelfe nach Maßgabe der Verwaltungsgerichtsordnung gegen eine Entscheidung nach § 1 Abs. 1 Satz 1 UmwRBG oder deren Unterlassen einlegen kann. Dies galt jedoch in der bis zum 29. Januar 2013 geltenden Fassung des Gesetzes nur, wenn die Vereinigung geltend machen konnte, dass eine Entscheidung nach § 1 Abs. 1 Satz 1 UmwRBG oder deren Unterlassen Rechtsvorschriften, die dem Umweltschutz dienen, Rechte Einzelner begründen und für die Entscheidung von Bedeutung sein können, verletzte, die Vereinigung des Weiteren durch die Entscheidung oder deren Unterlassen in ihrem satzungsgemäßen Aufgabenbereich berührt sein konnte, und sie zur Beteiligung in dem Verfahren kraft Gesetzes berechtigt war und sie sich hierbei in der Sache gemäß den geltenden Rechtsvorschriften geäußert hat oder ihr entgegen den geltenden Rechtsvorschriften keine Gelegenheit zur Äußerung gegeben worden ist.

Da § 11 Abs. 2 USchadG die „entsprechende“ Anwendung des § 2 UmwRBG anordnet, ist zu untersuchen, inwieweit § 2 UmwRBG auf eine nach dem USchadG erhobene Klage anwendbar ist.

---

683 *Cosack/Enders*, DVBl. 2007, 405/406; *Knopp*, UPR 2005, 361.

684 *Müggenborg*, NVwZ 2009, 12; BT-Drs. 16/3806, S. 14/15. Soweit Art. 74 Nr. 1 GG (Bürgerliches Recht) genannt wird, bezieht sich dies ausschließlich auf den in § 9 Abs. 2 USchadG normierten Ausgleichsanspruch, der nach dem Willen des Gesetzgebers auf zivilrechtlichem Wege durchgesetzt werden soll (BT-Drs. 16/3806, S. 26 unter Verweis auf die Begründung zu § 24 Abs. 2 BBodSchG, die unter § 25 Abs. 3 BBodSchG der Amtlichen Begründung BT-Drs. 13/6701, S. 46 enthalten ist).

(2) Die Anerkennung der Vereinigung gemäß § 3 Abs. 1 UmwRBG

Die klagende Vereinigung muss gemäß § 11 Abs. 2 USchadG i.V.m. § 2 Abs. 1 UmwRBG nach § 3 Abs. 1 UmwRBG anerkannt sein oder als anerkannt gelten. Die Anerkennung erfolgt regelmäßig[685] durch das Umweltbundesamt, § 3 Abs. 2 S. 1 UmwRBG.[686] Eine Anerkennung ist jedoch auch durch die jeweils nach Landesrecht zuständige Behörde möglich, wenn die Vereinigung nur regional begrenzt innerhalb eines Landes tätig ist, § 3 Abs. 3 UmwRBG.

(a) Anerkannte Vereinigungen

Eine Anerkennung nach § 3 Abs. 1 S. 1 UmwRBG kann erfolgen, wenn die Vereinigung mindestens drei Jahre bestanden hat. Dies könnte sich als mit der Umwelthaftungsrichtlinie und dem USchadG unvereinbar erweisen. Beide Regelwerke bezwecken die Stärkung der Rechte Dritter. Hiermit steht eine Regelung im Widerspruch, die verhindert, dass Vereinigungen, die sich spontan in Anbetracht eines konkreten Umweltschadens gegründet haben, die Rechte des USchadG geltend machen können. Bezüglich dieser Hürde[687] argumentiert *Ewer*, dass die Voraussetzungen dennoch „sachgerecht und nicht diskriminierend sind und zu keiner unangemessenen Beeinträchtigung des Zugangs zum Gericht führen“[688], weshalb „diese Regelungen unter gemeinschaftsrechtlichen Gesichtspunkten nicht zu beanstanden“[689] seien. Dies gilt es zu überprüfen.

Erwägungsgrund 25 der Richtlinie 2004/35/EG bestimmt, dass den Nichtregierungsorganisationen die Möglichkeit eingeräumt werden soll, „angemessen zur wirksamen Umsetzung dieser Richtlinie beizutragen.“ Die Nichtregierungsorganisationen müssen hierbei „alle nach nationalem Recht geltenden Voraussetzungen“ erfüllen, um gerichtlich wie auch außergerichtlich tätig werden zu können, Art. 12 Abs. 1 UA 3 der Richtlinie 2004/35/EG.

Den Nichtregierungsorganisationen ist folglich nicht uneingeschränkt und in jedem Fall die Möglichkeit zur Geltendmachung von Ansprüchen einzuräumen. Es ist unter Geltung der jeweiligen nationalen Rahmenbedingungen eine „angemessene“ Beteiligung sicherzustellen. An diesem Maßstab ist die Verweisung auf

---

685 Zur Vorschrift des § 3 Abs. 3 UmwRBG siehe sogleich.

686 Auf der Homepage des Umweltbundesamtes wird auch eine Übersicht über alle anerkannten Umweltvereinigungen bereitgehalten, http://www.umweltbundesamt.de/umweltrecht/verbandsklage/umweltvereinigungen.pdf.

687 *Schrader/Hellenbroich*, ZUR 2007, 289/290.

688 *Ewer*, ZUR 2007, 267/270.

689 *Ewer*, ZUR 2007, 267/270.

§ 3 Abs. 1 UmwRBG zu messen. Eine Regelung erweist sich als angemessen, wenn sie für die jeweils von ihr Betroffenen zumutbar ist.[690] Die formalen Anforderungen, die an die Vereinigung gestellt werden, sind vor diesem Hintergrund angemessen, wenn sie die nach den europarechtlichen Vorschriften zu gewährenden Rechte nicht vereiteln. Die Forderung, dass eine Vereinigung mindestens drei Jahre bestanden haben muss, könnten die Rechte der Vereinigungen, die zum Schutze der Umwelt Rechte klageweise geltend machen wollen, unzumutbar einschränken. Dies ist jedoch nicht der Fall. Die Richtlinie 2004/35/EG stellt ausdrücklich darauf ab, dass die Vereinigungen die Anforderungen des jeweiligen nationalen Rechts erfüllen müssen. Der deutsche Gesetzgeber verknüpft in § 3 Abs. 1 S. 1 UmwRBG, der kraft Verweisung auch für die Verbandsrechte der §§ 63, 64 BNatSchG anzuwenden ist, die Rechte der Vereinigung mit der Dauer ihres Bestehens. Die Anforderung des § 11 Abs. 2 USchadG auf § 3 Abs. 1 S. 1 UmwRBG entspricht den Anforderungen, die Umweltverbände nach deutschem Recht zur Wahrnehmung von Rechten erfüllen müssen und erweist sich daher als europarechtskonform.[691]

(b) Der Status als anerkannt geltender Vereinigungen nach § 5 Abs. 2 UmwRBG

§ 5 Abs. 2 UmwRBG bestimmt, dass Vereinigungen, die auf Grund der bis zum 28. Februar 2010 geltenden Regelung des § 59 BNatSchG oder auf Grund landesrechtlicher Vorschriften im Rahmen des § 60 BNatSchG in der Fassung vom 28. Februar 2010 anerkannt wurden und solche Vereinigungen, die über Anerkennungen des Bundes und der Länder nach § 29 BNatSchG in der bis zum 3. April 2002 geltenden Fassung verfügen, als anerkannt im Sinne des UmwRBG gelten.

Fraglich ist, ob Vereinigungen, die die Voraussetzungen des § 3 Abs. 1 UmwRBG erfüllen, ohne förmlich anerkannt zu sein, klagebefugt sind. Der Wortlaut des § 11 Abs. 2 USchadG scheint dies auszuschließen. Er bezieht nur die in §§ 3 Abs. 1, 5 Abs. 2 UmwRBG genannten, als anerkannt geltenden

---

690 BVerfG, Beschluss vom 16. Februar 2000, 1 BvR 242/91 und 1 BvR 315/99, Rn. 54 zitiert nach Juris, NJW 2000, 2573/2575; *Grzeszick*, in Maunz/Dürig, GG, Art. 20 Rn. 117.

691 Erfüllt eine Vereinigung diese Voraussetzung nicht, muss sie wie vor der Einführung der umweltrechtlichen Verbandsklage einzelne durch den Umweltschaden betroffene Personen bei deren Prozessführung inhaltlich wie auch finanziell zu unterstützen. Eine Regelungslücke verbleibt somit nur in dem Fall, in dem niemand den Wirkungen des Umweltschadens ausgesetzt ist oder eine betroffene Person von der Behörde kein Einschreiten gegen den Umweltschaden verlangt. Diese Rechtsschutzlücke ist vor dem Hintergrund der europarechtlichen Vorgaben jedoch hinzunehmen.

Vereinigungen in den Anwendungsbereich ein. USchadG und UmwRBG begründen somit keinen Anspruch auf Tätigwerden zugunsten noch nicht anerkannter Umweltverbände. Fraglich ist, ob sich dies vor dem europarechtlichen Hintergrund als europarechtskonform erweist. Ausweislich der Umwelthaftungsrichtlinie müssen die Nichtregierungsorganisationen lediglich „alle nach nationalem Recht geltenden Voraussetzungen" erfüllen, Art. 12 Abs. 1 UA 3 der Richtlinie 2004/35/EG. Die Verweisung des § 11 Abs. 2 UmwRBG auf §§ 2 Abs. 1, 3 Abs. 1 UmwRBG schließt nicht aus, dass im Wege der europarechtskonformen Auslegung auch die Vereinigungen, die zwar noch nicht anerkannt sind, die aber die Anerkennungsvoraussetzungen und die weiteren Voraussetzungen des § 2 Abs. 2 UmwRBG erfüllen, als anerkannt zu gelten haben.[692] Auch § 2 Abs. 2 UmwRBG ist eine Vorschrift des nationalen Rechts. Ausweislich des Verweises in § 11 Abs. 2 USchadG in Verbindung mit Art. 12 Abs. 1 UA 3 der Richtlinie 2004/35/EG trägt die Anwendung der Norm zur angemessenen Rechtsverfolgung durch die Umweltverbände bei.

Zwar besteht grundsätzlich ein Unterschied, ob eine Vereinigung ein förmliches Anerkennungsverfahren durchlaufen hat oder dies nicht der Fall ist. Eine Gefährdung der Schnelligkeit und Sachlichkeit gerichtlicher Entscheidungsverfahren droht jedoch nicht einzutreten. Denn die in § 2 Abs. 2 UmwRBG genannten Fälle unterscheiden sich von den förmlich anerkannten Vereinigungen nur dadurch, dass der die Anerkennung statuierende Verwaltungsakt noch nicht ergangen ist und die Vereinigung die Gründe hierfür nicht zu vertreten hat[693]. Materiell-rechtlich sind Unterschiede jedoch nicht zu erkennen. Für die Einbeziehung dieser Vereinigungen spricht nicht nur die bereits erwähnte Vorgabe des Richtliniengebers,[694] dass die Vereinigungen im Rahmen des nationalen Rechts angemessen zur Rechtswahrnehmung beitragen können sollen, sondern auch, dass die Vereinigungen keinen Einfluss auf die Bearbeitung ihrer Anerkennungsanträge haben. Ihnen könnte gegebenenfalls willkürlich die Stellung einer klageberechtigten Vereinigung nach dem UmwRBG vorenthalten werden.

Festzustellen ist daher, dass Vereinigungen, die die Anerkennungsvoraussetzungen und die weiteren Voraussetzungen des § 2 Abs. 2 UmwRBG erfüllen,

---

692 So ohne weitere Begründung: *Scheidler*, NVwZ 2007, 1113/1119 und *Schrader/Hellenbroich*, ZUR 2007, 289/290.

693 Zu vertreten hat eine Vereinigung die nicht erfolgte Anerkennung beispielhaft, wenn nicht alle für die Prüfung des Vorliegens der Anerkennungsvoraussetzungen erforderlichen Informationen vorgelegt wurden oder wenn trotz mehrjährigen Bestehens der Anerkennungsantrag erst zusammen mit dem Rechtsbehelf gestellt wird (BR-Drs. 552/06, S. 20).

694 Art. 12 Abs. 1 UA 3 Richtlinie 2004/35/EG.

jedoch noch nicht förmlich anerkannt sind, als anerkannt im Sinne des § 11 Abs. 2 USchadG in Verbindung mit § 3 Abs. 1 UmwRBG gelten.[695]

(3) Der Gegenstand des Klageverfahrens – Umweltschaden und unmittelbare Gefahr eines Umweltschadens

Gemäß § 11 Abs. 2 USchadG i.V.m. § 2 Abs. 1 S. 1 UmwRBG muss sich die Vereinigung „gegen eine Entscheidung nach § 1 Abs. 1 S. 1 UmwRBG" wenden.

§ 1 Abs. 1 S. 1 UmwRBG bestimmt die Verfahren, in denen Vereinigungen das Recht zur – gerichtlich durchsetzbaren – Beteiligung eingeräumt wird.[696] Die dort genannten Verfahren stehen jedoch in keinem Zusammenhang mit dem USchadG. §§ 2 Abs. 1, 1 Abs. 1 S. 1 UmwRBG sind daher von der entsprechenden Anwendung nicht erfasst. Da das USchadG ausschließlich auf das Vorliegen eines Umweltschadens oder der unmittelbaren Gefahr eines solchen Schadens abstellt, können nur die hierauf gerichteten ergangenen oder unterbliebenen behördlichen Entscheidungen Gegenstand eines auf der Grundlage des USchadG angestrengten gerichtlichen Verfahrens sein.

(4) Die Anforderungen an die zur Entscheidung gestellte Norm

Die vom Kläger zur Begründung seines Klagebegehrens herangezogene Norm müsste dem Umweltschutz dienen und müsste für die Entscheidung von Bedeutung sein, § 11 Abs. 2 USchadG i.V.m. § 2 Abs. 1 Nr. 1 Var. 1 und 3 UmwRBG.

(a) Die verletzte Norm und der Umweltschutz

Die Norm, deren Verletzung gerügt wird, müsste dem Umweltschutz dienen. Dem Umweltschutz dienen das Wasserhaushaltsgesetz, das Bundes-Naturschutzgesetz, das Bundes-Bodenschutzgesetz, das Kreislaufwirtschaftsgesetz sowie das Bundes-Immissionsschutzgesetz, aber auch z.B. das Baugesetzbuch.[697]

---

695 Ebenso: *Ewer*, NVwZ 2007, 267/271.

696 Im Einzelnen handelt es sich hierbei zum einen um Verfahren, bei denen eine Umweltverträglichkeitsprüfung durchzuführen ist, zum anderen um Genehmigungsverfahren für Anlagen, die in Spalte 1 der 4. BImSchV genannt sind. Ferner werden genannt Verfahren, die auf den Erlass nachträglicher Anordnungen nach § 17 Abs. 1a BImSchG sowie auf Erteilung von Erlaubnissen nach §§ 2, 7 Abs. 1 S. 1 WHG sowie Planfeststellungsbeschlüssen nach § 31 Abs. 2 Krw-/AbfG gerichtet sind.

697 Vgl. § 1a BauGB.

(b) Entscheidungserheblichkeit der verletzten Norm

Die als verletzt gerügte Norm muss jedoch nicht nur dem Umweltschutz dienen, sie muss darüber hinaus gemäß § 11 Abs. 2 USchadG i.V.m. § 2 Abs. 1 Nr. 1 3. Var. UmwRBG für die Entscheidung von Bedeutung sein.

Eine Norm ist für die Entscheidung eines Rechtsstreits von Bedeutung, wenn sie bei der Entscheidungsfindung zugrunde zu legen ist.[698] Für die Entscheidung von Bedeutung sind daher nur solche Rechtsvorschriften, die sich auf die Rechtmäßigkeit der Entscheidung auswirken oder auswirken können.[699] Normen, die im Rahmen der Entscheidungsfindung nicht zu berücksichtigen sind, sollen zum Schutz von Behörden wie auch Verwaltungsgerichten vor einer übermäßigen Inanspruchnahme nicht Verfahrensgegenstand werden.[700] Dies hat zur Folge, dass sich eine Vereinigung beispielsweise nicht auf eine Verletzung von § 5 Abs. 1 Satz 1 Nr. 1 BImSchG durch den Anlagenbetreiber berufen kann. Es handelt sich hierbei zwar um eine drittschützende Norm,[701] die auch den Umweltschutz zum Gegenstand hat. Allerdings ist § 5 Abs. 1 Satz 1 Nr. 1 BImSchG im Rahmen der Entscheidung über das von der Vereinigung begehrte Tätigwerden der Behörde gemäß § 10 USchadG von dieser nicht zu berücksichtigen.[702]

Gegenstand einer Klage nach dem USchadG kann ausschließlich die Frage sein, ob eine behördliche Handlung oder Unterlassung auf der Grundlage des USchadG rechtmäßig erfolgt ist. Infolgedessen ist es zwingend, dass die dem Umweltschutz dienende, als verletzt gerügte Norm gleichzeitig auch mit der Sanierung bzw. Vermeidung der Umweltschäden im Sinne des USchadG in Zusammenhang steht.[703] Nur soweit dies der Fall ist, sind Vorschriften außerhalb des USchadG bei der Entscheidungsfindung vom Gericht zu beachten. Da sich die Sanierung der Schäden nach den Fachgesetzen Wasserhaushaltsgesetz, Bundes-Naturschutzgesetz und Bundes-Bodenschutzgesetz richtet, sind dies die einzigen Bereiche, denen die verletzten öffentlich-rechtlichen Normen entstammen können.

Obgleich die Umwelthaftungsrichtlinie keine ausdrückliche Einschränkung der Klagbarkeit auf solche Vorschriften enthält, die für die Entscheidung von Bedeutung

---

698 *Ziekow*, NVwZ 2007, 259/262.

699 *Ziekow*, NVwZ 2007, 259/262.

700 BR-Drs. 552/06, S. 20.

701 *Dietlein,* in Landmann/Rohmer, BImSchG, § 5 Rn. 84; *Jarass*, BImSchG, § 5 Rn. 120.

702 Diese Aussage gilt ungeachtet der Neufassung des § 2 UmwRBG mit Wirkung zum 29.01.2013.

703 *Cosack/Enders*, DVBl. 2008, 405/413.

sind, erweist sich § 11 Abs. 2 USchadG i.V.m. § 2 Abs. 1 Nr. 1 3. Var. UmwRBG als europarechtskonform. Die Entscheidungserheblichkeit der verletzten Norm ist inzident in Art. 13 Abs. 1 der Richtlinie 2004/35/EG enthalten. Art. 13 Abs. 1 verlangt, dass ein Verfahren zur Überprüfung der formellen und materiellen Rechtmäßigkeit von Entscheidungen, Handlungen oder der Untätigkeit der Behörde, die auf der Grundlage der Richtlinie vorgenommen wurden, zur Verfügung gestellt wird. Prüfungsmaßstab ist somit ausschließlich der Regelungsgegenstand der Umwelthaftungsrichtlinie.

Ferner folgt aus allgemeinen verwaltungsprozessualen Grundsätzen, dass die gerügte Norm für die Entscheidung von Bedeutung sein muss. Die Klagebefugnis ist das „Spiegelbild" der Begründetheitsprüfung,[704] denn der Kläger muss geltend machen können, dass ihm der behauptete materiell-rechtliche Anspruch zustehen kann. Dies ist nur dann der Fall, das heißt die Klage ist nur begründet, wenn die Voraussetzungen des § 10 USchadG erfüllt sind.

(5) Das Erfordernis des Vorliegens einer drittschützenden Norm

Der Umweltverbandmusste nach dem Wortlaut der Verweisung des § 11 Abs. 2 USchadG auf § 2 Abs. 1 Nr. 1 UmwRBG a.F. darlegen, dass eine Norm verletzt wird, die Rechte Dritter begründen kann. Es wurde dargelegt, dass dieses Tatbestandsmerkmal mit der Richtlinie 2004/35/EG nicht vereinbar ist.[705] Da eine europarechtskonforme Auslegung sowie eine unmittelbare Anwendung der Richtlinie 2004/35/EG nicht in Betracht kommen,[706] konnten Umweltvereinigungen keine Verletzungen objektiven Rechts geltend machen. Die Möglichkeiten eines gerichtlichen Tätigwerden waren daher auf die von § 10 USchadG erfassten Fälle der Geltendmachung eines Anspruches auf das Ergreifen von Sanierungsmaßnahmen beschränkt.[707] Indem das Gesetz zur Änderung des Umwelt-Rechtsbehelfsgesetzes und anderer umweltrechtlicher Vorschriften mit Geltung zum 29. Januar 2013 das Merkmal der drittschützenden Norm ersatzlos gestrichen hat, bestehen nunmehr entsprechende Möglichkeiten der Umweltverbände, die Rechtmäßigkeit ergangener behördlicher Verfügungen überprüfen zu lassen. Auf die Drittschutzbezogenheit kommt es nicht mehr an.

---

704 *Hoppenberg/Meiners/Martens*, NVwZ 1997, 12/17.
705 S.o. 6. Kapitel C) II. 3. g).
706 S.o. 6. Kapitel C) II. 3. h) aa), bb).
707 S.o. 6. Kapitel C) II. 3. i).

#### (6) Umweltschaden und Verbandssatzung

Gemäß §§ 11 Abs. 2 USchadG, 2 Abs. 1 Nr. 2 UmwRBG muss die Vereinigung durch den Umweltschaden bzw. durch die unmittelbare Gefahr eines Umweltschadens in ihrem satzungsmäßigen Aufgabenbereich berührt sein.

Der Umweltschutzverband muss darlegen, dass der Umweltschaden bzw. die Gefahr des Umweltschadens thematisch in seinen Aufgabenbereich fällt.[708] Der Tätigkeitsbereich der Vereinigung muss sich aus deren Satzung ergeben. Hierbei ist eine hinreichend deutliche Benennung des Aufgabenbereiches erforderlich; allgemeine Formulierungen wie zum Beispiel die Beschreibung der Zielsetzung als „umfassender Schutz der Umwelt" sollen nicht ausreichend sein.[709] Da im Rahmen der Klagebefugnis ausreichend ist, dass die Möglichkeit besteht, dass die Vereinigung in ihrem satzungsmäßigen Aufgabenbereich betroffen ist, wird eine in Einzelheiten gehende Darlegung nur dann erforderlich sein, wenn der Verband nur einzelne Gebiete des Naturschutzes umfasst, wie dies z.B. bei einem Verband sein könnte, der sich ausschließlich dem Wasserschutz verschrieben hat, aber in einem anderen Gebiet umweltschutzrechtliche Belange geltend gemacht werden sollen.

Die Regelung ist mit dem Inhalt, den sie durch die Verweisung auf 2 Abs. 1 Nr. 2 UmwRBG gefunden hat, europarechtskonform. Gemäß Art. 12 Abs. 1 UA 4 der Umwelthaftungsrichtlinie müssen die Vereinigungen den innerstaatlichen Anforderungen genügen. Die Anknüpfung an den satzungsmäßigen Aufgabenbereich findet sich auch im Rahmen der Verbandsklage nach dem Bundes-Naturschutzgesetz, §§ 63, 64 BNatSchG, so dass es sich um eine übliche Anforderung des Mitgliedsstaates an Umweltverbände, die die Umweltinteressen gerichtlich durchzusetzen suchen, handelt.

#### (7) Die Bedeutung der im behördlichen Verfahren vorausgegangenen Stellungnahmen

Gemäß § 11 Abs. 2 USchadG i.V.m. § 2 Abs. 1 Nr. 3 UmwRBG müsste die Vereinigung bereits im behördlichen Verfahren Stellung genommen haben. Andernfalls wäre sie nicht klagebefugt.[710] Hat sie sich nicht geäußert, ist die Klage nur zulässig, wenn der Vereinigung das Recht zur Beteiligung nicht eingeräumt worden ist.

708 *Beckmann/Wittmann,* in Landmann/Rohmer, USchadG, § 11 Rn. 17.

709 *Beckmann/Wittmann,* UPR 2008, 421/425.

710 OVG Münster, Beschluss vom 24. September 2009, 8 B 1343/09.AK, Rn 37 zitiert nach Juris, BeckRS 2009, 39189.

Der entsprechenden Anwendung des § 2 Abs. 1 Nr. 3 UmwRBG im Geltungsbereich des USchadG stehen grundsätzlich keine Bedenken entgegen. Die Vorschrift kann im Rahmen der Verbandsklage jedoch nur Bedeutung haben, wenn den Umweltverbänden im Rahmen des USchadG behördliche Beteiligungsrechte eingeräumt werden und der Anwendung keine verfassungsrechtlichen Bedenken entgegenstehen. Ein Beteiligungsrecht normiert § 8 Abs. 4 USchadG. Danach hat die Behörde die von dem Umweltschaden oder seiner Sanierung[711] betroffenen Personen und die Vereinigungen, die sich für den Umweltschutz einsetzen,[712] über die vorgesehenen Sanierungsmaßnahmen zu unterrichten. Rechtzeitig eingehende Stellungnahmen sind von ihr bei der Entscheidung zu berücksichtigen.

Fraglich ist jedoch, ob § 8 Abs. 4 USchadG ein Beteiligungsrecht im Sinne des § 2 Abs. 1 Nr. 3 UmwRBG darstellt. Zwar räumt § 8 Abs. 4 USchadG den Umweltverbänden die Möglichkeit zur Stellungnahme ein. Hieraus folgt jedoch nicht zwingend, dass von dieser Möglichkeit Gebrauch gemacht werden muss, um die Möglichkeit gerichtlichen Rechtsschutzes zu wahren. Die dies vertretende Ansicht[713] widerspricht der Umwelthaftungsrichtlinie. Die Umwelthaftungsrichtlinie enthält in Art. 7 Abs. 4 eine mit § 8 Abs. 4 USchadG nahezu wortlautidentische Regelung. Nach beiden Bestimmungen hat die Behörde die näher bezeichneten Personen zu unterrichten und die daraufhin eingegangenen Bemerkungen zu berücksichtigen. Weder die Umwelthaftungsrichtlinie noch das USchadG oder die Amtliche Begründung zum USchadG enthalten eine Pflicht der beteiligten Personen, sich zu äußern. Im Gegensatz zum UmwRBG ist auch nicht normiert, dass ein Unterbleiben einer Stellungnahme im Beteiligungsverfahren die Präklusion gerichtlichen Rechtsschutzes zur Folge hat. In den Verfahren, die gemäß § 1 UmwRBG vom Anwendungsbereich des UmwRBG erfasst sind, existieren hingegen solche materiell-rechtlichen Präklusionsvorschriften. Die Richtlinie 2003/35/EG greift somit nur die bereits bestehenden Vorschriften auf, die bereits eine Beteiligung der Öffentlichkeit an der Ausarbeitung bestimmter Pläne und Programme vorsehen.[714] Nach diesen Vorschriften sind Einwendungen, die nicht innerhalb einer bestimmten gesetzlich geregelten Frist abgegeben wurden, im weiteren Verfahren präkludiert.[715] Weder das USchadG noch die jeweils

711 S.o. 4. Kapitel C) II. 2. a).

712 § 10 USchadG.

713 So aber: *Beckmann/Wittmann,* in Landmann/Rohmer, USchadG, § 11 Rn. 18.

714 BR-Drs. 552/06, S. 20.

715 Beispielhaft sind § 9 Abs. 1 S. 3 UVPG in Verbindung mit § 73 Abs. 4 VwVfG und § 10 Abs. 3 S. 5 BImSchG zu nennen.

einschlägigen Fachvorschriften des Natur-, Wasser- oder Bodenschutzrechtes enthalten vergleichbare Äußerungs- bzw. Präklusionsfristen.

Darüber hinaus ordnet § 8 Abs. 4 USchadG die Rechtsfolgen der unterbliebenen Stellungnahme ausdrücklich an. Danach müssen nicht rechtzeitig eingegangene Stellungnahmen von der Behörde im Rahmen ihrer Entscheidungsfindung nicht berücksichtigt werden. Wäre eine Präklusion weiteren Vorbringens im gerichtlichen Verfahren bei verspätetem oder unterlassenem Vorbringen im Beteiligungsverfahren beabsichtigt gewesen, hätte dies auf Grund des Erfordernisses der Bestimmtheit der Norm[716] ausdrücklich im Gesetz geregelt werden müssen.

§ 2 Abs. 1 Nr. 3 UmwRBG ist auf Klagen nach dem USchadG somit nicht anwendbar.

cc) Die statthafte Klageart

Statthafte Klageart kann nach den vorstehenden Ausführungen zur Klagebefugnis[717] ausschließlich die Verpflichtungsklage gemäß § 42 Abs. 1 2. Var. VwGO, gerichtet auf eine Verpflichtung der zuständigen Behörde zum Ergreifen von Sanierungsmaßnahmen, sein. Mangels Klagebefugnis war die Erhebung einer Anfechtungsklage zur Überprüfung der Rechtmäßigkeit behördlichen Handelns in der bis zum 29. Januar 2013 geltenden Fassung ausgeschlossen.

dd) Das Widerspruchsverfahren

Soweit das Landesrecht nicht auf die Durchführung eines Widerspruchsverfahrens in Angelegenheiten betreffend das USchadG verzichtet, ist gemäß § 68 VwGO vor der Erhebung der Verpflichtungsklage das Widerspruchsverfahren durchzuführen. Es gelten keine europarechtlich bedingten Besonderheiten. Ausweislich der Vorschrift des Art. 13 Abs. 2 der Umwelthaftungsrichtlinie bleiben „nationale Rechtsvorschriften über den Zugang zu den Gerichten und diejenigen Rechtsvorschriften […], die vor Einleitung eines Gerichtsverfahrens die Erschöpfung der Verwaltungsverfahren vorschreiben“, unberührt.

ee) Die Präklusion von Einwendungen

Gemäß § 2 Abs. 3 UmwRBG ist ein Umweltverband mit allen Einwendungen ausgeschlossen, wenn er „Gelegenheit zur Äußerung gehabt“ hat und er diese „nicht oder nach den geltenden Rechtsvorschriften nicht rechtzeitig geltend gemacht

716 Art. 20 Abs. 3 GG.
717 S.o. 6. Kapitel C) II. 3. g) ee).

hat, aber hätte geltend machen können." Die Vorschrift ist auf Klagen nach dem USchadG nicht anwendbar.[718] Bezüglich der Begründung wird auf die Ausführungen zur Anwendbarkeit des § 2 Abs. 1 Nr. 3 UmwRBG verwiesen.[719]

#### ff) Die Klagefrist

Hinsichtlich der für die Erhebung einer Klage zu wahrenden Klagefrist gilt § 74 VwGO.

Gemäß § 2 Abs. 4 UmwRBG, auf den § 11 Abs. 2 USchadG verweist, müssen Widerspruch oder Klage binnen eines Jahres nachdem die Vereinigung von der behördlichen Entscheidung Kenntnis erlangt hat oder hätte erlangen können, erhoben werden, wenn „eine Entscheidung nach § 1 Abs. 1 Satz 1 nach den geltenden Rechtsvorschriften weder öffentlich bekannt gemacht noch der Vereinigung bekannt gegeben worden" ist.

Zu prüfen ist, ob die Vorschrift im Geltungsbereich des USchadG entsprechend anzuwenden ist. Die Umwelthaftungsrichtlinie sieht keine Befristung für die Geltendmachung von Ansprüchen vor. Für eine entsprechende Anwendung besteht bei Klagen nach dem USchadG kein Bedürfnis. Anders ist dies im Anwendungsbereich des UmwRBG. Im Rahmen der vom UmwRBG erfassten Verfahren[720] steht dem Umweltverband eine Behörde sowie ein Antragsteller gegenüber, der daran interessiert ist, nach Ablauf einer bestimmten Frist Rechtssicherheit über die Bestandskraft der ihm gegenüber ergangenen, ihn begünstigenden behördlichen Entscheidung zu erlangen. Hierdurch unterscheiden sich UmwRBG und USchadG wesentlich. Letzteres zielt auf die Beseitigung bestehender und der Vermeidung drohender Gefahren. Der Verursacher einer solchen Gefahrenlage kann sich nicht auf ein Untätigbleiben der Behörden berufen und Vertrauensschutz für sich in Anspruch nehmen.

§ 2 Abs. 4 UmwRBG ist daher im Rahmen des USchadG nicht anwendbar.

#### gg) Die Beteiligten

Im Rahmen einer Klage nach § 11 Abs. 2 USchadG i.V.m. § 10 USchadG sind Vereinigungen, die sich für den Umweltschutz einsetzen, aktivlegitimiert.[721] Die

718 Ebenso: *Schrader/*Hellenbroich, ZUR 2007, 289/291; *Beckmann/Wittmann* halten in UPR 2008, 421/426 die Vorschrift für anwendbar, wenn die Vereinigung auf eine mögliche Präklusion hingewiesen wurde und ihr eine Frist zur Stellungnahme gesetzt wurde.

719 S.o. 6. Kapitel C) II. 4. b) bb) (7).

720 § 1 UmwRBG.

721 Vgl. hierzu die Ausführungen zu § 11 Abs. 2 USchadG i.V.m. § 2 Abs. 1 Nr. 1 UmwRBG unter 6. Kapitel C) II. 3.

Verwendung des Begriffes „Vereinigung“ impliziert,[722] dass der Zusammenschluss der Personen zur Verfolgung des Zwecks privatrechtlich organisiert sein muss.[723] Dem öffentlichen Recht zuzuordnende Anstalten, Stiftungen und Körperschaften des öffentlichen Rechts, die sich dem Umwelt- und Naturschutz[724] verschrieben haben, könnten die ihnen nach dem USchadG zugedachten Aufgaben nicht in gleicher Weise erfüllen wie eine privatrechtliche Vereinigung.[725] Denn Ziel der Umwelthaftungsrichtlinie und des USchadG ist unter anderem die Kontrolle des Handelns der Behörden[726] und die Aufforderung zum Tätigwerden. Privatrechtliche Vereinigungen bieten Gewähr für eine effektive Wahrnehmung der Rechte, da Interessenkonflikte auf Grund einer Nähe zu anderen öffentlich-rechtlichen Institutionen ausgeschlossen werden können.[727]

Beklagte Behörde ist auf Grund des öffentlich-rechtlichen Charakters des USchadG die nach Landesrecht jeweils zuständige Behörde oder der Rechtsträger, § 78 VwGO.

hh) Die Beteiligtenfähigkeit

Die Fähigkeit, an einem Rechtsstreit beteiligt zu sein, richtet sich nach § 61 VwGO. Demnach muss es sich bei der Vereinigung nicht zwingend um eine juristische Person im Sinne des deutschen Rechtes handeln. Die Vereinigung muss nicht rechtsfähig sein,[728] da nach § 61 Nr. 2 VwGO auch eine GbR oder ein nicht eingetragener Verein beteiligtenfähig sein kann.[729]

*c) Die Voraussetzungen einer begründeten Klage*

Die auf das Ergreifen von Maßnahmen zur Sanierung von Umweltschäden und der Einholung hierzu erforderlicher Informationen gerichtete Klage eines Umweltverbandes ist begründet, wenn der Kläger einen Anspruch auf ein Tätigwerden der Behörde zur Sanierung eines Umweltschadens gemäß § 10 USchadG hat.

---

722 Vgl. §§ 80 ff. BGB.
723 *Ewer*, NVwZ 2007, 267/270.
724 Z.B. die Stiftungen Umwelt- und Naturschutz der Länder.
725 Für das Bundes-Naturschutzgesetz ist dies anerkannt: *Gassner*, in Gassner/Bendomir-Kahlo/Schmidt-Räntsch, BNatSchG, § 59 Rn. 6.
726 *Ewer*, NVwZ 2007, 267/270.
727 Für das Bundes-Naturschutzgesetz ist dies anerkannt: *Gassner*, in Gassner/Bendomir-Kahlo/Schmidt-Räntsch, BNatSchG, § 59 Rn. 6.
728 *Ewer*, NVwZ 2007, 267/270.
729 *Kopp/Schenke*, VwGO, § 61 Rn. 8.

Ein Anspruch auf Tätigwerden im Sinne des § 10 USchadG besteht, wenn ein Umweltschaden im Sinne des USchadG vorliegt und die Behörde infolgedessen gemäß § 7 Abs. 1, 2 Nr. 2 USchadG zum Einschreiten verpflichtet ist.

Der Streit[730] über die Europarechtskonformität des § 11 Abs. 2 USchadG i.V.m. § 2 Abs. 5 UmwRBG a.F. ist für das USchadG nicht zu entscheiden. Denn § 10 USchadG ist drittschützend,[731] andere Möglichkeiten einer klageweisen Geltendmachung von Rechten durch Umweltvereinigungen bestehen nicht.[732]

*d) Zusammenfassung*

Umweltverbände können ihre Rechte aus § 10 USchadG gerichtlich geltend machen. § 10 USchadG vermittelt den Umweltverbänden ein subjektives Recht,[733] weshalb sich § 11 Abs. 2 USchadG i.V.m. § 2 Abs. 1 Nr. 1 UmwRBG a.F. insoweit zweifelsfrei als europarechtskonform erweist. Ein Anspruch gegen die Behörde auf ein Tätigwerden in Bezug auf Gefahrenabwehrmaßnamen besteht nicht.

§ 11 Abs. 2 USchadG i.V.m. § 2 Abs. 1 Nr. 1 UmwRBG a.F. erwies sich jedoch insoweit als mit der Richtlinie 2004/35/EG unvereinbar, als dass die Verletzung einer drittschützenden Norm geltend gemacht werden muss, wenn der Kläger eine Überprüfung der formellen und materiellen Rechtmäßigkeit einer einem anderen gegenüber erlassenen Gefahrenabwehr- oder Sanierungsverfügung anstrebte. Da sowohl eine europarechtskonforme Auslegung als auch die unmittelbare Anwendung der Richtlinie nicht in Betracht kommen, konnten Umweltverbände eine – durch Anfechtungsklage geltend zu machende – Überprüfung der formellen und materiellen Rechtmäßigkeit einer Gefahrenabwehr- und Sanierungsverfügung unter Geltung des § 2 Abs. 1 UmwRBG in seiner bis zum 29.01.2013 geltenden Fassung nicht verlangen.

---

730 Zu der entsprechenden Frage im Rahmen des § 2 Abs. 5 UmwRBG vergleiche nur: OVG Schleswig, Urteil vom 12. März 2009, 1 KN 12/08, Rn. 58–62 zitiert nach Juris, ZUR 2009, 432/435–437; OVG Lüneburg, Beschluss vom 7. Juli 2008, 1 ME 131/08, Rn. 20 zitiert nach Juris, NVwZ 2008, 1144/1146; *Wagner*, VersR 2008, 565/566.

731 S.o. 6. Kapitel C) II. 3. d) bb).

732 S.o. 5. Kapitel, E).

733 S.o. 6. Kapitel C) II. 3. d) bb).

## III. Das Klagerecht einzelner natürlicher und juristischer Personen nach dem USchadG

### 1. Der Maßstab für die Beurteilung der Erfolgsaussichten der Individualklage

Das Klagerecht natürlicher und juristischer Einzelpersonen hat im USchadG keine Regelung erfahren. § 11 Abs. 2 USchadG regelt nur die Voraussetzungen, unter denen Vereinigungen im Sinne des § 3 UmwRBG den Klageweg beschreiten können. Die Voraussetzungen einer klageweisen Geltendmachung der Rechte Einzelner richten sich daher nach allgemeinen prozessualen Grundsätzen.

### 2. Die Voraussetzungen der Verpflichtungsklage

Den Umweltverbänden gleich, können von einem Umweltschaden betroffene natürliche oder juristische Personen ihren Anspruch auf Durchsetzung von Sanierungsmaßnahmen gegenüber dem Verantwortlichen durch Erhebung einer Verpflichtungsklage gegen die Behörde gerichtlich geltend machen, § 10 USchadG.[734] Initiativrechte in Bezug auf die Durchsetzung von Gefahrenabwehrmaßnahmen bei drohenden Umweltschäden bestehen auf Grund der ausdrücklichen Entscheidung des Gesetzgebers[735] ebenfalls nicht.[736]

Die klagende natürliche oder juristische Person ist gemäß § 42 Abs. 2 VwGO klagebefugt, wenn sie die Möglichkeit des Bestehens eines Anspruches gemäß § 10 USchadG auf ein Tätigwerden in Bezug auf die Sanierung eines Umweltschadens darlegen kann.

Begründet ist die Verpflichtungsklage, wenn der Anspruch auf Tätigwerden der Behörde besteht. Dies ist der Fall, wenn ein Umweltschaden eingetreten ist und der Kläger glaubhaft gemacht hat, dass der Schaden von dem Verantwortlichen in Ausübung einer beruflichen Tätigkeit im Sinne des USchadG nach dem 30. April 2007 verursacht wurde.

---

734 S.o. 6. Kapitel C) II. 3. d) bb).

735 Art. 12 Abs. 5 der Richtlinie 2004/35/EG, BT-Drs. 16/3806, S. 27.

736 Es wird diesbezüglich auf die Ausführungen im Rahmen der Erörterung der Rechte der Umweltverbände verwiesen, 6. Kapitel C) II. 3. h), i).

## 3. Die Voraussetzungen der Anfechtungsklage

Umweltverbänden war auf Grund der Europarechtswidrigkeit des § 11 Abs. 2 USchadG i.V.m. § 2 Abs. 1 Nr. 1 UmwRBG[737] a.F. verwehrt, die Rechtmäßigkeit einer erlassenen Gefahrenabwehr- oder Sanierungsverfügung gerichtlich überprüfen zu lassen.[738] Dies schließt jedoch nicht aus, dass eine von einem Umweltschaden oder der Gefahr eines Umweltschadens betroffene natürliche oder juristische Personen Gefahrenabwehr- und Sanierungsverfügungen einer gerichtlichen Überprüfung zuführen können.

### *a) Die Zulässigkeit der Anfechtungsklage*

Im Rahmen der Zulässigkeit der Anfechtungsklage ist insbesondere[739] fraglich, ob der Kläger klagebefugt ist.

Der Kläger ist gemäß § 42 Abs. 2 VwGO klagebefugt, wenn er die Möglichkeit einer Rechtsverletzung durch die Regelungen des Verwaltungsaktes geltend machen kann. Besonderheiten sind nicht zu beachten: § 11 Abs. 2 USchadG regelt ausweislich seines Wortlautes ausschließlich die Voraussetzungen einer durch einen Umweltverband erhobenen Klage.

Die Pflicht zur Geltendmachung der Möglichkeit einer Rechtsverletzung gemäß § 42 Abs. 2 VwGO erweist sich als europarechtskonform, da die Umwelthaftungsrichtlinie in Art. 13 Abs. 1 i.V.m. Art. 12 Abs. 1 a) und c) ebenfalls darauf abstellt, dass der Antragsteller eine Betroffenheit in eigenen Rechten oder eine Rechtsverletzung geltend machen können muss.

Vor diesem Hintergrund ist es von den jeweiligen Umständen des Einzelfalles abhängig, ob eine natürliche oder juristische Einzelperson durch einen auf der Grundlage des USchadG erlassenen Verwaltungsakt in ihren Rechten verletzt wird. Voraussetzung ist jedenfalls die Geltendmachung der Verletzung einer drittschützenden Norm. Personen, die durch den Umweltschaden bzw. den Gefahrenabwehr- und Sanierungsmaßnahmen nicht in ihren Rechten betroffen werden, können mangels Klagebefugnis keine Rechte geltend machen.

---

737 S.o. 6. Kapitel C) II. 3. g) ff).

738 S.o. 6. Kapitel C) ggII. 3. b) bb) (5) (e) (ee) [2], (f).

739 In Bezug auf die Prüfungspunkte Verwaltungsrechtsweg, Wahrung der Klagefrist, ordnungsgemäße und erfolglose Durchführung des Widerspruchsverfahrens bestehen bei Klagen von Einzelpersonen nach dem USchadG keine zu beachtenden Besonderheiten.

*b) Die Begründetheit der Anfechtungsklage*

Die Anfechtungsklage ist gemäß § 113 Abs. 1 S. 1 VwGO begründet, wenn der Verwaltungsakt rechtswidrig ist und der Kläger hierdurch in seinen Rechten verletzt wird.

aa) Der Prüfungsmaßstab

Erfolg ist der Klage nur beschieden, wenn durch den Verwaltungsakt drittschützende Normen verletzt wurden. Die Verletzung rein objektiven Rechts kann von dem Kläger nicht gerügt werden.[740] Das USchadG enthält keine Regelung, die eine Überprüfung objektiven Rechts durch die klagende Einzelperson ermöglicht.

bb) Die Europarechtskonformität des Prüfungsmaßstabes

Zweifelhaft ist jedoch, ob die Beschränkung der gerichtlichen Überprüfbarkeit der formellen und materiellen Rechtmäßigkeit auf die Verletzung drittschützender Normen mit der Richtlinie 2004/35/EG in Einklang steht. Art. 13 Abs. 1 der Umwelthaftungsrichtlinie bestimmt, dass die „Entscheidungen, Handlungen oder die Untätigkeit der nach dieser Richtlinie zuständigen Behörde auf formelle und materielle Rechtmäßigkeit" überprüfbar sein müssen. Die Richtlinie 2004/35/EG bezweckt somit die gerichtliche Überprüfbarkeit der Rechtmäßigkeit eines Verwaltungsaktes unter allen rechtlichen Gesichtspunkten. Dem wird durch die Anwendung des § 113 Abs. 1 S. 1 VwGO nicht Rechnung getragen. Er begrenzt die europarechtlich durch die Umwelthaftungsrichtlinie eingeräumten Rechte in unzulässiger Weise.

cc) Die unmittelbare Anwendbarkeit der Richtlinie 2004/35/EG

Die Richtlinie 2004/35/EG ist insoweit unmittelbar anzuwenden. Die Voraussetzungen der unmittelbaren Anwendung liegen vor.[741] Die Richtlinie wurde innerhalb der Umsetzungsfrist nicht vollständig umgesetzt und sie ist in Bezug auf Art. 13 Abs. 1 inhaltlich hinreichend bestimmt und unbedingt.[742]

Eine mangelhafte Umsetzung liegt vor, da der Kläger keine vollständige Überprüfung der formellen und materiellen Rechtmäßigkeit der behördlichen Handlung verlangen kann. Die Richtlinie ist auch inhaltlich unbedingt und hinreichend

740 *Kopp/Schenke*, VwGO, § 113 Rn. 5.

741 Zu den Voraussetzungen einer unmittelbaren Anwendung, s.o. 6. Kapitel C) II. 3. h) bb) (1).

742 S.o. 6. Kapitel C) II. 3. h) bb) (3), (4).

bestimmt, da Art. 13 Abs. 1 der Umwelthaftungsrichtlinie unmissverständlich zum Ausdruck bringt, dass eine inhaltliche Vollkontrolle des Verwaltungsaktes zu gewährleisten ist.

dd) Die Rechtsfolge der unmittelbaren Anwendbarkeit

Infolge der unmittelbaren Anwendung der Richtlinie ist die Anfechtungsklage begründet, wenn sich die von der Behörde ergriffene Maßnahme in formeller und/oder materieller Hinsicht als rechtswidrig erweist.

Die Begründetheit der Klage setzt demnach nicht voraus, dass eine Verletzung des Klägers in eigenen Rechten festgestellt werden kann. § 113 Abs. 1 VwGO wird hinsichtlich des Maßstabes der Begründetheitsprüfung der Anfechtungsklage durch die Umwelthaftungsrichtlinie modifiziert.[743]

Das USchadG eröffnet somit die Möglichkeit, eine behördliche Entscheidung auch in Bezug auf die Verletzung objektiven Rechtes gerichtlich überprüfen zu lassen.

*c) Ergebnis*

Der durch einen Umweltschaden in seinen Rechten oder rechtliche geschützten Interessen Betroffene kann gerichtlich ein Einschreiten der Behörden zur Sanierung des Schadens verlangen, § 10 USchadG.

Ferner kann derjenige, der geltend machen kann, durch eine an einen anderen ergangene Gefahrenabwehr- oder Sanierungsverfügung, in seinen Rechten verletzt zu sein, die vollständige gerichtliche Überprüfung der formellen und materiellen Rechtmäßigkeit des Verwaltungsaktes verlangen.

743 Ebenso: *Beckmann/Wittmann*, UPR 2008, 421/426.

# Siebtes Kapitel: Der Vergleich der Rechte Dritter im Verwaltungsverfahren und im Gerichtsverfahren

Die Bedeutung des USchadG im Bereich des Bodenschutzrechtes ist maßgeblich abhängig von der Frage, ob und inwieweit die Rechte von Umweltverbänden und natürlichen und juristischen Personen, ein Tätigwerden der Behörden erzwingen zu können, erweitert werden. Um dies festzustellen, sind die durch das BBodSchG und das USchadG begründeten Rechte gegenüberzustellen und zu bewerten.

## A) Die Gegenüberstellung der Rechte Dritter im Verwaltungsverfahren

### I. Die Zusammenfassung der Rechte Dritter im Verwaltungsverfahren

Ein wesentlicher Unterschied zwischen dem BBodSchG und dem USchadG liegt darin begründet, dass das USchadG einen ausdrücklichen Anspruch Dritter gegen die Behörde auf ein Tätigwerden enthält.

#### 1. Die Rechte Dritter im USchadG

§ 10 USchadG berechtigt Dritte, von der zuständigen Behörde die Einholung von Informationen über den eingetretenen Umweltschaden[744] sowie die Sanierung des Umweltschadens zu verlangen. Darüber hinausgehende Rechte werden den Dritten nicht eingeräumt. Insbesondere können keine Ansprüche auf das Ergreifen von Maßnahmen in Bezug auf drohende Umweltschäden geltend gemacht werden.[745]

Anspruchsberechtigt sind die von einem Umweltschaden betroffenen natürlichen und juristischen Personen sowie Vereinigungen, die sich für den Umweltschutz einsetzen.

744 S.o. 5. Kapitel B) II. 1. b) bb).

745 S.o. 5. Kapitel C).

Die Einreichung eines zulässigen und begründeten Antrages löst die Verpflichtung der Behörde aus, zu prüfen, ob ein Umweltschaden im Sinne des USchadG vorliegt. Stellt die Behörde hiernach fest, dass der behauptete Umweltschaden tatsächlich eingetreten ist, muss sie die zur Sanierung des Schadens erforderlichen Maßnahmen gegenüber dem Verantwortlichen ergreifen. Ihr steht dann kein Ermessen bei der Entscheidung über ein Tätigwerden zu. Sie ist gemäß § 7 Abs. 1, 2 USchadG zum Tätigwerden verpflichtet.[746]

### 2. Die Rechte Dritter im BBodSchG

Im Anwendungsbereich des BBodSchG bestimmen sich die Rechte Dritter mangels ausdrücklicher Kodifizierung von Anspruchsgrundlagen ausschließlich nach Maßgabe der Schutznormtheorie.[747] Dieser Tatsache ist geschuldet, dass Umweltverbände keine Ansprüche gegen die Behörde geltend machen können.[748]

Natürliche und juristische Einzelpersonen sind anspruchsberechtigt, wenn sie darlegen können, durch die schädliche Bodenveränderung in ihren Rechten oder rechtlich geschützten Interessen betroffen zu sein.[749] Sie können jedoch kein konkretes Handeln der Behörde verlangen,[750] sondern haben ausschließlich Anspruch auf eine fehlerfreie Ermessensausübung durch die Behörde. Ein Anspruch auf Tätigwerden besteht nur, wenn im Einzelfall die Voraussetzungen einer Ermessensreduzierung auf Null vorliegen.[751] In diesem Fall, z.B. einer durch die Bodenveränderung ausgelösten erheblichen Gefahr für die menschliche Gesundheit, muss die Behörde gegen die schädliche Bodenveränderung einschreiten.[752]

## II. Der Vergleich der Rechte Dritter im Verwaltungsverfahren

Die vorstehende Zusammenfassung der Rechte Dritter im Verwaltungsverfahren macht bereits auf den ersten Blick deutlich, dass die Rechte Dritter durch das USchadG im Vergleich zum BBodSchG in zweifacher Hinsicht erweitert werden.

---

746 S.o. 4. Kapitel C) II. 1.
747 S.o. 3. Kapitel B) I. 3.
748 S.o. 2. Kapitel B) II. 2. b).
749 S.o. 3. Kapitel B) I. 3.
750 S.o. 3. Kapitel C).
751 S.o. 3. Kapitel C).
752 S.o. 3. Kapitel C).

Zum einen wurde durch § 10 USchadG zugunsten von Vereinigungen, die sich für den Umweltschutz einsetzen, ein Initiativrecht zur Durchsetzung von Sanierungsmaßnahmen eingeführt. Zum anderen vermittelt das den Verbänden wie auch den betroffenen Einzelpersonen zustehende Initiativrecht des § 10 USchadG einen Anspruch auf ein Tätigwerden der Behörde, nicht nur einen Anspruch auf ordnungsgemäße Ausübung des Ermessens durch die Behörde.[753]

## 1. Der Vergleich der Initiativrechte in Bezug auf die Gefahrenabwehrmaßnahmen

Das USchadG begründet keine Rechte Dritter zur Geltendmachung von Gefahrenabwehrmaßnahmen gemäß §§ 7 Abs. 1, Abs. 2 Nr. 2, 5 USchadG.[754] Im Rahmen des BBodSchG können die durch eine drohende Bodenverunreinigung betroffenen Personen unter Anwendung der Schutznormtheorie in der Regel[755] gegenüber der zuständigen Behörde verlangen, dass in ermessensfehlerfreier Weise über ein Einschreiten gegen die Bodenverunreinigung entschieden wird. Nur dann, wenn das Ermessen der Behörde auf Null reduziert ist, weil sich auf Grund der Schwere der Bodenverunreinigung nur ein Einschreiten der Behörde als ermessensfehlerfreie Entscheidung erweisen würde,[756] besteht ein Anspruch auf Tätigwerden.

In Bezug auf die Geltendmachung von Ansprüchen auf Ergreifen von Gefahrenabwehrmaßnahmen ist somit das BBodSchG als das Gesetz anzusehen, das zugunsten Dritter die umfangreicheren Rechte zur Verfügung stellt.

Das BBodSchG und das USchadG gleichen sich insoweit, als dass in Bezug auf die Gefahrenabwehrmaßnahmen auch im Anwendungsbereich des BBodSchG zugunsten von Umweltverbänden keine Initiativrechte bestehen.

## 2. Der Vergleich der Initiativrechte in Bezug auf die Sanierungsmaßnahmen

§ 10 USchadG begründet in Bezug auf die Sanierung von Bodenschäden zugunsten von Betroffenen und Umweltverbänden einen Anspruch auf Tätigwerden der Behörden.[757] Der Umstand, dass zugunsten der Umweltverbände ein Initiativrecht

753 S.o. 5. Kapitel A), B) III. 2. b) und d).
754 S.o. 5. Kapitel C).
755 Ausnahme: Ermessensreduzierung auf Null, s.o. 3. Kapitel C).
756 S.o. 3. Kapitel C).
757 S.o. 5. Kapitel B) III. 2.

eingeführt wurde und die Behörde bei Vorliegen der in § 10 USchadG genannten Voraussetzungen zum Tätigwerden gegenüber dem Verantwortlichen verpflichtet ist,[758] scheint darauf hinzudeuten, dass das USchadG die Rechte Dritter gegenüber dem BBodSchG erheblich erweitert hat.

Inwieweit dies jedoch auch in der Praxis die vermehrte Geltendmachung von Ansprüchen durch Dritte erwarten lässt, ist unter Auswertung der Initiativrechte der Umweltverbände und der Einzelpersonen zu prognostizieren.

#### *a) Gegenüberstellung der Initiativrechte der Umweltverbände*

§ 10 USchadG begründet zwar zugunsten der Umweltverbände in Bezug auf die zur Beseitigung eines Umweltschadens erforderlichen Sanierungsmaßnahmen ein Initiativrecht. Die praktische Bedeutung des § 10 USchadG dürfte jedoch für die Umweltverbände insbesondere auf Grund der Vorschriften über den zeitlichen und sachlichen Anwendungsbereich des Gesetzes begrenzt bleiben.

##### aa) Der Vergleich des zeitlichen Anwendungsbereichs

Dem Regelungsregime des USchadG, und somit auch des Initiativrechtes, unterfallen nur solche Bodenschäden, die nachweislich erst nach dem 30. April 2007 verursacht wurden. Die sog. „Alt"-Standorte, auf denen bereits vor diesem Stichtag Industrie betrieben wurde und auf denen Abfälle, Schadstoffe etc. in das Erdreich eingedrungen sind, sind vom Geltungsbereich nicht erfasst. Die Geltendmachung von Rechten ist in Bezug auf diese Schäden nicht möglich, so dass eine Verbesserung des Umweltschutzes nicht erreicht werden kann.

##### bb) Der Vergleich des sachlichen Anwendungsbereichs

§ 3 Abs. 1 USchadG macht die Eröffnung des sachlichen Anwendungsbereiches des USchadG in Bezug auf Bodenschäden davon abhängig, dass die durch eine berufliche Tätigkeit im Sinne der Anlage 1 zum USchadG verursachte Bodenverunreinigung eine Gefahr für die Gesundheit eines Menschen begründen kann. Indem nur solche Bodenverunreinigungen, die eine Gefahr für die menschliche Gesundheit darstellen können, den Anwendungsbereich des USchadG eröffnen, wird der Geltungsbereich des Gesetzes erheblich eingeschränkt.[759]

758 S.o. 5. Kapitel B) III. 2.
759 BT-Drs. 16/3806, S. 14.

cc) Der Vergleich des Sanierungsziele

Der Vergleich der Sanierungsziele zwischen BBodSchG und USchadG zeigt deutlich das Zurückbleiben des USchadG hinter dem BBodSchG auf: ein Bodenschaden im Sinne des USchadG ist saniert, wenn nach Abschluss der Maßnahmen ein Schaden im Sinne des Gesetzes nicht mehr vorliegt.[760] Ein Bodenschaden nach dem Verständnis des USchadG liegt somit dann nicht mehr vor, wenn die Bodenverunreinigung keine Gefahr für die menschliche Gesundheit mehr darstellt.[761] Ist dies der Fall, kann eine nicht unerhebliche Kontamination des Bodens weiterhin bestehenbleiben, ohne dass deren Beseitigung (nach dem USchadG) verlangt werden kann. Eine Sanierung eines Bodenschadens liegt im Sinne des BBodSchG vor, wenn von der Bodenverunreinigung keine Gefahren, erheblichen Nachteile oder Belästigungen ausgehen. Vor diesem Hintergrund kann eine Sanierung von Bodenverunreinigung, durch die weitere nachteilige Auswirkungen auf Mensch und Umwelt verhindert wird, nur durch die Anwendung des BBodSchG erreicht werden.

dd) Zwischenergebnis

Da Vereinigungen, die sich für den Umweltschutz einsetzen, nach dem BBodSchG von der Geltendmachung von Rechten ausgeschlossen sind, stellt die Einführung des Initiativrechtes für Umweltverbände in § 10 USchadG für diese eine Verbesserung der bis dahin geltenden Rechtslage dar. Auf Grund des nur eingeschränkten Anwendungsbereiches und des für die Verbände wenig befriedigenden Sanierungsziels dürfte die Bedeutung in der Rechtsanwendungspraxis jedoch begrenzt bleiben.

*b) Gegenüberstellung der Initiativrechte der natürlichen und juristischen Einzelpersonen*

Das in § 10 USchadG zugunsten der von einem Umweltschaden betroffenen natürlichen und juristischen Personen begründete Initiativrecht könnte für diese Personengruppe eine gegenüber dem BBodSchG erhebliche Erweiterung der Rechte bedeuten.

aa) Der Vergleich der zeitlichen Anwendungsbereiche

Unter dem Gesichtspunkt des zeitlichen Anwendungsbereiches gilt es zwei Aspekte zu würdigen: zum einen den zeitlichen Geltungsbereich betreffend die

760 S.o. 4. Kapitel C) I. 4. b) bb).

761 S.o. 4. Kapitel C) I. 4. b) bb).

Entstehung des Schadens, zum anderen die Frage, unter welchen Voraussetzungen die Behörde ihr Recht zum Tätigwerden gegenüber den Verantwortlichen verwirkt.

Das USchadG gilt nur für die nach dem 30. April 2007 entstandenen Umweltschäden. Das BBodSchG enthält hingegen in zeitlicher Hinsicht keine Einschränkungen; es erfasst sämtliche Bodenverunreinigungen unabhängig vom Zeitpunkt ihres Entstehens. Die Gefahrenabwehr- und Sanierungspflicht besteht demzufolge auch für solche Schäden, die vor dem Inkrafttreten des BBodSchG entstanden sind. Es handelt sich zwar um einen Fall der Rückwirkung, allerdings handelt es sich um eine zulässige unechte Rückwirkung bzw. tatbestandliche Rückanknüpfung.[762]

In zeitlicher Hinsicht unterscheiden sich das USchadG und das BBodSchG des Weiteren dadurch, dass die Pflichten nach dem USchadG von der Behörde nicht mehr geltend gemacht werden können, wenn nicht innerhalb von 30 Jahren nach der Schadensverursachung durch eine Behörde Maßnahmen gegen den Verantwortlichen ergriffen wurden.[763] Ein Äquivalent zu dieser Regelung enthält das BBodSchG nicht. Die Rechte der Behörde können im Anwendungsbereich des BBodSchG auch weder verjähren noch unterliegen sie der Verwirkung. Eine Anwendung der verjährungsrechtlichen Bestimmungen der §§ 194 ff. BGB kommt zwar im Rahmen des Verwaltungsrechtes in Betracht. Die Anwendung steht aber unter der Bedingung, dass entweder ein vermögensrechtlicher Anspruch den Streitgegenstand bildet[764] oder eine gesetzliche Regelung die Anwendung der Verjährungsregelungen ausdrücklich anordnet.[765] [766] Das BBodSchG lässt keine Subsumtion unter eine dieser beiden Fallvarianten zu. Ordnungsbehördliche Befugnisse unterliegen generell nicht der zivilrechtlichen Verjährung der §§ 194 ff. BGB. Die Vorschriften über die zivilrechtliche Verjährung sind nur auf Ansprüche im Sinne des § 194 BGB anwendbar,[767] nicht aber auf sonstige Rechte.[768] Die ordnungsbehördlichen Befugnisse sind jedoch

762 *Versteyl* in Versteyl/Sondermann, BBodSchG, § 4 Rn. 89 ff.

763 Nach *Beckmann/Wittmann,* in Landmann/Rohmer, USchadG, § 13 Rn. 3, 4 können die Rechte der Behörde „verjähren.“ Zur Verjährung von Eingriffsrechten siehe die Ausführungen im Anschluss.

764 BVerwG, Urteil vom 15. Dezember 1967, VI C 98/65, Rn. 16 zitiert nach Juris, FHZivR 15 Nr. 374.

765 VGH Mannheim, Beschluss vom 4. März 1996, 10 S 2687/95, Rn. 15 zitiert nach Juris, NVwZ-RR 1996, 387/390.

766 *Oerder,* in Münchner Handbuch, Verwaltungsrecht, § 21 Rn. 27.

767 Palandt/*Heinrichs*, BGB, Überbl v § 194 Rn. 5.

768 *Sachs,* in Stelkens/Bonk/Sachs, VwVfG, § 53 Rn. 12.

keine Ansprüche in diesem Sinne. Die Vorschriften des BBodSchG verschaffen den zuständigen Behörden die hoheitliche Befugnis, ordnungsbehördlich gegen eine bestehende Gefahr einzuschreiten. Diese „Ermächtigung ist ihrem Charakter nach einem Anspruch im bürgerlich-rechtlichen Gleichordnungsverhältnis nicht vergleichbar“.[769]

Die Behörde kann ihre Eingriffsrechte auch nicht verwirken. Zwar können die Voraussetzungen der Verwirkung vorliegen. Denn es sind Fälle denkbar, in denen die zuständige Behörde über einen längeren Zeitraum ihre Befugnisse nicht wahrgenommen (Zeitmoment) hat und der Ordnungspflichtige auf Grund ausdrücklicher Erklärungen oder eines bestimmten sonstigen Verhaltens der Behörde die berechtigte Erwartung haben durfte, von der Eingriffsbefugnis werde auch in Zukunft kein Gebrauch mehr gemacht (Umstandselement).[770] Allerdings ist eine Verwirkung ordnungsbehördlicher Befugnisse nach herrschender Meinung ausgeschlossen. Ordnungsrechtliche Eingriffsbefugnisse zur Gefahrenabwehr knüpfen an das Bestehen einer Störung an. Wenn die Störung andauert, liegt es grundsätzlich im öffentlichen Interesse, diese Gefahr zu beseitigen. Das öffentliche Interesse an der Gefahrenbeseitigung vermittelt diesem ein Gewicht, das eine Verwirkung nicht zulässt.[771] Das öffentliche Interesse an der Gewährleistung rechtmäßiger Zustände und „diese zur pflichtgemäßen Erledigung übertragene Aufgabe werden nicht dadurch geschmälert oder gar obsolet, dass zu deren Durchsetzung von der Behörde über längere Zeit hinweg nichts bzw. wenig unternommen worden ist“.[772]

Zusammenfassend kann daher festgehalten werden, dass das USchadG durch die Regelungen betreffend den zeitlichen Anwendungsbereich im Vergleich zum BBodSchG erheblichen Restriktionen unterworfen ist.

#### bb) Der Vergleich der sachlichen Anwendungsbereiche

Es ist zu prüfen, ob das USchadG auch in sachlicher Hinsicht hinter dem Geltungsbereich des BBodSchG zurückbleibt. Eine erste Einschätzung betreffend

769 OVG Münster, Urteil vom 30. Mai 1996, 20 A 2640/94, Rn. 39 zitiert nach Juris, NVwZ 1997, 507/511.

770 VG Minden, Urteil vom 26. Juni 2010, 11 K 1271/09, Rn. 91 zitiert nach Juris, BeckRS 2010, 50175.

771 VGH Mannheim, Urteil vom 1. April 2008, 10 S 1388/06, Rn. 50 zitiert nach Juris, NVwZ-RR 2008, 696/699.

772 VGH Mannheim, Urteil vom 1. April 2008, 10 S 1388/06, Rn. 50 zitiert nach Juris, NVwZ-RR 2008, 696/699.

den sachlichen Anwendungsbereich des USchadG im Vergleich zum BBodSchG enthält bereits die Amtliche Begründung. Dort heißt es:[773]

> „Der Anwendungsbereich des Bundes-Bodenschutzgesetzes geht dabei über den Anwendungsbereich des USchadG hinaus, weil das Umweltschadensgesetz in Übereinstimmung mit der Umwelthaftungsrichtlinie – als Schädigung des Bodens und als die Gefahr eines solchen Schadens nur schädliche Bodenveränderungen im Sinn des Bundes-Bodenschutzgesetzes ansieht, die Gefahren für die menschliche Gesundheit verursachen (§ 2 Nr. 1 Buchstabe c) USchadG), sowie – nur die Schädigung des Bodens und die Gefahr eines solchen Schadens betrifft, die durch berufliche Tätigkeiten nach Anlage 1 des USchadG verursacht werden (§ 3 Abs. 1 Nr. 1 USchadG)."

Der wesentliche Unterschied zwischen den Anwendungsbereichen der Gesetze wird hierdurch deutlich. Das BBodSchG verfügt über einen weiteren Anwendungsbereich und enthält folglich ein strengeres Haftungsregime.[774]

Indem das USchadG im Gegensatz zum BBodSchG voraussetzt, dass durch die Verunreinigung des Bodens bzw. die Beeinträchtigung einer Bodenfunktion Gefahren für die menschliche Gesundheit verursacht werden können, wird der Anwendungsbereich des USchadG stark eingeschränkt.[775] Vor diesem Hintergrund ist es als irrelevant anzusehen, dass in Bezug auf die Bodenverunreinigungen im Rahmen des USchadG ausreichend ist, dass alternativ entweder eine Bodenverunreinigung vorliegt oder aber eine Beeinträchtigung der Bodenfunktionen, im Gegensatz hierzu im Rahmen des BBodSchG hingegen durch die Bodenverunreinigung eine Beeinträchtigung der Bodenfunktionen verursacht sein muss. Denn auf das Merkmal der Eignung zur Herbeiführung von Gefahren für die Gesundheit wird nicht verzichtet.

Die Einschränkung des USchadG auf die Verursachung des Schadens durch bestimmte, in der Anlage 1 zum USchadG enumerativ[776] genannter beruflicher Tätigkeiten,[777] hat eine weitere Einschränkung der erfassten Bodenschäden zur Folge.[778] Im Gegensatz hierzu ist die Art der Verursachung der Bodenverunreinigung

---

773 BT-Drs. 16/3806, S. 14.

774 *Knopp*, UPR 2007, 414/ 417.

775 BT-Drs. 16/3806, S. 14, s.o. 7. Kapitel A) II. 2. a) bb).

776 S.o. 4. Kapitel B) I. 3. b).

777 Sofern im Rahmen der Schädigungen an Naturhaushalt und Biodiversität durch andere berufliche Tätigkeiten als die in Anlage 1 genannten erfasst werden, wenn der Verantwortliche vorsätzlich oder fahrlässig gehandelt hat, soll dies hier außen vor bleiben, da nur das Bodenrecht Gegenstand der Untersuchung sein soll.

778 *Cosack/Enders*, DVBl. 2008, 404/407; s.o. 4. Kapitel B) I. 3. c).

bzw. Altlast im BBodSchG nicht entscheidend. Alleine das Vorliegen einer Bodenverunreinigung bzw. Altlast löst die Verantwortlichkeit aus.[779]

cc) Der Vergleich der Sanierungsziele

Das Ziel einer Sanierung eines Bodenschadens ist im Anwendungsbereich des USchadG bereits erreicht, wenn die Gefahr für die menschliche Gesundheit beseitigt ist.[780]

Die Sanierung eines Bodenschadens ist im Anwendungsbereich des BBodSchG hingegen erst erreicht, wenn keine Gefahren, erhebliche Nachteile oder erhebliche Belästigungen mehr für den Einzelnen oder die Allgemeinheit bestehen.[781] Das Abstellen auf die Begriffe „Gefahren, erhebliche Nachteile oder erhebliche Belästigungen" des Einzelnen hat zur Folge, dass neben den Rechten des Betroffenen auch seine rechtlich geschützten Interessen in den Schutzbereich einbezogen werden.[782] Solange von der Bodenverunreinigung noch Gefahren für das Eigentum[783] oder auch reine Belästigungen[784] ausgehen, bestehen die Pflichten nach dem BBodSchG fort. Da eine Sanierung nach Maßgabe des USchadG bereits erfolgt ist, wenn von der Bodenverunreinigung keine Gefahren mehr für die menschliche Gesundheit ausgehen, bietet das BBodSchG ein höheres Schutzniveau.

dd) Der Vergleich der Rechtsfolgenseite

Das USchadG und das BBodSchG unterscheiden sich auch im Hinblick auf die Rechtsfolgenseite.

Der Anspruch des Dritten auf ein Tätigwerden der Behörden in Bezug auf die Sanierung von Umweltschäden ist in § 10 USchadG normiert. Es handelt sich hinsichtlich der Entscheidung über das „Ob" des Einschreitens um eine gebundene Entscheidung.[785]

Im Gegensatz hierzu handelt es sich bei den Vorschriften des BBodSchG um Ermessensvorschriften. Die Entscheidung der Behörde über das Einschreiten und die Art und Weise des Einschreitens unterliegt ausschließlich der Pflicht,

779 S.o. 3. Kapitel B) I. 2.
780 S.o. 4. Kapitel C) I. 4. b) bb).
781 S.o. 7. Kapitel A) II. 2. b) cc).
782 S.o. 3. Kapitel B) II. 2. aa).
783 S.o. 3. Kapitel B) II. 2. aa), 3.
784 S.o. 3. Kapitel B) II. 2. aa), 3.
785 S.o. 5. Kapitel B) 2.

ermessensfehlerfrei zu entscheiden.[786] Der Antragsteller hat deshalb grundsätzlich nur Anspruch auf eine fehlerfreie Ausübung des Ermessens durch die Behörde. Nur in den Fällen, in denen von der schädlichen Bodenveränderung erhebliche Gefahren für die menschliche Gesundheit ausgehen, ist die Behörde nach den Grundsätzen der Ermessensreduzierung auf Null zum Einschreiten verpflichtet.[787]

Ist die Behörde auf Grund einer Ermessensreduzierung auf Null auch nach den Vorschriften des BBodSchG zum Einschreiten verpflichtet, sind die Rechtsfolgen für die natürlichen und juristischen Einzelpersonen im Anwendungsbereich des USchadG und des BBodSchG vergleichbar. Die Behörde muss zur Beseitigung des Bodenschadens tätig werden. Liegen jedoch keine zur Ermessensreduzierung auf Null auslösenden erheblichen Gefahren für die menschliche Gesundheit vor, vermittelt das USchadG zugunsten Betroffenen die bessere Rechtsposition, da ein Handeln verlangt werden kann, nicht nur eine ermessensfehlerfreie Entscheidung über das Einschreiten.

ee) Zwischenergebnis

Das USchadG erweitert die Rechte der Betroffenen gegenüber dem BBodSchG auf Grund des engeren zeitlichen und sachlichen Anwendungsbereiches nicht maßgeblich.

Soweit es um die Verpflichtung der Behörde geht, in Anbetracht drohender Umweltschäden Gefahrenabwehrmaßnahmen zu ergreifen, erfolgt durch das USchadG keine Erweiterung der Rechte der Betroffenen, da Ansprüche insoweit durch das USchadG nicht begründet werden.[788] Selbiges gilt in Bezug auf solche Bodenschäden, von denen keine Gefahren für die menschliche Gesundheit ausgehen.[789]

Dies bedeutet, dass eine Erweiterung der Rechte Dritter durch das USchadG nur in Bezug auf die Sanierung solcher Schäden erfolgt ist, die keine Schwere erreicht haben, die nur ein Einschreiten der Behörde als ermessensfehlerfrei erscheinen lassen.[790] Denn in diesem Fall besteht auf der Grundlage des BBodSchG nur ein Anspruch auf fehlerfreie Ausübung des Ermessens, wohingegen § 10 USchadG einen Anspruch auf Tätigwerden vermittelt.

786 S.o. 3. Kapitel C).

787 S.o. 3. Kapitel C).

788 S.o. 5. Kapitel C).

789 S.o. 4. Kapitel B) I. 1. c).

790 In den Fällen, in denen auf Grund der Erheblichkeit der Gesundheitsgefahren eine Ermessensreduzierung auf Null vorliegt, besteht sowohl nach dem USchadG als auch nach dem BBodSchG ein Anspruch auf Tätigwerden.

# B) Die Gegenüberstellung der Rechte Dritter im gerichtlichen Verfahren

## I. Zusammenfassung der Voraussetzungen für die gerichtliche Geltendmachung von Rechten durch Dritte

### 1. Die gerichtliche Geltendmachung von Ansprüchen im Geltungsbereich des BBodSchG

Wie bereits festgestellt wurde, setzt die gerichtliche Geltendmachung von auf Normen des BBodSchG gestützten Ansprüchen voraus, dass der Kläger geltend machen kann, durch die schädliche Bodenveränderung in seinen Rechten oder rechtlich geschützten Interessen betroffen zu sein.[791]

Die Pflicht zur Geltendmachung einer Rechtsverletzung hat zur Folge, dass Umweltverbänden gerichtlicher Rechtsschutz verwehrt bleibt, da sie keine Möglichkeit der Beeinträchtigung von Rechten geltend machen können.[792] Da die Normen des BBodSchG Ermessensvorschriften sind, haben natürliche und juristische Einzelpersonen grundsätzlich[793] nur Anspruch auf fehlerfreie Ausübung des Ermessens. In der Regel wird daher eine Verpflichtungsklage in der Form einer Bescheidungsklage[794] zu erheben sein.

### 2. Die gerichtliche Geltendmachung von Ansprüchen im Geltungsbereich des USchadG

Im Rahmen des USchadG sind Umweltverbände in Bezug auf das ihnen gemäß § 10 USchadG zustehende Initiativrecht bei Bestehen eines Umweltschadens klagebefugt. Ein Anspruch gegen die Behörde auf das Ergreifen von Gefahrenabwehrmaßnamen bei drohender Gefahr der Entstehung eines Umweltschadens

791 S.o. 6. Kapitel B) I. i.V.m. 3. Kapitel B) I. 3., II.

792 S.o. 2. Kapitel B) II. 2. b).

793 Ein Anspruch auf Tätigwerden besteht im Anwendungsbereich des BBodSchG nur, wenn das Ermessen der Behörde auf Grund der Schwere der Bodenverunreinigung auf Null reduziert ist, vgl. 3. Kapitel C).

794 § 113 Abs. 5 S. 2 VwGO. Das Gericht verpflichtet die Behörde im Rahmen der Bescheidungsklage, über den Antrag des Klägers unter Beachtung der Rechtsauffassung des Gerichtes in ermessensfehlerfreier Weise nochmals zu entscheiden, vgl. nur *Gerhardt,* in Schoch/Schmidt-Aßmann/Pietzner, VwGO, § 113 Rn. 73.

besteht nicht.[795] Ferner konnte eine Vereinigung, die sich für den Umweltschutz einsetzt, die formelle bzw. materielle Rechtmäßigkeit einer erlassenen Gefahrenabwehr- und Sanierungsverfügung gerichtlich nicht überprüfen lassen. Dem stand die mit Europarecht nicht in Einklang stehende Verweisung des § 11 Abs. 2 USchadG auf § 2 Abs. 1 Nr. 1 UmwRBG in der bis zum 29.01.2013 geltenden Fassung entgegen[796] sowie die Tatsache, dass weder eine europarechtskonforme Auslegung noch die unmittelbare Anwendung der Richtlinie 2004/35/EG möglich sind.[797] Bedingt durch die Rechtsänderung zum 29. Januar 2013, die eine Drittbezogenheit der als verletzt gerügten Vorschrift nicht mehr verlangt, können Umweltverbände nunmehr die Rechtmäßigkeit erlassener Gefahrvermeidungs- und Sanierungsmaßnahmen gerichtlich überprüfen lassen.

Natürliche und juristische Personen sind, wenn sie durch den Umweltschaden in ihren Rechte betroffen sind oder betroffen sein können, zur gerichtlichen Durchsetzung ihres aus § 10 USchadG resultierenden Anspruches auf ein Tätigwerden in Bezug auf die Sanierung des Umweltschadens berechtigt.[798] Ansprüche in Bezug auf das Ergreifen von Gefahrenabwehrmaßnahmen bei drohenden Bodenschäden bestehen ebenfalls nicht.[799] Betroffene natürliche und juristische Personen können die Überprüfung der formellen und materiellen Rechtmäßigkeit einer an einen Verantwortlichen ergangenen Vermeidungs- oder Sanierungsverfügung erreichen, wenn sie durch den Umweltschaden oder die in der Verfügung angeordnete Maßnahme in ihren Rechten verletzt werden können.[800]

## II. Der Vergleich der gerichtlichen Rechtsschutzmöglichkeiten

### 1. Der Vergleich der den Umweltverbänden eingeräumten Initiativrechte

Indem § 10 USchadG ein Initiativrecht zugunsten von Umweltverbänden in Bezug auf die für die Sanierung eines Umweltschadens erforderlichen

795 S.o. 5. Kapitel C).
796 S.o. 6. Kapitel C) II. 3.
797 S.o. 6. Kapitel C) II. 3. h) aa), bb).
798 S.o. 6. Kapitel C) III. 2.
799 S.o. 6. Kapitel C) III. 2.
800 S.o. 6. Kapitel C) III. 3.

Maßnahmen enthält, wurden die Rechte der Umweltverbände gegenüber der unter ausschließlicher Geltung des BBodSchG geltenden Rechtslage erheblich erweitert. Dort sind die Umweltverbände an der Geltendmachung von Rechten gehindert.

## 2. Der Vergleich der natürlichen und juristischen Personen gewährten Initiativrechte

Auch die von einem Bodenschaden betroffenen Einzelpersonen haben gemäß § 10 USchadG einen Anspruch auf die Sanierung der Umweltschäden. Im Rahmen des BBodSchG beschränkt sich dieser Anspruch, mit Ausnahme der Fälle der Ermessensreduzierung auf Null, auf einen Anspruch auf fehlerfreie Ermessensausübung.[801] Insofern gehen die durch das USchadG vermittelten Rechte über die des BBodSchG hinaus.

## 3. Der Vergleich des Umfangs des Überprüfungsrechts im Rahmen der Anfechtungsklage

Im Gegensatz zum BBodSchG kann derjenige, der geltend machen kann, durch eine an einen Verantwortlichen ergangene Gefahrenabwehr- oder Sanierungsverfügung in seinen Rechten verletzt zu sein, die umfängliche Überprüfung der formellen und materiellen Rechtmäßigkeit der behördlichen Verfügung erreichen.[802] Die Anfechtungsklage gegen einen auf eine Ermächtigungsgrundlage des BBodSchG gestützten Verwaltungsakt ist hingegen auf die Prüfung beschränkt, ob der Verwaltungsakt den Kläger in einer Norm, die seinem Schutz zu dienen bestimmt ist, verletzt, § 113 Abs. 1 S. 1 VwGO. Das USchadG ermöglicht somit die umfassendere Kontrolle des behördlichen Handelns.

## 4. Wirkungsbereich des USchadG

Auf Grund des gegenüber dem BBodSchG eingeschränkten zeitlichen und sachlichen Anwendungsbereiches[803] sind die Fälle, in denen das USchadG zur Anwendung kommen kann, nur begrenzt.

---

801 S.o. 3. Kapitel C).

802 S.o. 6. Kapitel C) III. 3.

803 S.o. 7. Kapitel A) II. 2. a) aa), bb), b) aa), bb).

Soweit das USchadG hinsichtlich der Sanierung von Bodenschäden verlangt, dass Gefahren für die menschliche Gesundheit für die Zukunft ausgeschlossen werden,[804] und somit eine hochgradige, wenn auch nicht gesundheitsschädliche Kontamination des Bodens weiterbestehen kann, könnte dies zu dem Gedanken verleiten, dass die Umweltverbände nur restriktiv von einer kostenintensiven Geltendmachung des Rechtes aus § 10 USchadG Gebrauch machen könnten. Es ist jedoch davon auszugehen, dass die Umweltverbände intensiv von ihren Rechten Gebrauch machen werden. Dies insbesondere vor dem Hintergrund, dass eine Sanierung, die Gefahren für die menschliche Gesundheit ausschließt, in der Regel zu einer so weitreichenden Sanierung führen wird, dass hiermit in der Regel eine Beseitigung der Kontamination einhergehen wird. Das Ziel des Umweltverbandes, zur Verbesserung des Umweltschutzes beizutragen, ist in diesem Fall erreicht.

Dennoch ist zu erwarten, dass die Umweltverbände trotz der Eröffnung des Anwendungsbereiches des USchadG an ihrem bisherigen Vorgehen festhalten werden, Einzelpersonen, die sich im Einwirkungsbereich eines Bodenschadens befinden, bei deren Klagen nach dem BBodSchG in finanzieller wie auch in inhaltlicher Hinsicht zu unterstützen. Zwar besteht in diesen Fällen nur in den Fällen der Ermessensreduzierung auf Null ein Anspruch auf ein Tätigwerden. Andererseits eröffnet das BBodSchG die Möglichkeit, Maßnahmen zur Gefahrenabwehr geltend zu machen. Darüber hinaus ist die Sanierung nach Maßgabe des BBodSchG in der Weise auszuführen, dass keine „Gefahren, erhebliche Nachteile und Belästigungen für den Einzelnen und die Allgemeinheit“ mehr bestehen.

Für betroffene natürliche und juristische Personen bringt das USchadG mittels des in § 10 USchadG vermittelten Anspruchs auf Sanierung der Umweltschäden eine Erweiterung der Rechte mit sich. Jedoch gilt auch in diesem Zusammenhang, dass bei erheblichen Gefahren für die menschliche Gesundheit bereits nach dem BBodSchG auf Grund einer Ermessensreduzierung auf Null eine Pflicht zum Einschreiten besteht.

### 5. Ergebnis

Das USchadG wird vor diesem Hintergrund nur in Einzelfällen zu einer wirklichen Erweiterung der Rechte betroffener natürlicher oder juristischer Personen führen. Da das USchadG keine Rechte Dritter in Bezug auf Gefahrenabwehrmaßnahmen

---

804 S.o. 7. Kapitel A) II. 2.b) cc).

enthält, bleiben die natürlichen und juristischen Personen auf die durch das BBodSchG vermittelten Rechte beschränkt. In der Regel besteht daher nur ein Anspruch auf ermessensfehlerfreie Entscheidung. Mittels des USchadG können von einer Gefahrenabwehr- oder Sanierungsverfügung Betroffene, im Gegensatz zur Klage gegen eine nach dem BBodSchG erlassene Anordnung, die gesamte formelle und materielle Rechtmäßigkeit des Verwaltungsaktes überprüfen lassen. Hierdurch werden die Rechte Dritter gegenüber der Rechtslage unter ausschließlicher Geltung des BBodSchG erweitert.

# Achtes Kapitel: Fazit

1. § 2 Nr. 1 c) USchadG ist europarechtskonform auszulegen. Es ist ausreichend, dass die Bodenverunreinigung eine Gefahr für die menschliche Gesundheit hervorzurufen geeignet ist. Es ist nicht zwingend erforderlich, dass die mögliche Gesundheitsgefahr mit einer Beeinträchtigung der Bodenfunktionen einhergeht.

2. Eine Gefahr für die menschliche Gesundheit im Sinne des § 2 Nr. 1 c) USchadG setzt einen nachweisbaren pathologischen, vom Normalzustand abweichenden Zustand des Betroffenen voraus. Bloße seelische Beeinträchtigungen des Wohlbefindens finden keine Berücksichtigung.

3. Die Bodenverunreinigung muss eine konkrete Person in ihrer Gesundheit gefährden. Eine bloße abstrakte Möglichkeit der Gefährdung der menschlichen Gesundheit ist nicht ausreichend.

4. Das USchadG gilt für Umweltschäden, die nach dem 30. April 2007 und somit vor der Verkündung am 14. Mai 2007 und dem Inkrafttreten des Gesetzes am 14. November 2007 verursacht worden sind. Die Rückwirkung des Gesetzes ist jedoch wirksam, da der Bürger als Adressat der Regelungen seit der Beschlussfassung des Bundestages am 9. März 2007 keinen Vertrauensschutz hinsichtlich der bis dahin geltenden Rechtslage mehr genoss. Der Bürger musste bereits vor dem Beginn des angeordneten zeitlichen Geltungsbereiches mit der Neuregelung rechnen.

5. Die Beweiserleichterungsvorschrift § 6 UmweltHG ist im Rahmen des USchadG analog anwendbar. Es besteht eine planwidrige Regelungslücke und die Sach- und Interessenlage ist vergleichbar. Sowohl im Rahmen des UmwRBG als auch im Rahmen des USchadG verfügen die Anspruchsteller in der Regel nicht über die erforderlichen Informationen, um die Kausalität eines bestimmten Verhaltens für ein bestimmtes Schadensereignis belegen zu können. Dem steht auch die Amtliche Begründung zum USchadG nicht entgegen, da der Gesetzgeber nicht beachtet hat, dass nicht nur staatliche Stellen die Kausalität darlegen können und müssen, weshalb auf die hoheitlichen Befugnisse nicht rekurriert werden kann.

6. Die Gefahrenabwehr- und Sanierungspflichten nach dem USchadG und dem BBodSchG unterscheiden sich wesentlich dadurch, dass das USchadG ausschließlich eine Verantwortlichkeit des Verursachers des Schadens begründet, wohingegen nach dem BBodSchG auch der Eigentümer oder der Inhaber der tatsächlichen Gewalt in Anspruch genommen werden können.

7. Verantwortlicher im Sinne des USchadG ist nicht nur das Unternehmen, im Rahmen dessen Tätigkeiten der Umweltschaden verursacht wurde, sondern auch zum einen die Mitglieder der Geschäftsführung und zum anderen der Angestellte oder Arbeiter, auf dessen Handeln der Schaden unmittelbar zurückzuführen ist.

   Eine Inanspruchnahme des den Umweltschaden verursachenden Mitarbeiters wird sich jedoch in der Regel als ermessensfehlerhaft, weil unverhältnismäßig erweisen. Denn der Arbeitnehmer verfügt zum einen nur über eine begrenzte finanzielle Leistungsfähigkeit, zum anderen ist er arbeitsrechtlich verpflichtet, den Weisungen seines Arbeitgebers hinsichtlich der Art und Weise der Ausführung der ihm übertragenen Aufgaben nachzukommen.

8. § 4 USchadG verpflichtet den Verantwortlichen, die ihm vorliegenden Informationen über einen (drohenden) Umweltschaden an die Behörde weiterzuleiten. Er ist nicht verpflichtet, eine eigene Bewertung des Sachverhaltes vorzunehmen oder Sachverständigengutachten einzuholen.

9. Der Verantwortliche hat Gefahrenabwehrmaßnahmen gemäß § 5 USchadG auch dann zu ergreifen, wenn hierdurch der Eintritt eines Umweltschadens nicht verhindert werden kann. Denn die Legaldefinition der Gefahrenabwehrmaßnahme in § 2 Nr. 6 USchadG verpflichtet nicht nur zur Abwendung des Schadens, sondern auch zu deren Minimierung.

10. Die im Rahmen der Sanierung eines Bodenschadens zu ergreifenden Maßnahmen sind in den Anwendungsbereichen des BBodSchG und des USchadG identisch. Es sind die Maßgaben des BBodSchG sowie der BBodSchV zu beachten.

11. Die Sanierungsziele des BBodSchG und des USchadG weichen voneinander ab. Während für die Sanierung nach dem USchadG entscheidend ist, dass keine Gefahren für die menschliche Gesundheit mehr bestehen, sind bei einer auf der Grundlage des BBodSchG durchgeführten Sanierung sämtliche Gefahren,

erhebliche Nachteile und erhebliche Belästigungen für den Einzelnen und die Allgemeinheit auszuschließen.

12. § 7 USchadG beinhaltet – anders als der Wortlaut dies vermuten lässt – in seinen beiden Absätzen nicht jeweils selbstständig zu betrachtende Befugnisse und Pflichten der Behörden.

    Die Entscheidung über ein Einschreiten bei (drohenden) Umweltschäden steht nicht im Ermessen der zuständigen Behörde. Die Umwelthaftungsrichtlinie lässt nur eine Auslegung zu, wonach die Behörde im Falle der Gefahrenabwehr- und Sanierungsmaßnahmen bei Vorliegen der Voraussetzungen gemäß § 7 Abs. 2 Nr. 2 und 3 USchadG zum Tätigwerden verpflichtet ist.

13. Während im Rahmen der Gefahrenabwehr- und Sanierungsmaßnahmen eine Pflicht der Behörde zum Handeln besteht, verfügt die Behörde in Bezug auf die Einholung der für die Beurteilung der Sachlage erforderlichen Informationen über einen Ermessensspielraum.

14. § 10 USchadG erweist sich als mit Art. 12 Abs. 1 der Umwelthaftungsrichtlinie vereinbar. Dies ungeachtet der Tatsache, dass das durch § 10 USchadG vermittelte Initiativrecht nicht ausdrücklich das Recht Dritter beinhaltet, die Behörde zur Einholung solcher Informationen, die im Zusammenhang mit einem Umweltschaden stehen, aufzufordern. Die Einholung von Informationen ist als Voraussetzung der Anordnung bestimmter Sanierungsmaßnahmen als „Minus" von der Verpflichtung zur Vornahme der Sanierungsmaßnahmen erfasst.

15. Entgegen des Wortlautes ist das Initiativrecht gemäß § 10 USchadG zugunsten von Umweltverbänden nicht nur von einer Anerkennung nach § 3 UmwRBG abhängig. Die Vereinigung muss darüber hinaus darlegen, dass sie die Voraussetzungen des § 2 Abs. 1 UmwRBG erfüllt. Die Umsetzung des Art. 12 Abs. 1 der Umwelthaftungsrichtlinie gebietet diese Auslegung ebenso wie der Umstand, dass anderenfalls nicht gewährleistet wäre, dass ein das Initiativrecht geltend machender Umweltverband seine Rechte auch gerichtlich durchsetzen kann.

16. Wenn nach Auffassung der Behörde ein Antrag nach § 10 USchadG vorliegt, der einen Umweltschaden glaubhaft erscheinen lässt, ist die Behörde zum Tätigwerden verpflichtet. Ihr steht insoweit kein Ermessen zu. Eine korrigierende Auslegung aus rechtsstaatlichen Gründen ist nicht geboten. Das

Tätigwerden kann sich auf die Einholung der erforderlichen Informationen beschränken, wenn sich nach deren Auswertung ergibt, dass kein zu sanierender Umweltschaden vorliegt.

17. Da der deutsche Gesetzgeber von der Möglichkeit des Art. 12 Abs. 5 der Richtlinie 2004/35/EG Gebrauch gemacht hat, erstreckt sich das in § 10 USchadG normierte Initiativrecht nicht auf die Maßnahmen zur Abwehr einer unmittelbaren Gefahr eines Umweltschadens, §§ 5, 7 Abs. 2 Nr. 2 USchadG, und die diesbezüglichen Informationspflichten, §§ 4, 7 Abs. 2 Nr. 1 USchadG.

    Eine analoge Anwendung des § 10 USchadG scheidet aus. Es mangelt an einer planwidrigen Regelungslücke, da sich der Gesetzgeber ausweislich der Amtlichen Begründung ausdrücklich gegen ein Initiativrecht bei drohenden Umweltschäden ausgesprochen hat. Vor diesem Hintergrund lässt sich ein Initiativrecht auch nicht aus §§ 5, 7 Abs. 2 Nr. 2 USchadG i.V.m. den Grundsätzen der Schutznormtheorie herleiten. Denn auch diese setzt voraus, dass nach dem Willen des Gesetzgebers durch die Norm Rechte eines bestimmten Personenkreises begründet werden sollen.

18. § 11 Abs. 2 USchadG ist auf alle von einem Umweltverband angestrengten Klageverfahren anzuwenden. Es ist nicht entscheidend, ob sich die Vereinigung gegen einen an sie gerichteten Verwaltungsakt wendet.

19. Vereinigungen, die noch nicht formell gemäß § 3 UmwRBG anerkannt sind, die aber bereits einen Anerkennungsantrag gestellt haben und die Voraussetzungen des § 2 Abs. 2 UmwRBG erfüllen, gelten als anerkannt im Sinne des § 11 Abs. 2 USchadG in Verbindung mit § 3 Abs. 1 UmwRBG.

20. Begehrt eine Vereinigung, die sich für den Umweltschutz einsetzt, gemäß § 10 USchadG ein Tätigwerden der Behörde in Bezug auf die Durchsetzung von Sanierungsmaßnahmen, erweist sich die Verweisung des § 11 Abs. 2 USchadG auf § 2 Abs. 1 Nr. 1 UmwRBG als europarechtskonform. Denn § 10 USchadG begründet zugunsten der Vereinigung ein subjektiv-öffentliches Recht.

21. Soweit Umweltverbände und natürliche und juristische Personen mit der Geltendmachung von Gefahrenabwehransprüchen bei Bestehen einer unmittelbaren Gefahr eines Umweltschadens ausgeschlossen sind, entspricht dies den Regelungen der Umwelthaftungsrichtlinie, Art. 12 Abs. 1, 5 Richtlinie 2004/35/EG.

22. Die im USchadG enthaltene Verweisung des § 11 Abs. 2 USchadG auf den die Verletzung einer drittschützenden Norm voraussetzenden § 2 Abs. 1 Nr. 1 UmwRBG a.F. erwies sich als europarechtswidrig, soweit Umweltverbände hierdurch daran gehindert werden, die Verletzung objektiven Rechtes zu rügen. Ein Umweltverband konnte in diesem Fall eine Klagebefugnis auch nicht aus einer europarechtskonformen Auslegung ableiten. Dem stand der Wortlaut des USchadG als Grenze der Auslegung entgegen. Eine unmittelbare Anwendung der Richtlinie 2004/35/EG zur Begründung des Klagerechts eines Umweltverbandes in Bezug auf die formelle und materielle Rechtmäßigkeit einer Verfügung schied mangels Unbedingtheit der Richtlinie – es besteht ein Wahlrecht zwischen dem Modell der Interessenten- und der Verletztenklage sowie zwischen einem gerichtlichen Überprüfungsverfahren und einem dem gerichtlichen Verfahren vergleichbaren unparteiischen und unabhängigen Überprüfungsverfahren – aus.

    Die Rechtsprechung des EuGH aus dem Urteil vom 12. Mai 2011 in der Rechtssache C-115/09 ist auf das USchadG nicht übertragbar. Die Richtlinien 2003/35/EG und 2004/35/EG unterscheiden sich wesentlich dadurch, dass die Umwelthaftungsrichtlinie nicht ausdrücklich verlangt, dass zugunsten der Umweltverbände ein weiter Zugang zu den Gerichten zu schaffen ist.

    Auf Grund der durch das Gesetz zur Änderung des Umwelt-Rechtsbehelfsgesetz und anderer umweltrechtlicher Vorschriften vom 21. Januar 2013 zum 29. Januar 2013 herbeigeführten Rechtsänderung besteht nunmehr für Umweltverbände die Möglichkeit, eine gerichtliche Überprüfung der auf Grundlage des USchadG erlassenen behördlichen Verfügungen herbeiführen zu können.

23. Eine durch den Umweltschaden betroffene natürliche oder juristische Person kann gerichtlich ein Einschreiten der Behörden zur Sanierung des Schadens verlangen, § 10 USchadG.

24. Die natürliche oder juristische Person, die geltend machen kann, durch eine an einen anderen ergangene Gefahrenabwehr- oder Sanierungsverfügung in ihren Rechten verletzt zu sein, kann die gerichtliche Überprüfung der formellen und materiellen Rechtmäßigkeit des Verwaltungsaktes verlangen. Eine Einschränkung auf das Vorliegen der Verletzung eines subjektiven-öffentlichen Rechtes liegt insoweit nicht vor.

Die Richtlinie 2004/35/EG ist insoweit unmittelbar anzuwenden. Art. 13 Abs. 1 der Umwelthaftungsrichtlinie bringt zum Ausdruck, dass eine inhaltliche Vollkontrolle des Verwaltungsaktes zu erfolgen hat. § 113 Abs. 1 S. 1 VwGO wird durch die Umwelthaftungsrichtlinie modifiziert.

25. Das USchadG hat in Bezug auf das verwaltungsbehördliche Verfahren unter zwei Gesichtspunkten zu einer Erweiterung der Rechte Dritter geführt: § 10 USchadG begründet zugunsten von Vereinigungen, die sich für den Umweltschutz einsetzen ein Initiativrecht. Dieses Initiativrecht vermittelt den Verbänden wie auch den betroffenen Einzelpersonen einen Anspruch auf ein Tätigwerden. Der Anspruch ist nicht auf die fehlerfreie Ausübung des Ermessens durch die Behörde beschränkt.

26. Für die Umweltverbände stellt die Einführung des gerichtlich durchsetzbaren Initiativrechtes gemäß § 10 USchadG eine Verbesserung der Rechtslage dar. Auf Grund des zeitlich wie auch sachlich nur begrenzten Anwendungsbereiches des USchadG und des Sanierungsziels, welches für den Bereich der Böden nur auf die Herstellung eines Zustandes gerichtet ist, der die Entstehung von Gefahren für die menschliche Gesundheit verhindert, wird sich zumindest in Bezug auf Bodenschäden die praktische Bedeutung in der Zukunft erst zeigen müssen.

27. Von einer maßgeblichen Erweiterung der Rechte des Einzelnen kann vor dem Hintergrund des gegenüber dem BBodSchG engeren Anwendungsbereiches nicht ausgegangen werden. In Bezug auf die Geltendmachung eines Anspruches gegen die Behörde auf das Ergreifen von Sanierungsmaßnahmen führt das USchadG bei Vorliegen einer erheblichen Gesundheitsgefahr zu keiner Verbesserung der Position des betroffenen Dritten. Ein Anspruch auf ein Tätigwerden der Behörde besteht im BBodSchG über die Grundsätze der Ermessensreduzierung auf Null. Nur in dem Grenzbereich des Bestehens einer Gefahr für die menschliche Gesundheit, die jedoch nicht so schwerwiegend ist, dass davon auszugehen ist, dass sich nur die Entscheidung der Behörde zu einem Handeln als rechtmäßig erweisen würde, erweitert der Anspruch des § 10 USchadG die Rechte des Dritten.

    Keine Erweiterung der Rechte ist in Bezug auf die Gefahrenabwehrmaßnahmen und solche Schäden, die keine Gesundheitsgefahren verursachen, zu verzeichnen. Diese werden entweder, so in der zweiten Fallvariante, vom USchadG nicht erfasst, bzw. vermittelt das USchadG keine Rechte Dritter in Bezug auf die Gefahrenabwehrmaßnahmen.

# Literaturverzeichnis


Alleweldt, Ralf — Verbandsklage und gerichtliche Kontrolle von Verfahrensfehlern: Neue Entwicklungen im Umweltrecht – Zum Einfluss der Aarhus-Konvention und der Richtlinie 2003/35/EG auf die deutsche Rechtsordnung,
DöV 2006, 621–631

Auer, Marietta — Neues zum Umfang und Grenzen der richtlinienkonformen Auslegung,
NJW 2007, 1106–1109

Bachner, Michael — Voraussetzungen und Reichweite des Analogieschlusses im Betriebsverfassungsrecht,
NZA 1999, 1241–1247

Bader, Johann/Ronellenfitsch, Michael — Verwaltungsverfahrensgesetz, Kommentar, München, 2011
(Zitierung: *Bearbeiter,* in Bader/Ronellenfitsch, VwVfG)

Battis, Ulrich/Krautzberger, Michael/Löhr, Rolf-Peter — Baugesetzbuch, Kommentar, 11. Auflage, München, 2009
(Zitierung: *Bearbeiter,* in Battis/Krautzberger/Löhr, BauGB)

Becker, Bernd — Das neue Umweltschadensgesetz, München, 2007
(Zitierung: *Becker*, Das neue Umweltschadensgesetz)

– — Das neue Umweltschadensgesetz und das Artikelgesetz zur Umsetzung der Richtlinie über die Umwelthaftung zur Vermeidung und Sanierung von Umweltschäden,
NVwZ 2007, 1105–1113

– Einführung in die Richtlinie über Umwelthaftung zur Vermeidung und Sanierung von Umweltschäden, NVwZ 2005, 371–376

Beckmann, Martin/ Wittmann, Antje – Rechtsschutz für Betroffene und Umweltvereinigungen bei Umweltschäden im Sinne des USchadG, UPR 2008, 421–426

– Umwelthaftung für Abfallentsorgungsanlagen, AbfallR 2007, 87–97

Berkemann, Jörg – Gemeinschaftskonformes und gemeinschaftswidriges Überleitungsrecht des Umweltverbandsklagerechts (Umweltrechtsbehelfsgesetz), DVBl. 2010, 1403–1413

Beyer, Peter – Eine neue Dimension der Umwelthaftung in Europa? – Eine Analyse der europäischen Richtlinie zur Umwelthaftung, ZUR 2004, 257–265

Brinktrine, Ralf – Der Bodenschutz im Umweltschadensgesetz, ZUR 2007, 337–346

Bühler, Ottmar – Die subjektiven öffentlichen Rechte, Berlin, 1914 (Zitierung: *Bühler*, Die subjektiven öffentlichen Rechte)

Busse, Jürgen/ Simon, Alfons – Bayrische Bauordnung, Kommentar, München, 105. Ergänzungslieferung Oktober 2011 (Zitierung: *Bearbeiter,* in Busse/Simon, Bayrische Bauordnung)

Calliess, Christian – Feinstaub im Rechtsschutz deutscher Verwaltungsgerichte – Europarechtliche Vorgaben für die Klagebefugnis vor deutschen Gerichten und ihre dogmatische Verarbeitung, NVwZ 2006, 1–7

– Kohärenz und Konvergenz beim europäischen Individualrechtsschutz – Der Zugang zum Gericht im Lichte des Grundrechts auf effektiven Rechtsschutz, NJW 2002, 3577–3582

–/Ruffert, Matthias, EUV/AEUV – Das Verfassungsrecht der Europäischen Union mit Europäischer Grundrechtecharta, Kommentar, 4. Auflage, München, 2011 (Zitierung: *Bearbeiter,* in Calliess/Ruffert, AUV/AEUV)

Cosack, Tilman/ Enders, Rainald Das Umweltschadensgesetz im System des Umweltrechts, DVBl. 2008, 404–416

Czychowski, Manfred/ Reinhardt, Michael Wasserhaushaltsgesetz, Kommentar, 10. Auflage, München, 2010 (Zitierung: *Czychowski/Reinhardt*, WHG)

Danner,Wolfgang/ Theobald,Christian Energierecht, Kommentar, 65. Ergänzungslieferung, München, 2009 (Zitierung: *Bearbeiter,* in Danner/Theobald, Energierecht)

von Danwitz, Thomas Aarhus-Konvention: Umweltinformation, Öffentlichkeitsbeteiligung, Zugang zu den Gerichten, NVwZ 2004, 272–282

– Aktuelle Fragen der Grundrechte, des Umwelt- und Rechtsschutzes in der Europäischen Union, DVBl. 2008, 537–546

– Zur Grundlegung einer Theorie der subjektivrechtlichen Gemeinschaftsrechte, DöV 1996, 481–490

Dauses, Manfred A. Handbuch des EU-Wirtschaftsrechts, 29. Ergänzungslieferung, München, 2011 (Zitierung: *Bearbeiter,* in Dauses, EU-Wirtschaftsrecht)

Der Rat von Sachverständigen für Umweltfragen — Rechtsschutz für die Umwelt – die altruistische Verbandsklage ist unverzichtbar, Stellungnahme, Februar, 2005 (Zitierung: Stellungnahme des Rates von Sachverständigen für Umweltfragen, SRU Nr. 05)

Diederichsen, Lars — Grundfragen zum neuen Umweltschadensgesetz, NJW 2007, 3377–3382

Di Fabio, Udo — Die Ermessensreduzierung – Fallgruppen, Systemüberlegungen und Prüfprogramm, VerwArch 1995, 214–234

Dolde, Klaus-Peter — Zur Umsetzung der gemeinschaftsrechtlichen Umwelthaftung in deutsches Recht, UTR 81, Umwelthaftung nach neuem EG-Recht, 20. Trierer Kolloquium zum Umwelt- und Technikrecht vom 5. bis 7. September 2004, S. 169–210, Berlin 2005 (Zitierung: *Dolde*, Umwelthaftung im Europäischen Gemeinschaftsrecht, UTR 81)

Dörr, Oliver/ Lenz, Christofer — Europäischer Verwaltungsrechtsschutz, 1. Auflage, Baden-Baden, 2006 (Zitierung: *Dörr/Lenz*, Europäischer Verwaltungsrechtsschutz)

Dombert, Matthias — Das Altlastengrundstück als Sacheinlage – Gesellschaftsrecht als Möglichkeit umweltrechtlicher Haftungsvermeidung?, NZG 1998, 413–417

– — § 10 USchadG: Abschied vom polizeirechtlichen Entschließungsermessen?, ZUR 2008, 406–410

Dreier, Horst — Grundgesetz, Kommentar, Band I, Art. 1–19, Tübingen, 1996 (Zitierung: *Bearbeiter,* in Dreier, GG)

| | |
|---|---|
| Duikers, Jan | Die Umwelthaftungsrichtlinie der EG – Analyse der Richtlinie und ihrer Auswirkungen auf das deutsche Recht, UTR 87, Berlin, 2006 (Zitierung: *Duikers*, Die Umwelthaftungsrichtlinie der EG) |
| – | EG-Umwelthaftungsrichtlinie und deutsches Recht – Struktur der Richtlinie und Hinweise für die Umsetzung, NuR 2006, 623–631 |
| Durner, Wolfgang | Direktwirkung europäischer Verbandsklagerechte?, ZUR 2005, 285–290 |
| Dürr, Hansjochen | Nachbarschutz im öffentlichen Baurecht, KommJur 2005, 201–211 |
| Epiney, Astrid | Umweltrecht in der Europäischen Union – Primärrechtliche Grundlagen – Gemeinschaftsrechtliches Sekundärrecht, 2. Auflage, Köln, 2005 (Zitierung: *Epiney*, Umweltrecht) |
| Epping, Volker/ Hillgruber, Christian | Grundgesetz, Kommentar, München, 2011 (Zitierung: *Bearbeiter,* in Epping/Hillgruber, GG) |
| Ewer, Wolfgang | Ausgewählte Rechtsanwendungsfragen des Entwurfs für ein Umwelt-Rechtsbehelfsgesetz, NVwZ 2007, 267–274 |
| Fiedler, Jürgen | Neuorientierung der Verfassungsrechtsprechung zum Rückwirkungsverbot und zum Vertrauensschutz?, NJW 1988, 1624–1631 |
| Fisahn, Andreas/ Mushoff, Tobias | Vorwirkung und unmittelbare Wirkung Europäischer Richtlinien, EuR 2005, 222–230 |
| Fischer, Hans Georg | Zur unmittelbaren Anwendung von EG-Richtlinien in der öffentlichen Verwaltung, NVwZ 1992, 635–638 |

| | |
|---|---|
| Fluck, Jürgen | Die Information Betroffener bei der Altlastensanierung nach § 12 BBodSchG – Privatisierung der Betroffenenbeteiligung?, NVwZ 2001, 9–13 |
| – | Kreislaufwirtschafts-, Abfall- und Bodenschutzrecht, Kommentar, Stand: 95. Ergänzungslieferung, München, Oktober 2010 (Zitierung: *Bearbeiter,* in Fluck, BBodSchG) |
| Führ, Martin/Lewin, Daniel/Roller, Gerhard | EG-Umwelthaftungs-Richtlinie und Biodiversität, NuR 2006, 67–75 |
| Frenz, Walter | Bundes-Bodenschutzgesetz, Kommentar, 1. Auflage, München, 2000 (Zitierung: *Frenz*, BBodSchG) |
| – | Höchstrichterliche Rechtsprechung zum Verwaltungsrecht – Subjektive Rechte aus Unionsrecht vor den nationalen Verwaltungsgerichten, VerwArchiv 2011, 134–157 |
| –/Schink, Alexander | Die Abfallwirtschaft im normgeberischen Dauergriff, Berlin, 2005 (Zitierung: *Frenz/Schink*, Die Abfallwirtschaft) |
| Fritsch, Klaus | Der Einfluss des Umweltschadensgesetzes auf die Ermessensausübung bei der Sanierung von Bodenschäden, Altlasten-Spektrum 2011, S. 53–58 |
| Gärditz, Klaus Ferdinand | Europäisches Verwaltungsprozessrecht, JuS 2009, 385–393 |
| Gassner, Erich | Umweltrechtliche Treuhandklage, NuR 2007, 143–147 |
| –/Bendomit-Kahlo, Gabriele/Schmidt-Räntsch, Annette/Schmidt-Räntsch, Jürgen | Bundesnaturschutzgesetz, Kommentar, 2. Auflage, München, 2003 (Zitierung: *Bearbeiter,* in Gassner/Bendomit-Kahlo/Schmidt-Räntsch, BNatSchG) |

Gellermann, Martin — Europäisierte Klagerechte anerkannter Umweltverbände,
NVwZ 2006, 7–14

Giesberts, Ludger/Reinhardt, Michael — Umweltrecht, Bundes-Bodenschutzgesetz, Kommentar, München, 2011
(zitiert: *Bearbeiter,* in Giesberts/Reinhardt, BBodSchG)

Grabitz, Eberhard/Hilf, Meinhard/Nettesheim, Martin — Das Recht der Europäischen Union,
46. Ergänzungslieferung, München, 2011
(Zitierung: *Bearbeiter,* in Das Recht der Europäischen Union)

Hager, Günter — Der Vorschlag einer europäischen Richtlinie zur Umwelthaftung,
JZ 2002, 901–911

– — Haftung für reine Umweltschäden,
NuR 2003, 581–585

Harings, Lothar — Die Stellung der anerkannten Naturschutzverbände im verwaltungsgerichtlichen Verfahren,
NVwZ 1997, 538–542

Hirsch, Günter — Der Europäische Gerichtshof im Spannungsverhältnis zwischen Gemeinschaftsrecht und nationalem Recht,
NJW 2000, 1817–1822

Hoppenberg, Michael/Meiners, Claus/Martens, Claus-Peter — Die Zulässigkeit von Mobilfunkbasisstationen aus bau- und immissionsschutzrechtlicher Sicht,
NVwZ 1997, 12–19

Hüwels, Herrmann — Das neue „Umweltschadensgesetz" in Deutscher Industrie- und Handelskammertag, http://ihk-wiesbaden.de/fileadmin/user_upload/Geschaeftsfelder/InnovationenundUmwelt/Merkblaetter/Das_neun_Umweltschadensgesetz.pdf
(Zitierung: *Hüwels*, Das neue „Umweltschadensgesetz")

| | |
|---|---|
| Hufen, Friedhelm | Verwaltungsprozessrecht, Lehrbuch, 8. Auflage, München, 2011 (Zitierung: *Hufen*, Verwaltungsprozessrecht) |
| Hummel, David | Die Missachtung des parlamentarischen Gesetzgebers durch die Fachgerichte unter dem Deckmantel des Anwendungsvorrangs europäischen Rechts, NVwZ 2008, 36–41 |
| Jarass, Hans D. | Bundes-Immissionsschutzgesetz, Kommentar, 8. Auflage, München, 2010 (Zitierung: *Jarass*, BImSchG) |
| Keller, Maxi | Rechtsschutzdefizite Dritter gegen Genehmigungserteilungen für Windenergieanlagen in der AWZ? – Entscheidungsbesprechung, Aufsatz, ZUR 2005, 184–191 |
| Klein, Eckart | Grundrechtliche Schutzpflicht des Staates, NJW 1989, 1633–1640 |
| Kloepfer, Michael | Umweltrecht, 3. Auflage, München, 2004 (Zitierung: *Kloepfer*, Umweltrecht) |
| Kment, Martin | Das neue Umwelt-Rechtsbehelfsgesetz und seine Bedeutung für das UVPG, NVwZ 2007, 274–280 |
| Knack, Hans-Joachim/, Hennecke Hans-Günter | Verwaltungsverfahrensgesetz (VwVfG), Kommentar, 9. Auflage, Köln, 2010 (Zitierung: *Bearbeiter,* in Knack/Hennecke, VwVfG) |
| Knoche, Joachim | Sachmängelgewährleistung beim Kauf eines Altlastengrundstücks, NJW 1995, 1985–1992 |
| Knopp, Günther-Michael | Wasserhaushaltsgesetz – Abwasserabgabengesetz, Kommentar, Stand: 40. Ergänzungslieferung, München, August 2010 (Zitierung: *Knopp*, WHG) |

– | Abwägungsprobleme bei der Festsetzung von Wasserschutzgebieten für die öffentliche Wasserversorgung, ZUR 2007, 467–470

Knopp, Lothar | Absicherungsstrategien beim Grundstückskauf und betriebsinterne Vorsorge – Praktische Hinweise im Zusammenhang mit dem (ungewollten) Erwerb von "Alt"- und "Neulasten", NJW 1992, 2657–2661

– | EG-Umwelthaftungsrichtlinie und deutsches Umweltschadensgesetz, UPR 2005, 361–367

– | EU-Umwelthaftung, EU-Umweltstrafrecht und EU-Emissionszertifikatehandel, EWS Beilage 3/2002, S. 1–12

– | Neues Umweltschadensgesetz – verspätet, aber zum 14.11.2007 in Kraft, UPR 2007, 414–420

–/Kwasnicka, Kamila | Die Umsetzung der europäischen Umwelthaftungsrichtlinie in Deutschland und Polen, WiRO 2008, 353–358

Koch, Hans-Joachim | Die Verbandsklage im Umweltrecht, NVwZ 2007, 369–379

Kopp, Ferdinand O./ Ramsauer, Ulrich | Verwaltungsverfahrensgesetz, Kommentar, 11. Auflage, München, 2010 (Zitierung: *Kopp/Ramsauer*, VwVfG)

Kuhla, Wolfgang/ Hüttenbrink, Jost | Verwaltungsprozess, 3. Auflage, München, 2002; (Zitierung: *Bearbeiter,* in Kuhla/Hüttenbrink, Verwaltungsprozess)

Landmann, Robert von/ Rohmer, Gustav | Umweltrecht, Kommentar, Band I, Umweltschadensgesetz, München, 2008 (Zitierung: *Bearbeiter,* in Landmann/Rohmer, USchadG)

| | |
|---|---|
| | Umweltrecht, Kommentar, Band II, Bundes-Bodenschutzgesetz, München, 2010 (Zitierung: *Bearbeiter,* in Landmann/Rohmer, BBodSchG) |
| | Umweltrecht, Kommentar, Band III, Bundes-Immissionsschutzgesetz, München 2010 (Zitierung: *Bearbeiter,* in Landmann/Rohmer, BImSchG) |
| Larenz, Karl | Methodenlehre der Rechtswissenschaft, 2. Auflage, Berlin, 1992 (Zitierung: *Larenz*, Methodenlehre der Rechtswissenschaft) |
| Louis, Hans Walter | Die Übergangsregelungen für das Verbandsklagerecht nach den §§ 61, 69 Abs 7 BNatSchG vor dem Hintergrund der europarechtlichen Klagerechte für Umweltverbände auf Grund der Änderungen der IVU- und der UVP-Richtlinie zur Umsetzung des Aarhus-Übereinkommens, NuR 2004, 287–292 |
| Ludwig, Rasso/ Petersen, Malte | Aktuelle Fragen und Entwicklungen des europäischen Bodenschutzrechts, NuR 2007, 447–453 |
| Martens, Wolfgang | Der Schutz des einzelnen im Polizei- und Ordnungsrecht, DöV 1976, 457–463 |
| Marty, Michael | Die Erweiterung des Rechtsschutzes in Umweltangelegenheiten – Anmerkungen zum Umwelt-Rechtsbehelfsgesetz, ZUR 2009, 115–122 |
| Maunz, Theodor/ Dürig, Günter | Grundgesetz, Kommentar, Band I, Art. 1–19, Stand: 61. Ergänzungslieferung, München, 2011 (Zitierung: *Bearbeiter,* in Maunz/Dürig, GG, Band I)<br>Grundgesetz, Kommentar, Band II, Art. 20–37, Stand: 61. Ergänzungslieferung, München, 2011 (Zitierung: *Bearbeiter,* in Maunz/Dürig, GG, Band II) |

| | |
|---|---|
| Möllers, Thomas M.J. | Rechtsgüterschutz im Umwelt- und Haftungsrecht, Tübingen, 1996 (Zitierung: *Möllers*, Rechtsgüterschutz im Umweltrecht) |
| Mörsdorf, Oliver | Unmittelbare Anwendung von EG-Richtlinien zwischen Privaten in der Rechtsprechung des EuGH, EuR 2009, 219–240 |
| Müggenborg, Hans-Jürgen | Das Verhältnis des Umweltschadensgesetzes zum Boden- und Gewässerschutzrecht, NVwZ 2009, 12–18 |
| –/Duikers, Jan | Die Direktwirkung von Richtlinien der EU im Immissionsschutzrecht, NVwZ 2007, 623–631 |
| Münchener Anwaltshandbuch | Verwaltungsrecht, 2. Auflage, München, 2003 (Zitierung: *Bearbeiter,* in Münchener Anwaltshandbuch, Verwaltungsrecht) |
| Münchener Kommentar zum Aktiengesetz | Band IV, §§ 118–147 AktG, 2. Auflage 2010, München (Zitierung: *Bearbeiter,* in Münchner Kommentar zum AktG) |
| Münchener Kommentar zur Zivilprozessordnung mit Gerichtsverfassungsgesetz und Nebengesetzen | Band I, §§ 1–510c ZPO, 3. Auflage, München, 2004 (Zitierung: *Bearbeiter,* in Münchner Kommentar zur ZPO) |
| Münter, Andreas | Ökonomische Analyse der Haftung nach der Umwelthaftungsrichtlinie, VersR 2010, 567–580 |
| Musielak, Hans-Joachim | Kommentar zur Zivilprozessordnung mit Gerichtsverfassungsgesetz, 8. Auflage, München, 2011 (Zitierung: *Bearbeiter,* in Musielak, ZPO) |
| Obermayer, Klaus | Verwaltungsverfahrensgesetz, Kommentar, 3. Auflage, Neuwied, 2009 (Zitierung: *Bearbeiter,* in Obermayer, VwVfG) |

– Ordnungspflichten und Altlasten, NVwZ 1992, 1031–1039

Oldiges, Martin — Umwelthaftung vor der Neugestaltung – Erwartungen und Anforderungen aufgrund des künftigen Europäischen Umwelthaftungsrechts: Dokumentation des 8. Leipziger Umweltrechts-Symposiums des Instituts für Umwelt- und Planungsrecht der Universität Leipzig am 3. und 4. April 2003, Baden-Baden, 2004 (Zitierung: *Oldiges*, Umwelthaftung vor der Neugestaltung)

Palandt — Bürgerliches Gesetzbuch, Kommentar, 70. Auflage, München, 2011; (Zitierung: Palandt/*Bearbeiter*, BGB)

Palme, Christoph/ Schumacher, Anke und Jochen/Schlee, Matthias — Die europäische Umwelthaftungsrichtlinie, EurUP 2004, 204–211

Peters, Heinz-Joachim — Artikel 20a GG – Die neue Staatszielbestimmung des Grundgesetzes, NVwZ 1995, 555–557

Petersen, Malte — Die Umsetzung der Umwelthaftungsrichtlinie im Umweltschadensgesetz unter besonderer Berücksichtigung der Auswirkungen auf das deutsche Wasserrecht, Köln, 2008 (Zitierung: *Petersen*, Die Umsetzung der Umwelthaftungsrichtlinie)

Rengeling, Hans-Werner/ Middeke, Andreas/ Gellermann, Martin — Handbuch des Rechtsschutzes in der EU, 2. Auflage, München, 2003 (Zitierung: *Bearbeiter,* in Rengeling/Middeke/ Gellermann, Rechtsschutz in der EU)

Rieger, Markus — Fachplanung und materielle Präklusion, Universität Osnabrück, 2004, Reihe Planungsrecht, Herausgeber: Bernhard Stüer

| | |
|---|---|
| Ruffert, Matthias | Subjektive Rechte im Umweltrecht der Europäischen Gemeinschaft unter besonderer Berücksichtigung ihrer prozessualen Durchsetzung, Umwelt- und Technikrecht, Band 33, Heidelberg, 2006 (Zitierung: *Ruffert*, Subjektive Rechte) |
| – | Verantwortung und Haftung für Umweltschäden, NVwZ 2010, 1177–1183 |
| – | Zur Konzeption der Umwelthaftung im Europäischen Gemeinschaftsrecht, UTR 81, Umwelthaftung nach neuem EG-Recht, 20. Trierer Kolloquium zum Umwelt- und Technikrecht vom 5. bis 7. September 2004, S. 43–72, Berlin 2005 (Zitierung: *Ruffert*, Umwelthaftung im Europäischen Gemeinschaftsrecht, UTR 81) |
| Ruthig, Josef | Transformiertes Gemeinschaftsrecht und die Klagebefugnis des § 42 Abs. 2 VwGO, BayVBl. 1997, 289–298 |
| Scheidler, Alfred | Umweltschutz durch Umweltverantwortung – Das neue Umweltschadensgesetz, NVwZ 2007, 1113–1119 |
| Schlacke, Sabine | Das Umwelt-Rechtsbehelfsgesetz, NuR 2007, 8–16 |
| Schlotterbeck, Karlheinz | Nachbarschutz im anlagenbezogenen Immissionsschutzrecht, NJW 1991, 2669–2677 |
| Schmidt, Alexander/ Kremer, Peter | Das Umwelt-Rechtsbehelfsgesetz und der „weite Zugang zu den Gerichten“, ZUR 2007, 57–63 |
| Schmidt, Holger | Verschärfte Umweltverantwortlichkeit von Organmitgliedern – Das neue Umweltschadensgesetz, NZG 2007, 650–653 |
| Schmidt-Preuß, Matthias | Gegenwart und Zukunft des Verfahrensrechts, NVwZ 2005, 489–496 |

Schoch, Friedrich — Individualrechtsschutz im deutschen Umweltrecht unter dem Einfluß des Gemeinschaftsrechts, NVwZ 1999, 457–467

–/Schmidt-Aßmann, Eberhard/Pietzner, Rainer — Verwaltungsgerichtsordnung, Kommentar, 20. Ergänzungslieferung, München, 2010 (Zitierung: *Bearbeiter,* in Schoch/Schmidt-Aßmann/Pietzner, VwGO)

Schrader, Christian/ Hellenbroich, Tobias — Verbandsklage nach dem Umweltschadensgesetz (USchadG), ZUR 2007, 289–294

Schrödter, Wolfgang — Aktuelle Entscheidungen zum Umwelt-Rechtsbehelfsgesetz, NVwZ 2009, 157–160

Schumacher, Jochen — Umweltrechtsbehelfsgesetz. UPR 2008, 13–19

Schürnbrand, Jan — Die Grenzen richtlinienkonformer Rechtsfortbildung im Privatrecht, JZ 2007, 910–918

Schwerdtfeger, Angela — Der deutsche Verwaltungsrechtsschutz unter dem Einfluss der Aarhus-Konvention, Tübingen, 2010 (Zitierung: *Schwerdtfeger*, Der deutsche Verwaltungsrechtsschutz)

Sodan, Helge/Ziekow, Jan — Verwaltungsgerichtsordnung, Kommentar, 3. Auflage, Baden-Baden, 2010 (Zitierung: *Bearbeiter,* in Sodan/Ziekow, VwGO)

Spindler, Gerald/Stilz, Eberhard — Kommentar zum Aktiengesetz, München, 2. Auflage 2010 (Zitierung: *Bearbeiter,* in Spindler/Stilz, Kommentar zum AktG)

Spindler, Gerhard/ Härtel, Ines — Der Richtlinienvorschlag über Umwelthaftung – Europarechtliche Vorgaben für die Sanierung von „Neu“-Lasten, UPR 2002, 241–249

Steinbeiß-Winkelmann, Christine | Europäisierung des Verwaltungsrechtsschutzes – Anmerkungen zu einer „unendlichen Geschichte“, NJW 2010, 1233–1238

Stelkens, Ulrich/ Bonk, Heinz Joachim/ Sachs, Michael | Verwaltungsverfahrensgesetz, Kommentar, 7. Auflage, München, 2008 (Zitierung: *Bearbeiter* in Stelkens/Bonk/Sachs, VwVfG)

Versteyl, Ludger-Anselm/ Molkenbur, Gerhard | Die Bedeutung des USchadG beim Betrieb von Deponien, AbfallR 2010, 20–29

–/Sondermann, | Bundes-Bodenschutzgesetz, Kommentar, 2. Auflage, München, 2005 (Zitierung: *Bearbeiter* in Vesteyl/Sondermann, BBodSchG)

Voßkuhle, Andreas/ Kaiser, Anna-Bettina | Grundwissen – Öffentliches Recht: Das subjektiv-öffentliches Recht, JuS 2009, 16–18

Wagner, Gerhard | Das neue Umweltschadensgesetz, VersR 2008, 565–580

– | Die gemeinschaftsrechtliche Umwelthaftung aus der Sicht des Zivilrechts, UTR 81, Umwelthaftung nach neuem EG-Recht, 20. Trierer Kolloquium zum Umwelt- und Technikrecht vom 5. bis 7. September 2004, S. 73–146, Berlin, 2005 (Zitierung: *Wagner*, Die gemeinschaftsrechtliche Umwelthaftung, UTR 81)

Wegener, Bernhard W. | Rechte des Einzelnen – Die Interessentenklage im europäischen Umweltrecht, Baden-Baden, 1998 (Zitierung: *Wegener*, Rechte des Einzelnen)

– | Zukunftsfähigkeit des europäischen Umweltrechts, ZUR 2009, 459–464

Winter, Gerd | Individualrechtsschutz im deutschen Umweltrecht unter dem Einfluß des Gemeinschaftsrechts, NVwZ 1999, 467–475

| | |
|---|---|
| Wolff, Hans J./ Bachof, Otto/Stober, Rolf/ Kluth, Winfried | Verwaltungsrecht I, Lehrbuch, 12. Auflage, München, 2007 (Zitierung: *Wolff/Bachof/Stober/Kluth,* Verwaltungsrecht I) |
| Ziekow, Jan | Das Umwelt-Rechtsbehelfsgesetz im System des deutschen Rechtsschutzes, NVwZ 2007, 259–267 |

# Abkürzungsverzeichnis

| | |
|---|---|
| a.A. | andere Ansicht |
| AbfallR | Zeitschrift für das Recht der Abfallwirtschaft |
| ABl. | Amtsblatt der Europäischen Gemeinschaft |
| Abs. | Absatz |
| a.E. | am Ende |
| AEUV | Vertrag über die Arbeitsweise der Europäischen Union |
| a.F. | alte Fassung |
| Art. | Artikel |
| BauGB | Baugesetzbuch |
| BayVBl | Bayerische Verwaltungsblätter – Zeitschrift für öffentliches Recht und öffentliche Verwaltung |
| Bbg | Brandenburg |
| BBodSchG | Gesetz zum Schutz vor schädlichen Boden veränderungen und zur Sanierung von Altlasten (Bundesbodenschutzgesetz) |
| BBodSchV | Bundes-Bodenschutz- und Altlastenverordnung |
| BeckRS | Beck-Rechtsprechung |
| BGB | Bürgerliches Gesetzbuch |
| BGBl. | Bundesgesetzblatt |
| BGH | Bundesgerichtshof |
| BGleiG | Bundesgleichstellungsgesetz |
| BImSchG | Bundes-Immissionsschutzgesetz |
| BImSchV | Verordnung zur Durchführung des Bundes-Immissionsschutzgesetzes |
| BNatSchG | Gesetze über Naturschutz und Landschaftspflege (Bundesnaturschutzgesetz) |
| BR-Drs. | Drucksache des Deutschen Bundesrates |
| BT | Bundestag |
| BT-Drs. | Drucksache des Deutschen Bundestages |
| BUND | Bund für Umwelt und Naturschutz e.V. |
| BVerfG | Bundesverfassungsgericht |
| BVerfGE | Entscheidungen des Bundesverfassungsgerichts |
| BVerwG | Bundesverwaltungsgericht |

| | |
|---|---|
| BVerwGE | Entscheidungen des Bundesverwaltungsgerichts |
| bzw. | beziehungsweise |
| CDU | Christlich Demokratische Union |
| CSU | Christlich Soziale Union |
| ders. | derselbe |
| dies. | dieselben |
| DVBl | Deutsches Verwaltungsblatt |
| DöV | Die öffentliche Verwaltung |
| EG | Vertrag zur Gründung der Europäischen Gemeinschaft; Europäische Gemeinschaft |
| Einl. | Einleitung |
| etc. | et cetera (lat.: „und so weiter“) |
| EU | Europäische Union |
| EuGH | Europäischer Gerichtshof |
| EuR | Europarecht, Zeitschrift |
| EurUP | Zeitschrift für Europäisches Umwelt- und Planungsrecht |
| EUV | Vertrag über die Europäische Union |
| EuZW | Europäische Zeitschrift für Wirtschaftsrecht |
| e.V. | eingetragener Verein |
| EVR | Europäischer Verwaltungsrechtsschutz |
| EWG | Europäische WIrtschaftsgemeinschaft |
| EWS | Europäisches Wirtschafts- und Steuerrecht |
| f. | folgende |
| ff. | folgende |
| FFH | Flora-Fauna-Habitat |
| FHZivR | Fundheft für Zivilrecht |
| FN | Fußnote |
| GbR | Gesellschaft bürgerlichen Rechts |
| GewO | Gewerbeordnung |
| GG | Grundgesetz |
| GVBl. | Gesetz- und Verordnungsblatt des Landes Brandenburg |
| HS | Halbsatz |
| i.V.m. | in Verbindung mit |

| | |
|---|---|
| JuS | Juristische Schulung |
| JZ | Juristenzeitung |
| KommJur | Kommunaljurist (Zeitschrift) |
| Krw-/AbfG | Kreislaufwirtschaft- und Abfallgesetz |
| lat. | lateinisch |
| lit. | Buchstabe |
| LKV | Landes- und Kommunalverfassung (Zeit schrift) |
| MW | Megawatt |
| mwN | mit weiten Nachweisen |
| m.W.v. | mit Wirkung vom |
| NABU | Naturschutzbund |
| NJW | Neue Juristische Wochenschrift |
| NuR | Natur und Recht |
| Nr. | Nummer |
| NVwZ | Neue Zeitschrift für Verwaltungsrecht |
| NVwZ-RR | Neue Zeitschrift für Verwaltungsrecht – Rechtsprechungsreport |
| NZA | Neue Zeitschrift für Arbeitsrecht |
| NZG | Neue Zeitschrift für Gesellschaftsrecht |
| NZV | Neue Zeitschrift für Verkehrsrecht |
| OVG | Oberverwaltungsgericht |
| PKW | Personenkraftwagen |
| Rn. | Randnummer |
| ROG | Raumordnungsgesetz |
| RS | Rechtssache |
| S. | Satz, Seite |
| s.o. | siehe oben |
| s.u. | siehe unten |
| sog. | sogenannt |
| SPD | Sozialdemokratische Partei Deutschlands |
| SRU | Der Rat von Sachverständigen für Umweltfragen |
| StGB | Strafgesetzbuch |
| u.a. | unter anderem |

| | |
|---|---|
| UA | Unterabsatz |
| Überbl | Überblick |
| UmweltHG | Umwelthaftungsgesetz |
| UmwRBG | Gesetz über ergänzende Vorschriften zu Rechtsbehelfen in Umweltangelegenheiten (Umweltrechtsbehelfsgesetz) |
| UPR | Umwelt und Planungsrecht |
| Urt. | Urteil |
| USchadG | Gesetz über die Vermeidung und Sanierung von Umweltschäden (Umweltschadensgesetz) |
| UTR | Umwelt- und Technikrecht |
| u.v.m. | und viele mehr |
| UVPG | Gesetzes über die Umweltverträglichkeitsprüfung |
| v | vor |
| Var. | Variante |
| VersR | Zeitschrift für Versicherungsrecht, Haftungs- und Schadensrecht |
| VerwArch | Verwaltungsarchiv |
| VG | Verwaltungsgericht |
| VGH | Verwaltungsgerichtshof |
| vgl. | vergleiche |
| VwVfG | Verwaltungsverfahrensgesetz |
| VwVG | Verwaltungsvollstreckungsgesetz |
| VwGO | Verwaltungsgerichtsordnung |
| WHG | Wasserhaushaltsgesetz |
| WHO | World Health Organisation |
| WiRO | Wirtschaft und Recht in Osteuropa |
| z.B. | zum Beispiel |
| ZPO | Zivilprozessordnung |
| ZUR | Zeitschrift für Umweltrecht |

www.ingramcontent.com/pod-product-compliance
Ingram Content Group UK Ltd.
Pitfield, Milton Keynes, MK11 3LW, UK
UKHW021907290926
8980IPUK00015B/1114

9 783631 642023